다시,
남도의
기억을
걷다

다시, 남도의 기억을 걷다

남도가 품은 역사와 인물 이야기

초판 1쇄 인쇄 2023년 6월 1일
초판 1쇄 발행 2023년 6월 10일

지은이 노성태
펴낸이 김승희
펴낸곳 도서출판 살림터

기획 정광일
편집 송승호·조현주
디자인 유나의숲

인쇄·제본 (주)신화프린팅
종이 (주)명동지류

주소 서울시 양천구 목동동로 293, 2215-1호
전화 02-3141-6553
팩스 02-3141-6555

출판등록 2008년 3월 18일 제313-1990-12호
이메일 gwang80@hanmail.net
블로그 http://blog.naver.com/dkffk1020

ISBN 979-11-5930-257-2(03910)

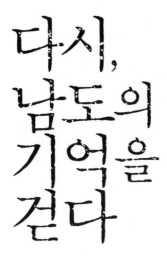

다시,
남도의
기억을
걷다

남도가 품은
역사와 인물 이야기

노성태 지음

살림터

왜 오늘 남도인이고 남도 문화인가?

　　광주를 포함한 전라남도를 보통 남도라 부른다. 나주에서 태어난 나는 군 생활을 제외하고 광주를 떠나 살아본 적이 없다. 계산해보니 50년이 넘는다. 남도의 역사와 문화가 나에게 안식처일 수밖에 없는 이유다.

　　역사교사 시절, 뜻 맞는 몇몇 교사들과 빛고을역사교사모임을 결성했다. 남도의 역사 현장을 답사하고 이를 학습 자료로 만들어 학생들에게 수업하기 위해서였다. 지역사 공부의 시작이다. 남도의 역사 현장 답사는 늘 감동을 준다. 당시의 사건 이해에도 도움을 받지만, 관련 인물들을 직접 만나는 듯해서 너무 좋았다.

　　지역사를 들여다보니 남도라는 공간에 살았던 사람들이 축적해 낸 결과물인 남도인만의 문화, 다른 지역과는 다른 남도인들의 정체성이 눈에 들어왔다. 그것은 시대정신을 앞장서서 실천한 절의(節義) 정신이고, 정의로움이었다. 그뿐만 아니었다. 삼면이 바다로 둘러싸인, 넓은 평야 지대인 남도는 문화원형의 보물창고이기도 했다. 이러한 정의로움의 정체성과 문화원형의 보물창고는 남도인으로서의 자긍심이기도 했다.

　　특히 두드러진 남도인의 정체성은 절의의 실천이다. 박상에 의해 올려진 '신비복위소'와 김굉필·조광조의 남도 유배 및 사사(賜死)는 정의로움의 실천을 위한 출발이 되었고, 그 전통은 임진왜란의 구국운동으로 이어졌다. 이순신은 친구 현덕승에게 보낸 편지에 "호남이 없다면 국가가 없다(若無湖南 是無國家)"라고 쓴다. 임진왜란 당시 호남이 얼마나 중요한 지역이었는지, 결과적으로 임진왜란이라는 국난 극복에 호남인이 얼마나 큰 역할을 했는지를 잘 보여준다. 이순신의 전라 좌수영 부대, 고경명·김천일·김덕령 의병 부대의 활약은 임진왜란 극복의 중심적인 힘이었다.

임진왜란 당시 호남 의병이 어떤 의미였는지는 다음 사례 하나로도 충분하다. 경상우도 순찰사 김성일이 구원을 요청하자, 의병장들은 "적세(敵勢)가 사방에 뻗쳐 있는데 어찌 호남을 버리고 멀리 있는 영남을 구원하겠는가?"라며 반대한다. 그러나 화순 출신 최경회는 "호남도 우리 땅이요 경상도도 우리 땅이다. 의병장이 되어 어찌 멀고 가까움을 가려 영남을 구원하지 않겠는가?"라며 영남 출병을 결정한다.

한말 일제의 침략이 거세어지자 남도인들은 다시 활화산처럼 일어나 이에 맞선다. 1909년, 전라도 의병은 전투 횟수에서 전국의 47.2%, 참여 의병 수에서 60%를 차지한다. 이러한 남도인의 절의와 충절의 실천은 남도인의 정체성이 되어 일제하 광주학생독립운동, 해방 후 반독재민주화운동으로 이어진다.

광주정신을 오롯이 담고 있는 현장이 광주의 중심 도로인 금남로다. 금남로는 1960년 4·19혁명 당시 고등학생들의 함성으로 가득 찼고, 1980년 5·18민주화운동의 중심지였으며, 6월항쟁과 촛불집회뿐만 아니라 민주를 외치다 사망한 열사들의 노제 장소이기도 했다. 연세대생 이한열 열사의 노제 때는 30만 남도인이 금남로에 모여 열사의 마지막을 지켰다. 금남로를 한국 민주주의의 성지라 부르는 이유다.

빛고을역사교사모임 회원들과 남도의 역사 현장을 누빌 때마다 자료를 정리하고 사진을 찍었다. 그리고 2010년 1월부터 《전남일보》에 "노성태의 남도 역사기행"을 연재했다. 그것을 정리하여 만든 책이 2012년 출간된 『남도의 기억을 걷다』였다. 이후 광주의 역사와 인물을 소개하는 글을 썼고, 그 글은 『광주의 기억을 걷다』로 출판되었다. 두 책에서 남도가 품은 역사적 사건과 인물·문화유산을 이야기했지만, 이것만으로 남도의 역사를 정리하기에는 턱없이 부족했다.

2020년 2월부터 다시 《전남일보》에 "노성태 샘의 남도 역사 이야기"를 50회 연재하였다. 이 글을 엮은 것이 『다시 남도의 기억을 걷다』이다. '다시'를 '남도의 기억을 걷다'라는 책 이름 앞에 붙인 이유이기도 하다.

『다시 남도의 기억을 걷다』는 크게 4장으로 나뉜다. 제1장은 '해신이 된 궁복, 장보고'이고, 제2장은 '조선의 운명을 건저낸 울돌목, 명량', 제3장은 '동학농민군 전투의 분수령, 장성 황룡 전투', 제4장은 '의열투쟁의 출발, 유리개걸지사 기산도'다. 50편의 글을 4장으로 나눈 것은 시대순으로 독자들의 이해를 돕기 위해서다. 장 제목들은 각 장을 대표하는 글의 제목 중에서 선택했다. 제1장은 선사시대부터 고려 시대까지, 제2장은 조선 시대, 제3장은 근대, 제4장은 일제강점기부터 현재까지의 역사와 인물, 사건 등을 다룬다.

『다시 남도의 기억을 걷다』는 이전 출판된 『남도의 기억을 걷다』와는 내용이 전혀 다르다. 이전 책의 개정판이 아닌 새로운 주제들로 채워졌기 때문이다. 또한 최지몽, 황대중, 정걸, 황준성, 나월환, 김범수, 장석천, 이금주, 윤학자 등 잘 알려지지 않은 남도의 영웅들을 소개하고 있다.

한 권의 책을 만들어내는 작업은 늘 어렵다. 나 혼자만의 몫이 아닌 여러 사람의 도움을 받아야 가능하기 때문이다.

가장 큰 격려는 독자들의 뜨거운 격려였다. 함께한 독자님께 가장 큰 박수를 보내고 싶다.

지면을 할애해준 전남일보사와 멋진 책으로 만들어 준 도서출판 살림터에도 고마움을 전한다. 고마움을 특별히 전해야 할 동료가 또 있다. 초고를 꼼꼼히 읽어주고, 그것도 모자라 사진을 몽땅 내어준 신봉수 선생이다. 거듭 고마움을 전한다.

남도의 역사 현장은 어디나 뜨겁고, 감동이며, 당당함이 묻어 있다. 이 책이 남도인이 남긴 뜨거운 역사를 이해하는 데 조금이나마 도움이 된다면 다행이겠다.

2023년 5월
동림동 연구원에서

차례

책을 내면서 … 5

1부
1. 최고의 걸작, 쌍봉사 철감선사 승탑 … 13
2. 동국 선종의 종갓집, 장흥 보림사 … 20
3. '해신'이 된 궁복, 장보고 … 27
4. 장화왕후와 왕건이 만난 운명의 현장, 완사천 … 33
5. 풍수지리의 대가이자 선종 승려, 도선국사 … 40
6. 천문점성술로 고려 왕실을 지켜낸 최지몽 … 45

2부
1. 조선시대 최대 규모의 객사, 금성관 … 53
2. 조선을 디자인한 정도전 유배지, 나주 회진 … 60
3. 정암 조광조 유배지, 화순 능주 … 67
4. 삼마태수로 불린 효와 청렴의 상징, 송흠 … 74
5. 이순신 곁을 지킨 절름발이 군관 황대중 … 80
6. 이순신의 숨은 멘토, 정걸 … 86
7. 이순신 수군의 돌격대장, 녹도진 만호 정운 … 92
8. 제2차 진주성 전투의 주장, 김천일 … 98
9. 조선의 운명을 건져 낸 울돌목, 명량 … 104
10. 조·명 연합 수군의 본영, 완도와 고금도 … 111
11. 전라도 유일의 왜성, 순천왜성 … 117
12. 문묘에 배향된 유일의 호남인, 하서 김인후 … 122

3부

1. 『자산어보』를 쓴 정약전의 유배지, 흑산도 ··· 131
2. 신지도에 유배 온 동국진체의 완성자, 원교 이광사 ··· 136
3. 동학농민군의 운명을 갈랐던 전투지, 나주 서성문 ··· 142
4. 동학농민군 전투의 분수령, 장성 황룡 전투 ··· 148
5. 동학농민군 최후의 격전지, 장흥 석대들 ··· 155
6. 한말 호남의병의 거괴, 김태원·김율 형제 의병장 ··· 162
7. 남도 의병의 물꼬를 튼 호남창의회맹소 대장, 기삼연 ··· 169
8. 문불여장성의 주인공, 노사 기정진 ··· 176
9. 한말 화순 출신 양회일 의병장과 쌍산의소 ··· 182
10. 축예지계의 전략을 제시한 의병장 녹천 고광순 ··· 188
11. 해남 대흥사 심적암 전투와 황준성 ··· 194

4부

1. 절명시로 민족의 자존을 일깨운 선비, 매천 황현 ··· 201

2. 한국광복군 제5지대장, 나주 출신 나월환 ··· 207

3. 대한민국 임시정부 전라도 대표, 일강 김철 ··· 214

4. 백범 김구가 두 번 찾은 보성 쇠실마을 ··· 221

5. 의열 투쟁의 출발, 유리개걸지사 기산도 ··· 228

6. 한말 근대교육의 선구자, 춘강 고정주 ··· 233

7. 항일운동의 성지, 해남 북평면 이진마을 ··· 238

8. 신간회 이후 최대 규모의 항일 조직, 전남운동협의회 ··· 243

9. 2·8독립선언서를 가지고 귀국한 정광호 ··· 248

10. 광주 3·1운동에 불을 지핀 경성의전 김범수 ··· 254

11. 민족혼을 일깨운 광주고보의 영원한 스승, 운인 송홍 ··· 259

12. 광주학생독립운동을 전국으로 확산시킨 불꽃 청년, 장석천
··· 264

13. 한국 근·현대사의 산증인, 이기홍 ··· 270

14. 독립운동의 대부, 대종교 대종사 홍암 나철 ··· 276

15. 중외공원에 재건립된 안중근 의사 숭모비 ··· 282

16. 전국 유일의 안중근 사당, 장흥 해동사 ··· 287

17. 광복 후 일제와 가장 치열하게 싸운 여전사, 이금주 ··· 294

18. 3대에 걸친 항일·독립운동, 나주 출신 김철 ··· 300

19. 국제 항일 투사 정율성, 능주와 맺은 인연 ··· 308

20. 비밀결사 성진회 결성의 핵심, 왕재일 ··· 315

21. 한국 고아의 어머니, 윤학자 ··· 321

1부

1.

최고의 걸작,
쌍봉사 철감선사 승탑

극락정토에서 노래하는 극락조, 가릉빈가

우리나라에 승탑이 만들어지기 시작한 것은 신라 말 유행한 선종 불교와 관련이 깊다. 참선을 통한 깨달음을 중시한 선종은 깨우침을 인도해주는 스승이나 정신적 지주인 멘토(mentor)를 매우 중시했다. 그래서 선종 불교에서는 깨우침을 안내해주는 스승을 부처님처럼 소중하게 모셨고, 스승이 입적하면 화장 후 사리라 부르는 구슬 모양의 유골을 모아 멋진 조형물 속에 안치했는데, 이를 승탑이라고 한다.

신라말 고려 시대의 멋쟁이 승탑 대부분은 팔각원당형이다. 팔각형인데 '둥근 집'이란 뜻의 '원당'이 붙은 것은, 팔각형이 원형에 근접하기 때문이다. 교과서에 실린 화순 쌍봉사의 철감선사 승탑(국보 제57호)도 팔각원당형이다. 왜 철감선사 승탑이 모든 승탑을 제치고 교과서에 실렸는지, 왜 최고의 걸작으로 불리는지를 살펴보자.

철감선사 승탑은 높이 2.3미터이며, 재료는 가장 단단해서 작업하기 어려운 화강암이다. 탑은 받침대의 아랫돌, 받침대의 중간돌과 윗돌, 몸돌, 지붕돌 등 총 4매의 석재로 되어 있다. 받침돌과 몸돌, 지붕돌에는 각각 구름, 사자, 가릉빈가, 사천왕, 비천 등의 문양이 돋을새김되어 있다.

철감선사 승탑(국보 제57호)

　각 부분의 문양을 구체적으로 살펴보자. 받침대의 아랫돌에는 꿈틀거리는 구름 문양 속에 용이 새겨져 있고, 구름 위에는 8마리의 사자가 다양한 포즈를 취한 채 앉아 있다. 부처의 설법을 '사자후(獅子吼)'라 부르듯, 불교와 사자는 인연이 깊다. 불교 관련 조형물에 새겨진 사자는 주로 불법을 수호하는 의미를 지닌다. 화엄사의 4사자 3층 석탑(국보 제35호)이나 국립 광주박물관 로비에 있는 중흥산성 쌍사자 석등(국보 제103호)의 몸돌을 사자가 받치고 있는 것도 같은 이유다. 사찰 입구에 버티고 서 있는 사천왕상도 마찬가지다.

　승탑에서 가장 잘록한 허리 부분과 연꽃을 하늘로 향해 새긴 앙련(仰蓮) 위의 안상(眼象)에는 가릉빈가가 새겨져 있다. 그런데 자세히 살펴보면 둘의 모양이 다소 다르다. 아래 가릉빈가는 몸 전체가 새이고 얼굴만 사람이지만, 위의 가릉빈가는 하반신만 새이고 상반신은 사람이다. 가릉빈가는 극락조다. 극락정토에서 노래하는 극락조는 상반신은 사람, 하반신은 새의 모습을 하고 극락정토의 설산에 산다는 상상의 새다. 따라서 위에 새겨진 가릉빈가의 모습이 더 정확하다고 볼 수 있다. 가릉빈가는 아름다운 목소리로 울며, 춤을 잘 춘다 하여 호성조(好聲鳥)·묘음조(妙音鳥)·미음조(美音鳥) 또는 선조(仙鳥) 등 다양한 이름으로도 불린다. 비파, 피리, 퉁소, 바라, 장고 등 다양한 악기를 연주하는 모습이 마치 주인공 철감선사가 극락정토에 들어온 것을 축하하는 공연을 하는 것 같다.

불교 관련 유물에는 코끼리 눈을 형상화한 안상이 많다. 이는 석가모니가 '천상천하유아독존'을 외치고 세상에 태어날 때 코끼리를 타고 계셨던 것과 관련이 있다.

막새기와에 새긴 여덟 장 꽃잎

승탑의 핵심은 주인공의 사리를 모신 몸돌이다. 몸돌의 남쪽과 북쪽 면에 문고리가 달린 문비(門扉, 문짝)가 새겨져 있고, 앞문과 뒷문의 좌우에는 험상궂게 생긴 사천왕이, 나머지 두 면에는 하늘을 나는 비천이 새겨져 있다. 갑옷 입은 험상궂은 사나이들, 그들이 1,200년을 지키고 있는 것은 문비 안에 있는 승탑의 주인공 철감선사의 사리다. 몸돌의 사천왕과 비천은 옷 매듭까지 섬세하게 표현되어 있어 보는 이를 감탄하게 만든다.

옥개석으로 불리기도 하는 지붕돌은 최고 수준의 조각 솜씨가 발휘되어 있다. 빗물이 흘러내리는 낙수면은 기왓골이 깊고, 각각의 기와 끝에는 막새기와가, 처마에는 서까래가 매우 사실적으로 표현되어 있다. 특히 지름 2센티미터에 불과한 손톱 크기의 막새기와에는 여덟 장의 연꽃 문양이 정밀하게 새겨져 있다. 승탑에 새겨진 문양 중 압권이다. 지붕돌은 전체가 하나의 돌이기 때문에 석공이 막새기와 속 연꽃 하나만 잘못 건드려도 승탑은 망가지고 만다. 승탑의 주인공 철감선사도 부처지만, 이 멋진 작품을 남긴 석공도 부처가 아니었을까?

수년 전 파리 루브르 박물관에서 미켈란젤로의 조각 작품을 보고 감탄한 적이 있다. 하지만 철감선사 승탑은 미켈란젤로의 작품을 뛰어넘는다. 미켈란젤로의 대표작품인 〈피에타〉, 〈다비드〉 등은 조각하기 비교적 쉬운 대리석인 반면, 철감선사 승탑은 가장 조각하기 어려운 화강암이다. 규모 자체도 뒤지지 않는다. 화강암을 다루는 뛰어난 기술과 더불어 석공의 깊은 신앙심까지 느껴지는, 당대 승탑 가운데 최대 걸작이 아닐 수 없다. 철감선사 승탑이 모든 승탑을 제치고 교과서에 실린 이유다.

그런데 오늘 최고의 걸작 철감선사 승탑은 안타까움을 품은 채 서 있다. 지붕돌 위 상륜부가 없어졌을 뿐 아니라 그 멋진 지붕돌마저 심하게 훼손되어 있다. 일제강점기 도굴꾼들이 승탑 안에 넣어 둔 금·은으로 제 작된 사리장치를 훔치려고 넘어뜨렸기 때문이다. 1,200년을 버텨 온 세계 최고의 걸작품이 이렇게 허망하게 망가졌다.

철감선사 승탑의 주인공, 도윤

승탑의 주인공 철감선사 도윤(798~868)은 통일 신라 시대의 승려로 황해도 봉산 출신이다. 법명은 도윤이며 시호는 철감, 속성은 박씨다. '철감(澈鑒)'은 그가 죽은 뒤 그의 공덕을 기리기 위해 경문왕이 내린 시호다.

그의 어머니가 신이한 빛이 방안을 가득 채우는 태몽을 꾸고 그를 낳았다고 한다. 어린 시절, 학과 봉황의 자태였다니, 떡잎부터 달랐던 것 같다.

18세 되던 헌덕왕 7년(815)에 화엄종 사찰로 유명한 김제 모악산 귀신사에 들어가 승려가 된다. 그는 귀신사에서 10년 동안 화엄학을 공부했지만, 화엄이 심인(心印)을 전하는 선(禪)보다 못함을 깨닫는다. 그래서 선택한 것이 당나라 유학이었다.

헌덕왕 17년(825)에 당에 건너간 도윤은 보원선사의 제자가 되어 선종을 배우고 법통을 전수받는다. 28세 되던 해였다. 첫눈에 큰 그릇임을 알아본 보원이 심인을 전한 뒤, "그의 법이 신라로 간다"며 탄식했다고 한다.

그는 스승인 보원선사 사후 13년을 더 당에 머물다가, 문성왕 9년(847)에 귀국한다. 귀국 후 금강산 장단사에 잠시 머물다 화순 쌍봉사를 창건한다. 쌍봉사에 머물렀던 10여 년간 많은 제자를 배출하고 교세를 떨친 후 경문왕 8년(868)에 입적한다.

쌍봉사에 머물던 기간에 9산선문의 하나인 사자산문의 기초를 마련했고, 그의 종파적 전통을 이어받은 징효(澄曉, 831~895)가 지금의 법흥사인 영월의 흥녕사에서 사자산문을 연다. 그의 덕망이 세상에 널리 퍼지

쌍봉사 대웅전
(왼쪽이 불타기 전 모습)

자 경문왕은 그를 궁중으로 불러들여 스승으로 삼았고, 그가 죽자 철감
이라는 시호를 내린다.

철감선사 도윤은 무등산 자락의 중심사를 개창한 인물로도 알려져
있다. 화순 쌍봉사와 무등산 중심사를 개창, 남도에 선풍을 일으킨 철
감선사 도윤은 세계 최고급 걸작이 된 그의 무덤인 승탑과 함께 남도인
에게 특별한 인연으로 길이 남을 것이다.

쌍봉사, 현장을 찾다

화순군 이양면 증리에 위치한 쌍봉사를 열 번도 넘게 찾은 것은 순전
히 명품 철감선사 승탑 때문이다. 꾸밈없는 순수한 산사의 모습도, 목탑
형식의 대웅전도 매력 만점이다. 쌍봉사는 계절마다 나름의 아름다움을
뽐내지만, 가을 단풍과 가장 잘 어울린다.

화순에서, 보성 쪽으로 가는 29번 국도를 따라가다 이양터널을 지나
왼쪽으로 난 843번 도로를 타고 가면 나온다. 비포장의 주차장 곁에 사
찰 입구임을 알리는 '쌍봉사자문(雙峰獅子門)'이 있고, 조금 더 가면 쌍봉
사를 지키는 사천왕을 모신 천왕문이 나온다. 천왕문을 지나 가장 먼저
만나는 대웅전부터가 확 관심을 끈다. 팔작지붕이나 맞배지붕 형태가
아닌 사모지붕인 데다, 단층이 아닌 3층 목탑 형태이기 때문이다. 목탑
형식의 건축물로 현존하는 것은 둘 있다. 하나는 법주사 팔상전(국보 제55 **17**

철감선사탑비, 귀부와 이수(보물 제170호)

호)이고, 다른 하나는 쌍봉사 대웅전이다.

목탑 모습의 쌍봉사 대웅전은 1936년 보물 제173호로 지정되면서 한
때 귀한 대접을 받기도 했다. 그런데 1984년 화재로 소실되면서, 보물 지
정도 해제되고 만다. 지금 대웅전은 1985년 복원된 것인데, 사진으로만
남은 이전의 대웅전 건물과는 많이 다르다. 불에 탄 것도 안타까운데,
복원마저 미숙하니 분통이 터진다. 밖에서 본 외관은 3층인데, 안을 들
여다보니 통층으로 층의 경계가 없다. 석가모니 불상을 모시고 있는데
좌·우측에 아난존자와 가섭존자가 서 있다. 대웅전 뒤로 나한전, 극락
전, 창건주인 철감선사의 영정을 모신 호성전이 있다.

명품 철감선사 승탑을 만나려면 대웅전 왼쪽으로 난 돌길을 따라 백
여 미터 걸어 올라가야 한다. 돌길 끝자락에는 담장이 둘러 있고, 담장
안에 승탑과 탑비가 나란히 있다.

명품 승탑은 늘 나를 감동시킨다. 이전에는 화려한 문양이었는데, 오
늘은 승탑의 당당함이 또 나를 감동시킨다. 승탑은 1,200년을 버티고
서 있으면서 찾아오는 방문객을 그렇게 맞고 있다. 서 있었던 세월만큼
더 서 있을지, 그러기만을 바랄 뿐이다.

국보 제57호 철감선사 승탑 곁에는 탑 주인공의 일생을 새긴 '쌍봉사
철감선사탑비(보물 제170호)'도 함께 서 있다. 건립 시점도 철감선사가 입적
한 868년 직후일 것이다. 그런데 이게 또 무슨 영문인지 모르겠다. 탑비

는 비의 받침돌인 귀부(龜趺)와 몸돌인 비신(碑身), 그리고 머리 모양의 이수(螭首)로 구성된다. 그런데 주인공의 일생을 담은 몸돌이 없고, 귀부와 이수만 남아 있다. 안내판의 설명을 보니 일제강점기에 없어졌다고 한다.

사각형의 바닥 돌 위 거북은 용의 머리를 하고 여의주를 문 모양인데, 매우 사실적으로 표현되어 있다. 거북 등은 이중 테두리의 6각형 무늬를 선명하게 새겼다. 특히 앞 오른발의 세 개 발바닥이 땅에서 들어 올리는 모습으로 표현되어 있어 귀부 전체가 살아 움직이는 것처럼 보인다. 이수는 용 조각을 생략하고 구름무늬만 새겼다. 귀부와 이수만 남았지만, 대단한 조각 솜씨를 뽐낸 명품이다.

쌍봉사에는 세 가지 안타까움이 있다. 철감선사 승탑의 지붕돌이 깨진 것이 첫 번째요, 탑비의 몸돌이 사라진 것이 두 번째이며, 대웅전이 화재로 소실되면서 보물 지정이 취소된 것이 세 번째다.

천하의 명품 철감선사 승탑과 탑비, 목탑 형식의 대웅전은 쌍봉사만의 것이 아닌 남도인 모두의 것이다. 남도인이 지켜야 하고, 지켜내야 하는 이유다.

2.

동국 선종의 종갓집,
장흥 보림사

9세기 불교 미술의 기준, 장흥 보림사

　장흥 유치면 봉덕리 가지산 계곡에 있는 보림사(寶林寺)는 동양 3보림(인도, 중국, 한국)의 하나로, 선종이 가장 먼저 들어와 문을 연 우리나라 선종의 종갓집이다. 따라서 보림사는 남도 불교사에서는 말할 것도 없고, 한국 불교 및 문화사에서도 대단한 위치를 차지한다. 『나의 문화유산 답사기』의 저자 유홍준이 "한국 미술사 혹은 문화사에서 장흥 보림사가 갖는 위치는 절대적"이라면서, "만약 9세기 신라 하대의 문화를 논하면서 장흥 보림사에 대한 언급이 없다면, 그 책은 엉터리"라고 단언할 정도다.

　9세기는 신라 문화의 중심이 경주에서 지방으로, 사상적으로는 교종에서 선종으로 넘어가는 시점이다. 그 문화변동의 상징적 유물이 호족의 이미지를 닮은 철불의 등장이고, 깨달음을 얻은 대선사의 사리를 봉안한 승탑의 유행이다. 장흥 보림사는 철불로 만든 비로자나불과 보조선사 체징의 승탑, 완벽한 형태의 삼층석탑과 석등까지 모두 갖추고 있을 뿐 아니라, 이 유물들은 모두 건립 연대를 확인할 수 있어 9세기 불교 미술사의 기준이 된다. 왜 유홍준이 한국 불교사에서 장흥 보림사가 갖는 위치가 절대적이라고 했는지를 알겠다.

보림사가 세워진 것은 경덕왕 18년(759) 원표에 의해서다. 당나라 서당 지장(西堂智藏, 735~814)에게 선종의 법통을 전수받은 도의선사가 선덕왕 13년(821)에 귀국하여 염거선사에게 법을 전하고, 염거선사에게 법을 전수받은 보조선사 체징이 원표가 세운 암자에 천 칸의 불궁을 세워 가지 산문의 선풍을 크게 떨친다. 그러나 천년 고찰 보림사도 한국전쟁의 비극을 비켜가지는 못했다. 한국전쟁으로 일주문과 사천왕문을 제외한 모든 전각이 소실된다. 근래에 대웅보전, 대적광전 등의 건물이 복원되었지만, 동양 3보림이라 불린 명품 보림사의 흔적은 천년 넘게 그 자리를 지켜 온 철불과 석탑, 승탑 등에 묻어 있다.

보림사의 명품, 철조비로자나불 좌상

보림사의 최고 명품 중 하나는 국보 제117호로 지정된 철로 만든 비로자나불 좌상이다. 통일신라 말부터 고려 시대에 걸쳐 철을 재료로 만든 철불이 유행했는데, 이 불상은 신라 하대 철불의 대표작으로 꼽힌다. 앉은키 2.74미터, 무쇠를 녹여 이처럼 거대한 불상을 주조했다는 사실을 통해 당시 지방문화의 크기를 짐작해 볼 수 있다. 불상을 올려놓은 대좌와 불상 뒤에 있는 광명을 상징하는 광배는 없어졌지만, 부처의 몸인 불신은 완전한 형태를 갖추고 있다.

이 철불이 세인의 관심을 끈 것은 불상 왼쪽 팔꿈치 위쪽에 새겨진 8행 60여 자의 글자 때문이다. 이는 제작 연대와 제작자가 누구인지를 알려준다. 철불에 새겨진 명문은 다음과 같다. "當成佛時釋迦如來入滅後一千八百八年耳 此時情王卽位三年也 大中十二年戊寅七月十七日武州長沙副官金邃宗聞奏 情王□八月□二日勅下令□躬作不覺勞困也"

해석하면 이렇다. "불상을 조성한 시기는 석가여래 입멸 후 1808년이다. 이때는 정왕(헌안왕) 즉위 3년이다. 대중 12년인 무인 7월 17일 무주 장사현 부관 김수종이 아뢰자, 정왕은 대중 8월 22일 칙서를 내렸는데, 몸소 지으시고도 피곤함을 알지 못하였다."

명문은 몇 가지 중요한 사실을 알려준다. 제작자는 무주 장사현(현 고

철로 만든 비로자나불(국보 제117호)

창 일대) 부관 김수종이고, 김수종이 헌안왕 2년(858)에 주조를 청하여 승낙을 받고 이듬해인 헌안왕 3년(859)에 주조했다는 것이다. 명문에 나오는 대중(大中)은 당나라 선종의 연호로, 대중 12년은 858년에 해당한다.

그런데 보림사 보조선사탑비문에는 헌안왕 4년(860) 김언경이 비로자나불을 조성했다는 기록도 있다. 이 기록을 통해 조성의 시작은 김수종이 하고 완성은 김언경이 했다는 설과, 김수종과 김언경이 같은 사람이라는 설도 있다. 또 불상 명문의 헌안왕 3년은 거푸집을 만든 시기로 조성이 시작된 연대고, 탑 비문에 새겨진 헌안왕 4년은 철불의 완성 연도로 추정하기도 한다. 아무튼 불상 조성자가 김수종인지 김언경인지, 아니면 같은 인물인지는 알 수 없지만, 조성 시점이 859년 혹은 860년임은 확실해 보인다.

불상의 모습을 살펴보자. 불상의 신체는 각각 따로 주조한 뒤 접합하여 만들어졌다. 육계와 나발, 얼굴이 다른 신체에 비해 크게 주조되었고 손은 작게 표현되었다. 또한, 가부좌한 다리는 어깨에 비해 넓게 만들어져 전체적인 균형이 완벽하지는 않다. 그러나 두툼한 입술, 커다란 귀 등에서 부처의 위엄이 느껴지며 세부 표현이 안정적이다. 법의는 양어깨를 감싸 내려와 가슴에서 V자를 이루는 통견형이다. 작게 표현된 손은 오른손으로 왼손 검지를 말아쥐어 비로자나불의 수인인 지권인(智拳印, 법으로 중생을 구제한다는 뜻)을 하고 있다.

국보 제44호, 석탑과 석등

비로자나불을 모신 대적광전 앞의 국보 제44호인 석탑과 석등도 명품이다. 석탑은 쌍탑으로 제작되어 남북으로 배치되어 있다. 통일신라 탑의 특징인 2중 기단을 갖춘 3층 탑이지만 노반, 복발, 앙화, 보륜, 보개, 보주까지 완벽하게 남아 있다. 1933년 사리장치를 노린 도굴꾼의 도굴로 탑이 무너졌을 때, 1층 탑신부 사리구멍에서 사리와 함께 조성 내용이 기록된 탑지(塔誌)가 나와 경문왕 10년(870)에 건립된 것임을 알 수 있었다. 대적광전에 모셔진 국보 제117호인 철조 비로자나불의 조성 연대가 860년경이니, 철불이 만들어진 후 석탑과 석등이 조성되었음을 알 수 있다.

쌍둥이 탑 중 남탑은 5.4미터, 북탑은 5.9미터다. 북탑이 조금 큰데, 이는 육안으로도 확인된다. 왜 두 탑의 크기가 다를까? 보륜의 개수 때문이다. 원래 남탑과 북탑의 보륜은 각각 네 개씩이었다. 이는 1930년대에 촬영된 당시 사진(국립중앙박물관 소장)을 통해 확인된다. 1933년 도굴꾼에 의해 탑이 훼손되고, 1934년 일제에 의해 복원되면서 남탑은 보륜이 한 개 줄어든 세 개로, 북탑은 한 개 늘어난 다섯 개로 원형과 다르게 복원된다. 남북 석탑의 보륜 개수가 달라지면서 보림사 석탑은 쌍둥이 탑임에도 높이와 비례가 맞지 않게 된 것이다. 처음 건립했던 쌍둥이 탑은 천년이 넘는 세월 동안 똑같은 크기로 함께 서 있었는데, 참 어처구니없는 엉터리 복원이 아닐 수 없다.

그런데도 두 탑은 아직 원래의 모습을 되찾지 못하고 있다. 이건 국보로 지정된 탑에 대한 예의가 아니다. 지금 당장이라도 바로잡아야 한다. 원래 모습으로 돌려주는 것이 오늘 우리의 임무가 아닐까 싶다.

남탑과 북탑 사이에 서 있는 석등도 쌍탑처럼 건립 당시 모습을 완벽하게 보존하고 있다. 석등에 새겨진 안상(眼象)이나 연꽃잎, 지붕돌에 새긴 귀꽃 등의 장식도 수준급이다.

신라 말 제작된 이들 석탑과 석등은 건립 연대를 알 수 있고 상륜부가 완전하게 남아 있어, 한국 석탑과 석등의 기준이 되는 중요한 문화유산이다.

대적광전과 3층석탑 및 석등(국보 44호)

보림사, 현장을 찾다

나와 보림사는 꽤 인연이 깊다. 전남대학교 국사교육과에 진학한 후 첫 답사지가 보림사였기 때문이다. 벌써 40년이 지났다. 지금은 광주에서 1시간 정도 거리지만, 당시 학교 버스를 타고 갔을 때는 꾸불꾸불한 국도를 따라 3시간 정도 걸린 기억이 난다. 보림사를 첫 답사지로 택한 것은 신라 하대에 유행한 선종 9산 중 가장 먼저 가지산문이 형성된 선종의 종찰이기 때문이다. 가지산문을 연 보조선사 체징의 무덤인 승탑 앞에서 열강하던 김두진 교수의 모습도 눈에 선하다.

'가지산 보림사'라는 편액을 단 외호문(外護門)과 목조사천왕상(보물 제1254호)을 보관하고 있는 사천왕문을 지나면 바로 보림사 경내다. 보통 산사의 경우 경내로 들어서기 전 2층의 루가 있는데, 보림사에는 없다. 루(樓)는 스님들의 휴식 장소이기도 하지만, 바로 정면의 지존인 부처님을 뵙기 전에 머리를 숙이라는 의미도 있다. 대신, 평지 사찰인 보림사는 일주문 격인 외호문에서 바라볼 때 비로자나불을 모신 대적광전을 바로 볼 수 없도록 약간 비스듬하게 배치했다. 외호문, 사천왕문, 대적광전이 일직선이 아닌 이유다.

경내에 들어서면 사천왕문과 일직선상에 비로자나불(국보 제117호)을 모신 대적광전이 있고, 오른쪽에 석가모니를 모신 대웅보전이 자리 잡고 있다. 절에서 가장 격이 높은 건물을 대웅(보)전이라고 하지만, 이 대웅보전은 대적광전보다 후대에 만든 것이다. 지금 남아 있는 대적광전과 대웅보전은 둘 다 당시 건물이 아니라 최근 복원한 것이다. 그중 대웅전은 조선 초기에 지은 2층 법당으로, 한국전쟁 이전에는 국보 제204호로 지정된 '귀하신 몸'이었다. 하지만 한국전쟁 당시 보림사에 인민군 유격대가 머물렀다는 이유로 군경토벌대가 사찰에 불을 질렀고, 이때 많은 건물이 한 줌의 재가 되어 사라지고 만다. 국보 제204호였던 보림사 대웅보전도 화마를 피할 수 없었다. 그리고 '대방광불화엄경주본'이 국보 제204호로 대신 지정되면서, 대웅보전은 기억에서마저 사라진다. 오늘 옛 모습으로 복원했지만, 수백 년 역사를 품은 옛 모습의 맛이 나지 않는다.

대웅보전 오른쪽 명부전 뒤 담장 안에는 보림사를 개창한 보조선사 체징의 사리를 봉안한 승탑과 탑비가 서 있다.

체징 스님이 세상을 떠나자 헌강왕은 스님에게 보조(普照)라는 시호를 내리고, 사리탑의 이름은 창성(彰聖)이라 지어주며, 김영에게 비문을 짓게 했다. '보조'는 '두루 비춘다'는 뜻이고, '창성'은 '성스러움을 드러냈다'는 뜻이다. 그런데 이 비문의 글씨는 일곱째 줄의 '선(禪)'까지는 김원이 해서체로 쓰고, 그 뒤로는 김언경이 행서체로 이어 썼다. 두 사람이 서로 다른 글씨체로 써놓은 비문을 나는 본 적이 없다.

거북 모양의 받침돌인 귀부와 보조선사의 생애를 기록한 몸돌의 비신, 뿔 없는 용의 모양을 새긴 머릿돌인 이수가 완벽한 형태로 남아 1,200년 세월을 이겨내 왔다. 보조선사 탑비(보물 제158호)가 보물로 지정된 이유다.

보조선사 탑비 옆에는 그의 사리를 모신 보조선사 승탑(보물 제157호)이 있다. 보조선사

보조선사 창성탑

25

창성탑이라고도 부르는 체징 스님의 승탑은 9세기 팔각원당형의 전형을 보여준다. 창성탑은 당당하고 장식 문양도 정교하여 승탑의 장자다운 기품과 근엄함이 엿보인다.

몸돌인 탑신 앞면과 뒷면에는 문짝인 문비가, 그 사이에는 사천왕이 새겨져 있다. 문짝 안에 보조선사 체징의 사리가 있고, 사천왕은 보조선사를 지키는 수호신인 셈이다. 마치 사찰 입구에 사천왕이 서 있는 것과 같은 구조다.

승탑은 보조선사 체징이 입적 후 4년이 되는 884년 건립된 탑으로, 오늘 거의 완벽하게 남아 전하고 있다. 머릿돌의 처마 부분이 조금 파손되어 있을 뿐이다. 그런데 정작 안타까운 것은 한국전쟁의 상흔이다. 승탑에는 총알 자국이 남아 있다. 옆에 있는 보조선사탑비도 마찬가지다. 총알 자국은 보림사가 한국전쟁 당시 치열한 전투 현장이었음을 보여준다. 국보였던 대웅보전을 비롯하여 거의 모든 전각이 불에 탔고, 탑비와 승탑마저 총에 맞은 것이다.

동국 선종의 종찰 장흥 보림사는 1,200년을 지내오면서 한국전쟁의 아픔까지도 함께 품고 있다.

3.

'해신'이 된 궁복,
장보고

당나라 서주 무령군소장이 되다

우리 역사에는 전설이 된 인물들이 많다. 그중 한 분이 신라 말 청해진 대사가 되어 중국과 서역, 일본을 연결하는 바닷길을 장악한 장보고(張保皐, ?~841 또는 846)다. 그는 최근 바다를 다스리는 신 '해신(海神)'으로 부활하기도 했다.

역사에서는 바다의 신으로 부활했지만, 그가 어디서 언제 태어났는지조차 정확하게 알 수 없다. 이름의 한자 표기마저 제각각이다. 우리 측 기록인 『삼국사기』와 『삼국유사』에는 궁복(弓福)·궁파(弓巴)·장보고(張保皐)로 되어 있고, 중국 측 기록인 『번천문집』과 『신당서』는 장보고(張保皐)로, 일본 『입당구법순례행기』와 일본 정사인 『일본후기』·『속일본기』에는 장보고(張寶高)로 표기되어 있다.

당시 신라 관습으로 보아 평민은 성(姓)을 갖지 못했다. 그래서 장보고가 신라에서 궁복이나 궁파로 불렸다는 것은 그가 평민이었음을 말한다. 궁복이나 궁파는 우리말로 '활보' 즉 '활을 잘 쏘는 아이'라는 의미를 지닌 이름이다. 궁복 또는 궁파라고 불리던 신라 소년이 큰 뜻을 품고 당에 건너간 후 중국식으로 이름을 새로 지으면서, 궁(弓)은 중국의 다수   27

張保皐像

장보고 영정

성인 장(張)으로 바꾸고, 복(福) 또는 파(巴)는 글자의 중국식 발음을 빌려 보고(保皐)로 표기한 것이라는 해석이 일반적이다.

장보고의 이름 이야기가 다소 길어졌는데, 핵심은 그가 신라에서 성마저 갖지 못한 평민 출신이었다는 사실이다. 『삼국사기』 「장보고·정년전」에 "그들의 고향과 아버지와 할아버지는 알 수 없다"라고 서술한 것도 같은 맥락이다. 귀족이 아닌 평민 출신으로 청해진 대사가 되고, 한·중·일의 바닷길을 독점한 해상왕이 되었으니, 그의 삶이 더욱 드라마틱하다.

장보고가 어떤 인물인지 알기 위해서는 동시대를 살았던 당나라 시인 두목(杜牧, 803~852)이 남긴 『번천문집』의 「장보고·정년전」이 큰 도움이 된다. 두목이 남긴 「장보고·정년전」의 기록은 이후 『신당서』나 『삼국사기』 장보고 기록의 근간이 되었기 때문이다.

"신라인 장보고와 정년이라는 자는 자기 나라(신라)에서 서주(徐州)로 와서 군중소장(軍中小將)이 되었다. 장보고의 나이는 서른 살이고 정년의 나이는 열 살이 젊어, 장보고를 형이라고 불렀다. 모두 싸움을 잘했고, 말 타고 창을 휘두르는데 나라와 서주에서 능히 대적할 사람이 없었다. 정년은 또 바다 밑으로 들어가 50리를 걸어가면서 물을 내뿜지 아니하였다. 그 용맹과 씩씩함을 비교하면 장보고가 정년에게 미치지 못하였으나 장보고는 연령으로, 정년은 기예로 항상 맞서 서로 지지 않았다.

후에 장보고는 신라에 귀국하여 그 왕(흥덕왕)을 뵙고 아뢰기를, '중국에서는 신라 사람들을 노비로 삼는 일이 자주 있습니다. 신라 해로의 요지에 진영을 설치해, 해적들이 사람들을 약탈하여 서쪽으로 가지 못하게 하기를 원합니다.'라고 하였다. 그 왕이 (장보고에게) 1만 명을 주어 요청을 들어주었다. 태화(太和) 연간 이후 해상에서 신라인을 파는 자가 없었다.…"

기록에서 보듯 장보고가 신라에서 당나라 서주로 와 군사 천여 명을 거느리는 군중소장이 된다. 그가 군중소장이 될 수 있었던 것은 말 타고 창을 휘두르는 싸움 솜씨, 즉 신분이 아닌 능력 때문이다. 후일 장보고는 금의환향한 후 흥덕왕을 찾아뵙고, 고향 완도에 청해진을 설치하여 신라인을 팔아넘기는 해적을 소탕한다.

장보고는 반역자인가?

청해진 대사가 된 장보고는 해적 토벌에 그치지 않고 서남해 해상권을 장악하여 당과 일본뿐 아니라 남방, 서역 여러 나라와의 무역으로 많은 이익을 얻었고, 아울러 큰 세력을 이루었다. 신라인들이 많이 이주한 산둥성 문등현(文登縣) 적산촌(赤山村)에 신라인들이 법화원(法華院)을 건립하려 하자 이를 적극 지원했다. 그의 적극적인 지원으로 법화원은 상주하는 승려가 30여 명이 넘게 되었으며, 토지를 기부하여 연간 500석을 추수하는 장전(莊田)을 갖고 있었다.

838년부터 847년까지 당에 머무르며 구법행을 했던 일본의 승려 엔닌은 당에 체재하는 동안 장보고 휘하에 있던 현지 신라인들의 도움을 받아 구법행을 완수할 수 있었고, 장보고에게 감사하는 내용의 편지를 보내기도 했다.

평민 출신으로 성공한 장보고는 세력이 커지면서 경주의 중앙 귀족과도 연결된다. 흥덕왕이 재위 11년 만에 죽고, 김제륭(희강왕)과의 왕위 다툼에서 패하여 피살된 김균정의 아들 김우징이 청해진으로 피신해 오자 장보고는 그를 숨겨주었다. 그러나 희강왕도 재위 3년 만인 838년 김명이 일으킨 정변으로 피살되고 김명이 스스로 민애왕으로 즉위하였다. 이에 예전 김균정의 편에 섰다가 패하고 달아난 김양이 청해진으로 찾아와서 김우징을 만나고 장보고에게 도움을 청했다. 김우징은 장보고에게 "나를 도와주면 내가 왕위에 오른 뒤 당신의 딸을 왕비로 삼겠다"는 약속을 했고, 이에 동의한 장보고는 친구 정년에게 청해진의 군사 5천을 내주어 김양과 함께 왕경으로 진격하게 했다. 장보고와 정년이 이끄는 청해진 군사는 무주와 대구를 거쳐 왕경에 입성하여 왕경 군을 격퇴한 뒤 민애왕을 죽이고 김우징(신무왕)을 추대한다. 이 공으로 장보고는 감의군사(感義軍使) 직책과 식읍 2천 호를 하사받았다. 신무왕이 죽고 문성왕이 즉위한 뒤에는 진해장군에 임명되었으며, 문성왕 2년(840) 일본에 무역 사절을 파견하고 당에도 견당매물사(遣唐賣物使)를 보내는 등 삼각무역을 했다.

846년, 귀족과 신하들이 장보고가 신라 왕을 탐한다며 문성왕에게 거듭 경고했고, 결국 문성왕은 예전 장보고의 부하였던 무주(지금의 광주) 출신인 염장을 보내 장보고를 살해했다. 문성왕 13년(851) 신라 조정은 청해진을 없애고 그곳 주민을 벽골군(碧骨郡)으로 옮겼다.

왜 장보고는 피살되었을까? 『삼국사기』 문성왕 8년(846) 조에 장보고의 피살 장면이 다음과 같이 기록되어 있다.

"청해진의 궁복이, 왕이 자기 딸을 들어 주지 않는 것을 원망하여 청해진에 웅거해 반역하였다. 조정에서 이를 토벌하자니 뜻밖의 환란이 있을까 염려되고, 그대로 두자니 그 죄를 용서할 수 없어 어떻게 처리할 바를 모르고 근심하였다. 무주 사람 염장이 당시 용맹과 힘으로 유명했는데, 그가 찾아와 말하기를 '조정에서 다행히 제 말을 들어준다면 제가 한 사람의 군사도 번거롭게 하지 않고 맨주먹으로 궁복의 머리를 베어 바치겠다'고 하자, 왕이 그의 말을 따랐다. 염장은 나라에 반역한 것처럼 하여 청해진에 몸을 의탁하였다. 궁복은 장사를 아꼈기 때문에 의심도 하지 않고 이끌어 상객으로 삼고, 그와 더불어 술을 마시면서 매우 기뻐하였다. 술이 취하자 염장은 궁복의 칼을 빼앗아 목을 베었다."

사료에서 보는 것처럼 장보고는 자기 딸의 납비(納妃, 왕비로 들임)가 좌절되자, 이를 원망하여 청해진을 근거로 반란을 결행한 것으로 되어 있다. 그리고 동향의 염장에게 살해된다. 장보고 딸의 납비를 둘러싼 문제가 국왕과 중앙 귀족 사이의 파워게임을 반영하는 것이라 할지라도, 납비의 관철 여부가 당사자인 장보고와 전혀 무관할 수는 없었을 것이다. 따라서 납비가 좌절되면서 장보고가 모종의 대응책을 강구했을 가능성은 있어 보이지만, 그가 정치적 반란을 모의하거나 결행한 흔적은 찾아지지

청해진 전진 기지, 장도

않는다.

장보고가 피살되면서 청해진도 해체되었고, 그곳 주민들은 벽골군으로 강제 이주된다. 장보고 세력이 재기하지 못하도록 싹을 자른 것이다.

장보고의 죽음에 대해 조선 시대 최부는 『동국통감』에서 '도적과 같은 모략'을 받아 억울한 누명을 썼다고 두둔한다. 안정복도 『동사강목』에서 장보고가 중상모략에 의해 참혹하게 죽임을 당한 것으로 단정하고, 그의 억울한 죽음의 책임을 중앙 귀족에게 돌리고 있다.

즉 장보고는 왕위 쟁탈전에 어쩔 수 없이 개입하게 되었고, 자신의 의도와 달리 자기 딸 납비 문제가 중앙 정치권의 주요 쟁점으로 떠오르면서, 결국 염장의 손에 암살당하는 비운의 주인공으로 전락하고 만다. 장보고는 권모술수가 난무하던 당시 중앙 정치판의 희생양이었던 셈이다.

해신으로 부활하다

일본의 도당 유학승 엔닌은 『입당구법순례행기』에서 한 번도 친히 보지 못한 장보고가 자신의 구법 활동을 배후에서 도와준 사실에 크게 감사하면서, "한 번만이라도 그를 친견했으면 하는 소망"을 밝히고 있다.

장보고 동상

장보고와 동시대를 살았던 당나라 시인 두목은 『번천문집』에서 장보고를 안록산의 난 때 활약한 곽분양에 비유한다. 김부식도 『삼국사기』 「열전」에서 장보고를 "진(晉)의 기해(祁奚) 또는 당나라의 곽분양에 비견되는 인물로 평가한다. 그리고 「김유신 열전」에서는 "비록 을지문덕이 지략이 있고 장보고가 의리와 용맹이 있다 하더라도 중국 사서가 아니면 그 자취가 없어져 위대함이 알려지지 못할 뻔하였다."고 덧붙이는 등, 긍정적으로 평가한다.

최초의 장보고 연구자인 김상기 교수는 장보고를 우리 역사상 "바다를 다스리는 자가 세계사를 지배한다"는 원리를 몸소 실천한 '해상왕국의 건설자'라고 평가했다. 주일 미국대사를 지낸 하버드대학교 라이샤워(Edwin O. Reischauer) 교수는 '해양 산업 제국의 무역 왕'으로 극찬했다.

반역자에서 '해신'으로 부활한 장보고는 오늘 해상왕국으로 뻗어가는 한국인의 멘토다. 그가 산둥반도에 세운 적산 법화원과 그가 건설한 해상왕국의 본영이 있었던 완도에는 많은 관광객이 몰려들고 있다. 최인호가 쓴 장보고의 일생을 그린 소설 『해신』은 독자들의 큰 사랑을 받았고, 소설 『해신』은 다시 드라마로 제작되어 국민적 관심을 끌기도 했다.

장보고가 오늘 부활할 수 있었던 것은 장보고와 동시대를 살았던 당나라 시인 두목이 남긴 「장보고·정년전」 때문이다. 그 기록은 그대로 중국 사서 『신당서』나 우리 사서 『삼국사기』 「열전」에 남겨졌고, 오늘 우리에게 귀중한 역사의 원형으로 남았다. 그 역사 원형은 앞으로 더 많은 사람에게 새로운 꿈과 희망을 심어 줄 것이고, 새로운 장보고를 만들어 갈 것이다.

4.

장화왕후와 왕건이 만난 운명의 현장, 완사천

장화왕후, 왕건을 만나다

왕건과 견훤이 후삼국의 패권을 놓고 일전을 벌인 현장이 영산강을 끼고 있는 나주 일대다. 나주 이외의 지역에서도 두 세력이 맞붙어 싸웠지만, 힘의 균형을 갈라놓은 곳은 왕건이 화공(火攻)으로 견훤의 수군을 크게 이긴 '덕진포 전투'가 벌어진 영산강이다.

광주·전남은 후백제를 건국한 견훤의 영역이었다. 그런데 나주 호족은 왕건을 지지했다. 나주 호족의 왕건 지지는 역사적 격동기를 마무리하고 새로운 왕조의 탄생을 가져온 역사적 사건이 된다. 나주 호족과 왕건의 결합을 상징적으로 보여주는 장소가 빨래하는 우물 샘, 완사천(浣紗泉)이다. 우리에게 잘 알려진 완사천 설화 내용이 『동국여지승람』 「불우조」 흥룡사 편에 이렇게 실려 있다.

"고려 태조 장화왕후 오씨의 조부는 부돈이요, 아버지는 다련군(多憐君)인데, 대대로 주의 목포에 살고 있었다. 다련군은 사간(沙干) 연위의 딸 덕교를 아내로 맞아 장화왕후를 낳았다. 장화왕후가 일찍이 꿈을 꾸는데 바다의 용이 품 안으로 들어왔다. 놀라 깨어 부모에게 이야기하니 모두 이상히 여겼다. 얼마 안 되어 태조가 수군 장군으로 나주에 와 진수(鎭

장화왕후와 왕건의 만남을 형상화한 조형물

㉦할 때, 목포에 배를 정박시키고 물가 위를 바라보니 오색구름이 서려 있으므로, 태조가 그리로 가 보니 장화왕후가 빨래를 하고 있었다. 태조가 그 여자를 불러 동침하는데 미천한 신분이라며 임신을 시키지 않으려고 정액을 자리에 쏟았더니 왕후가 곧 빨아먹었다. 드디어 임신하여 아들을 낳으니 이가 혜종이다. 얼굴에 자리 무늬가 있으므로 세상에서는 돗자리 임금(주름살 임금)이라 불렀다."

이후 이 설화에 버들잎 이야기가 덧붙여진다. 왕건이 물 한 그릇을 청하자, 처녀는 바가지에 물을 떠 버들잎을 띄워 공손히 바친다. 급히 물을 마시면 체할 것 같아 천천히 마시게 한 것이다. 왕건은 처녀의 총명함에 끌려 아내로 맞이했다는 것이다.

사료 속 왕건이 배를 정박시킨 목포는 어디일까? 김대중 대통령의 정치적 고향인 목포가 아님은 분명하다. 정확한 위치는 확인할 수 없지만, 지금 나주역(나주시 송월동)이 들어서 있는 옛 둥구나루 터로 추정된다.

용꿈을 꾼 우물가 처녀는 나주지방 호족인 오다련의 딸로 훗날 태조 왕건의 제2비인 장화왕후가 되었으며, 그의 아들 무(武)는 고려 2대 왕 혜종이 된다. 후에 왕이 태어난 이 일대를 흥룡동이라 불렀고, 주위에 흥룡사라는 절을 지었다. 흥룡사에는 혜종을 모신 혜종사가 있어 나주인들은 고려 시대 내내 제사를 올렸다.

김종직, 완사천을 노래하다

왕건과 장화왕후가 만난 장소 완사천은 이후 뭇 사람들의 입에 오르내렸고, 후대인들의 시어(詩語)가 되기도 했다. 완사천을 노래한 인물 중 경남 밀양 출신으로 전라도 관찰사를 역임한 점필재 김종직(1431~1492)이 대표적이다. 그는 전라도 관찰사로 제수받은 1487년 나주를 방문하여 몇 편의 시를 남기는데, 그중 하나가 '금성곡' 세 번째 시다.

"고려 태조께서 그때 군함을 여기 대고서(龍孫當日艤戈船)/ 아침엔 구름되고 저녁엔 비 되는 신녀를 만났다네(忽夢朝雲暮雨仙)/ 미천한 신분으로 제왕과 연을 맺은 박희의 일과 닮았으니(千載薄姬眞合轍)/ 행인들은 그곳을 가리켜 완사천이라 한다네(行人指點浣紗泉)"

시 중에 오다련의 딸로 고려 제2대 왕 혜종을 낳은 장화왕후를 박희라는 여인에 비유한 대목이 있다. 박희는 중국 한 고조의 후궁으로 한나라 제4대 황제인 문제를 낳은 여인이다.

왕건과 오씨가 만난 완사천은 중국 춘추시대의 미인 서시의 고사에 등장하는 완사계(浣紗溪)라는 지명을 염두에 두고 이름 지어진 것 같다. 춘추전국시대 말기 월나라에서 출생한 서시는 왕소군, 초선, 양귀비와 함께 중국 4대 미녀 중 가장 오랜 인물이다. 아버지는 나무꾼이고, 어머니는 빨래가 직업이었다. 서시도 늘 시내에 나가 빨래를 했는데, 이 때문에 서시의 고향 마을의 시내를 '빨다', '세탁하다'의 뜻의 '완(浣)'자를 써 완사계(浣紗溪)라 불렀다. 김종직은 완사천의 설화를 중국의 고사나 지명에 빗대어 재해석한 셈이다.

그런데 『신증여지승람』에 나오는 다음 이야기가 재미있다. "태조가 그 여자를 불러 동침하는데 신분이 미천하여 임신을 시키지 않으려고 정액을 자리에 쏟았더니, 왕후가 곧 빨아먹었다. 드디어 임신하여 아들을 낳으니 이가 혜종이다. 얼굴에 자리 무늬가 있으므로 세상에서는 '주름살 임금님'으로 불렀다."

주름살 임금 설화는 김종직의 시에도 등장한다. 그의 '금성곡' 네 번째 시에 혜종의 외가 동네를 언급하면서 혜종을 '추대왕(皺大王)', 즉 '주름

복원된 완사천

살 임금'으로 표현했다. 왜 전혀 비과학적인 '주름살 임금'이란 이야기가
만들어졌을까? 장화왕후가 왕건을 만난 우물 이름은 중국 4대 미녀 중
한 사람인 서시가 살던 고장의 '완사계'에서 따왔을 가능성이 높다. 서시
는 부친이 나무꾼이고, 모친은 빨래가 직업이었으니 미천한 신분임이 틀
림없다. 그러나 장화왕후는 나주를 대표하는 호족의 딸이 아닌가? 서시
와 비교되어 후대에 만들어지면서 미천한 신분으로 그려진 것은 아닐
까? 미천한 신분으로 그려야 왕건을 만나 왕후가 되는 과정이 신데렐라
처럼 극적일 수 있겠다.

현종, 전주 대신 나주를 선택하다

나주가 고려 왕조에서 다시 주목받게 된 것은 거란의 제2차 침략 때
다. 고려가 거란의 침략을 받자, 현종은 금군 50여 명의 호위를 받으며
경기도 적성을 거쳐 양주로 피난길을 떠난다. 현종이 차령을 넘고 공주
를 지나 삼례에 도착했을 때 전주절도사 조용겸이 마중 나와 전주로 가
기를 청한다. 당시 고단한 피난길을 생각하면 대읍이던 전주로 가는 것
은 자연스런 모양새였을 것이다. 그런데 왕을 보필하던 박섬이 반대하고
나선 이유가 흥미롭다. "전주는 옛 백제 땅으로, 태조 왕건이 혐오했던

곳이기 때문에 어가를 옮길 수 없다."고 주장한 것이다. 결국 왕은 박섬의 주장에 따라 전주 대신 나주를 택한다.

『고려사』와 『고려사절요』에는 이 부분이 이렇게 기록되어 있다. "삼례역에 이르자 전주절도사 조용겸이 야복(野服)을 입고 어가를 맞이했는데, 박섬이 아뢰기를 '전주는 옛 백제 땅이므로 성조(聖祖) 역시 이곳을 싫어하셨습니다. 행차하지 마시기를 청합니다.'라고 하였다. 왕은 이를 옳다고 여겨 곧장 장곡역으로 가서 묵었다."

박섬의 주장은 나름의 충분한 이유가 있었다. 고려 왕조 입장에서 보면 전주는 후백제의 도읍인데 반해, 나주는 태조 제2비 장화왕후 오씨의 고장이자 2대 혜종의 탄생지로 전주와는 비교할 수 없는 안전지대였다. 당시 고려 왕실 입장에서 위험할 수 있는 전주보다 혜종이 태어난 나주를 택한 것은 당연한 선택이었을 것이다. 나주 금성관 뜰에는 당시 현종의 피난 사실을 알려 주는 사마교비(駟馬橋碑)가 남아 있다.

이후 나주는 고려 왕조가 망하는 마지막 순간까지 고려 왕조를 지켜낸 최후의 보루 역할을 한다. 무신정권 말기인 1236년 담양에서 이연년 형제가 백제 부흥을 기치로 내걸고 광주를 점령한 뒤 나주까지 진출했다. 이때 백제 부흥 운동을 진압하기 위해 나주에 파견된 전라도지휘사 김경손은 나주 사람들을 모아 놓고 "이 고을은 어향(御鄕)이니 다른 고을처럼 적에게 항복할 수 없다."라고 연설한다. 그리고 금성산 신에게 제사 지낸 후 별초 30명을 이끌고 성 밖을 나가 이연년 군을 진압한다. 김경손은 나주가 혜종의 탄생지임을 강조하면서 나주인들의 결집을 이끌어 낸 것이다.

백제 부흥 운동이 평정된 뒤 나주는 고려 정부를 상징하는 거점이 된다. 고려 정부가 원(元)에게 항복한 뒤 삼별초가 고려 정부에 반기를 들고 서남해의 진도를 거점으로 대몽 항전을 전개하면서 남도 전 지역을 장악하였다. 그때도 나주 호족 김응덕과 정지려 등은 고려 왕조를 등진 삼별초와 싸워 나주성을 7일이나 지켜낸다.

완사천, 현장을 찾다

고려 태조 왕건이 장화왕후를 만난 완사천의 사랑 이야기는 후대에 만들어진 설화일 가능성이 높다. 그러나 설화는 그냥 만들어지는 것이 아니라 어떤 문화 원형을 기반으로 한다. 완사천 설화의 핵심은 왕건과 나주 호족을 대표하는 오다련 집안의 정략적 제휴였고, 그 제휴의 결과물이 완사천에서의 아름다운 만남으로 포장된 결혼이다. 이후 왕건은 나주를 온전히 차지할 수 있었고, 고려를 건국하게 된다. 따라서 완사천은 고려 왕조의 개국 과정에서 일어난 역사적 사건을 상징적으로 보여주는 매우 재미있는 유적이 아닐 수 없다.

완사천 설화를 통해 당시 모습을 그려보자. 태조 왕건은 고려를 건국하기 전인 903~914년 사이 10여 년 동안 태봉국 궁예의 장군으로 나주에 내려와 후백제 견훤과 싸운다. 완사천 설화는 이때 이야기가 배경이 된다. 후일, 혜종이 태어난 완사천 일대를 홍룡동(興龍洞)이라 하였고, 전설 속의 샘을 완사천이라 부르게 된다.

완사천 부근에 홍룡사라는 사찰이 있었고, 홍룡사에는 혜종 임금의 형상을 모신 혜종사(惠宗祠)가 있었다. 그러나 혜종을 기리는 홍룡사도, 혜종사도 남아 있지 않다. 세종 11년(1429) 신주를 모시는 관리였던 장득수가 혜종의 소상과 진영을 옥교자(屋轎子)에 모시고 2월 6일 서울로 떠났다는 기록으로 보아, 이때 없어진 것으로 추정된다.

왕건과 장화왕후 오씨가 만났다는 완사천(전라남도 기념물 제93호)은 나주 시청 앞 입구에 잘 정리되어 있다. 우물 완사천은 복원되었고, 우물가에는 버드나무도 서 있다. 완사천 앞에는 걷고 지나가는 돌판에 완사천의 설화를 새긴 예쁜 돌길도 나 있다. 이야기를 읽어가면서 걷는 재미도 쏠쏠하다. 바로 옆에는 왕건이 물을 청하고 장화왕후가 버들잎을 띄운 바가지를 건네는 모습을 나타낸 조각작품(동신대학교 김왕현 교수작, 34쪽 사진)도 있다. 말에서 내리지 않고 위압적인 모습으로 물을 요구하는 왕건의 모습이 조금은 거만스럽다. 조각상 뒤에는 거대한 유적비도 서 있다. 1989년 건립된 것으로, '고려 왕건 태자비 장화왕후 오씨 유적비'라 새겨

장화왕후 오씨 유적비

져 있다.

　왕건이 배에서 내린 당시 항구 목포는 완사천에서 길 건너 바로 보이는 나주역 부근으로, 당시는 둥구나루(터)였다. 사람들이 배를 타고 드나들던 나루터가 기차역으로 변했으니, 배가 기차로만 바뀌었을 뿐 둥구나루(터)는 천년이 지난 오늘도 그 역할을 이어가는 셈이다.

　고려와 나주 호족이 결합한 사실이 완사천 설화로 만들어졌지만, 설화 속 왕건과 장화왕후 오씨의 사랑 이야기는 참 아름답다.

5.

풍수지리의 대가이자 선종 승려,
도선국사

풍수지리의 대가로 알려진 이유

신라 말 도선(道詵, 827~898)은 선종(禪宗)의 유명한 선승임에도 풍수지리설의 대가로 일반인에게 더 잘 알려진 인물이다. 도선이 풍수지리설의 대가로 널리 알려진 것은 중·고등학교 한국사 교과서의 서술과도 관련이 있다. 2002년 교육인적자원부에서 간행한 중학교 국사 교과서에는 "이 시기(신라말)에는 도선에 의해 풍수지리설이 널리 보급되었고…"라는 서술이 있고, 1999년 간행된 『고등학교 국사(상)』에는 "신라 말기 승려 도선은 중국에서 유행한 풍수지리설을 받아들였다. 이것은 경험에 의한 인문 지리적 지식을 활용하려는 학설인데, 뒤에 예언적인 도참신앙과 결부되었다. 그리하여 지방의 어느 지역을 도읍이 되는 곳이라고 하는가 하면, 각 지방에 있어서도 그 지세에 따라 좋고 나쁜 곳이 있다고 주장하게 되었다"라고 서술되어 있다.

도선이 선종의 스님보다 풍수지리의 대가로 알려지게 된 또 하나의 이유는 고려를 창건한 왕건 때문이다. 왕건은 도선 풍수지리의 신봉자였다. 그가 얼마나 도선의 풍수사상에 영향을 받았는지는 그가 남긴 '훈요 10조'에 잘 나타나 있다. 태조 왕건은 훈요 10조 제2조에서 "도선이 정한

곳이 아니면 사원(절)을 짓지 마라"는 유
언을 남길 정도였다.

실제로 도선은 선승이면서 풍수지리에
해박했다. 『고려사』와 영암 도갑사 도선
국사·수미선사비에는 도선이 중국에 유
학한 후 밀교 승려인 일행(一行, 683~727)에
게 풍수지리설을 배웠다고 기록되어 있
고, 광양 옥룡사 선각국사비에는 지리산
구령에서 수행할 때 이인을 만나 남해의
해변에서 전수받았다고 기록되어 있다.
둘 중 어느 것이 사실인지는 정확하게 알
수 없지만, 중국 밀교 승려 일행에게 배

도선국사 영정

웠다는 기록은 도선과 생몰연대가 100여 년 이상 차이가 나 신빙성이
없다.

도선이 누구에게 풍수지리를 배웠는지는 중요하지 않을 수 있다. 당시
선승들은 대부분 풍수지리에 도통했는데, 도선도 그중 한 분이었다. 그
의 풍수에 대해 최창조(전 서울대 교수)는 "도선의 풍수지리는 조선 시대 유
학자들이 왜곡한 음택(묘지) 위주의 잡술 풍수가 아니라, 산천에 결함이
있는 곳은 절을 지어 보(補)하고, 산천의 기세가 지나친 곳은 불상으로
억제하는 비보사탑론(裨補寺塔論)"이었다고 주장한다. 도선에게 풍수지리
는 대중 교화의 방편이었지만, 고려 왕실은 훈요 10조에서 보듯 "차현 이
남 공주강 밖은 산형과 지세가 모두 거슬리므로 그 지방 사람은 등용하
지 말 것"과 같이 정치적 목적을 위해 이를 왜곡한다. 고려 왕조의 도선
왜곡은 "도선이 왕건의 출생을 예언했고, 왕건이 17살이던 해에 송악에
서 만났다"는 『고려사』의 서술에서도, "왕건이 도선을 스승으로 삼았다"
는 『고려국사』의 '도선전'에서도 확인된다. 하지만 도선은 왕건을 만난 사
실이 없다. 그리고 조선 유학자들은 묘지 위주의 잡술로 도선의 비보사
탑설을 격하시킨다.

어머니는 강씨일까 최씨일까?

도선이 어떤 분인지 알려주는 기록으로 가장 대표적인 것은 광양 옥룡사 '선각국사 증성혜등탑비문(이하 선각국사비)'과 영암 도갑사의 '도선국사·수미선사비문(이하 도선국사비)'이다. 선각국사비는 고려 의종 4년(1150)에 건립되었으며, 도선국사비는 선각국사비보다 500여 년 뒤인 조선 효종 4년(1653)에 건립되었다. 두 비의 비문은 내용이 같은 것도 있지만, 차이나는 부분도 많다.

두 비문을 근거로 그의 삶을 추적해 보자.

도선은 신라 흥덕왕 2년(827) 영암에서 태어났다. 이 해는 고려 왕건이 태어나기 50년 전이며, 고려 개국 91년 전이다. 집안 내력에 대한 기록은 남아 있지 않아 부친이 누구인지는 알 수 없지만, 선각국사 비문에 "혹자는 이르기를 태종 무열왕의 서얼손이라고 하였다"는 기록이 있어 진골 출신일 가능성도 있다. 승려가 되기 전의 성은 김씨, 도선은 법명이다.

그런데 옥룡사 선각국사 비문과 도갑사 도선국사 비문에 기록된 출생은 각각 다르다. 선각국사 비문에는 어머니 강씨가 어떤 사람이 준 광채나는 구슬 한 개를 삼키고 도선을 낳았다고 되어 있다. 반면 도선국사 비문에는 어머니가 최씨로 나오는데, 냇물에 떠내려오는 오이를 먹고 임신한 후 준수한 아들을 낳았다고 기록하고 있다. 영암 지방에 내려오는 구전설화도 도선국사 비문 내용과 같다. 그런데 탄생 직후 이야기가 이어진다. 처녀의 몸으로 아이를 낳았기 때문에 남몰래 숲속의 큰 바위 위에 갖다 버렸는데, 며칠 후 가보니 비둘기들이 날개로 아이를 감싸고 먹이를 주며 키우고 있었다는 것이다. 그래서 그 큰 바위를 국사바위라는 뜻의 '국사암(國師巖)'으로, 마을 이름을 비둘기의 숲이란 뜻인 '구림(鳩林)'으로 부르게 되었다는 것이다. 지금 영암 구림마을이다.

이처럼 어머니의 성도 강씨와 최씨로 나온다.

화엄종에서 선종으로

자질이 총명하고 숙성한 그는 15세에 출가한다. 그런데 출가한 절에 대해서도 두 비문의 서술이 다르다. 선각국사 비문에는 월유산 화엄사에 출가했다고 기록된 반면, 도선국사 비문에는 월출산 자락의 월남사로 나온다. 도선이 머리를 깎은 월유산 화엄사를 집 가까이 위치한 월출산 자락의 월남사로 보는 견해도 있다. 신라 말 선종 승려들 대다수가 그렇듯 그도 처음에는 화엄학을 공부했다.

도선국사 · 수미선사비(도갑사)

문성왕 8년(846), 20세가 된 도선은 5년간 정진한 경전 교리 공부에 회의를 품게 된다. "대장부가 출가하여 불법의 진리에 이르려고 작심했으면, 교법(교종)에만 집착할 수는 없다. 스스로 마음을 두어 깊이 생각하여 깨달음을 얻어야 하거늘, 애써 문자에만 매달린단 말인가." 그가 곡성 태안사에 들어와 선풍을 일으키고 있던 혜철(惠哲, 785~861) 스님을 찾은 이유다. 당대를 대표하는 선승 혜철은 839년 중국에 유학하여 지장선사(地藏禪師)의 심인(心印)을 받고 귀국, 9산선문 중 두 번째로 동리산문을 열었다.

혜철은 도선의 총명함을 가상히 여겨 알뜰히 지도한다. 혜철 문하에서 4년간 공부한 도선은 문성왕 12년(850), 24세 되던 해에 '무설설 무법법(無說說 無法法)'의 화두를 깨친 후 혜철로부터 구족계(具足戒)를 받는다.

옥룡사에 머물다

혜철로부터 구족계를 받은 그는 전국을 떠돌아다니며 수행에 정진했다. 선각국사비에는 당시 모습을 이렇게 기록한다. "노을을 밟고 물과 돌이 어우러진 자연의 경치를 구경하면서 그윽하고 깊은 곳과 명승지를 찾아 선 지식을 친견하고 불법에 대해 묻고 대답하기를 조금도 게을리 하지 않았다. 때로는 운봉산 밑 동굴에서 참선하기도 하고, 혹은 태백산 큰 바위 앞에 초막을 짓고 좌선하기도 했다. 그리하여 스님의 명성이 널리 퍼져 온 천하 사람들이 그의 도덕을 존경하여 우러렀다."

그가 전국의 심산유곡을 돌아다니며 참선 수련한 후 희양현(현 광양시) 백계산에 옥룡사를 창건하고 머무르게 된 것은 경문왕 3년(863)으로, 37세 되던 해였다. 그리고 입적할 때까지 35년간 옥룡사를 벗어나지 않은 채 후학을 기른다. 그가 옥룡사에 거처하자 전국에서 제자들이 몰려들었는데, 선각국사비에는 당시 모습을 "스님(도선)의 도덕을 흠모하여 마치 양고기가 있는 곳에 개미가 모여들듯, 학인들이 사방으로부터 구름처럼 운집했다."고 기록하고 있다. 헌강왕(憲康王, 재위 875~885)의 간청으로 궁궐에 나아가기도 했지만, 수도의 번잡함을 싫어하여 곧바로 옥룡사로 돌아온다.

도선은 옥룡사에서 자신의 입적을 예언한 후 효공왕 2년(898), 향년 72세로 열반에 든다. 그가 세상을 뜨자 효공왕은 '요공선사(了空禪師)'라는 시호를 내리고 옥룡사에 세운 그의 탑을 '증성혜등(證聖慧燈)'이라 이름 붙인다. 서서학사(瑞書學士) 박인범에게 비문을 짓도록 명했지만 돌에 새기지는 못한다.

이후 고려 현종 때 대선사, 숙종 때 왕사로 추증되고, 인종은 '선각국사(先覺國師)'의 시호를 내린다. 그리고 의종 4년(1150), 의종의 명에 의해 최유청이 글을 짓고 정서가 글씨를 쓴 비석이 개경 국청사(國淸寺)에 세워진다. 도선 사후 250여 년 뒤였다. 이후 명종 2년(1172)에 비문이 옥룡사 주지 지문에 의해 옥룡사로 옮겨진다. 그 비가 본문에서 언급한 '선각국사 증성혜등탑비'다.

선각국사 도선, 그는 부족과 과함을 조정하여 자연과 조화롭게 사는 법을 주창한 비보사탑론자였고, 수많은 제자를 길러낸 선종의 큰 스님이며 왕의 스승이고 나라의 스승이었다.

6.

천문점성술로 고려 왕실을 지켜낸
최지몽

천문·복서에 정통

고려 태조 왕건의 꿈 해몽으로 유명한 최지몽(崔知夢, 907~987)은 효공왕 11년(907), 전남 영암에서 원보(元甫) 최상흔의 아들로 태어난다. 영암 출신인 풍수지리의 대가 도선국사가 입적한 8년 후다. 어렸을 때 이름은 총진이다.

지몽의 가문이 어떠했는지는 확인할 수 없지만, 부친의 품계가 원보인 것을 보면 영암에서 큰 영향력을 행사하던 호족 집안으로 추정된다. 원보란 고려 초 건국 유공자 및 지방호족에게 주던 벼슬의 등급인데, 4품 아래 단계로 16관계 중 제8위에 해당한다. 문종 30년(1076) 제정된 경정 전시과 규정을 보면 원보는 제13과에 속하여 전(田) 35결과 시(柴) 8결을 받고 있다.

고려 태조 왕건의 삼한 통일을 예언한 최지몽, 그는 2006년 방영된 사극 '태조 왕건'에서 시청자의 큰 사랑을 받기도 했다. 그러나 오늘, 최지몽이 어떤 분인지 아는 사람은 의외로 적다. 최지몽이 어떤 분인지는 『고려사』 '최지몽' 열전이나 『고려사절요』의 '졸기'를 보면 어느 정도 짐작해 볼 수 있다.

최지몽을 모신 사당, 국암사

『고려사』는 최지몽을 "성품이 청렴하고 인자하였으며, 총명하고 배우기를 좋아했다. 대광 현일에게 배워 경서와 사서를 두루 섭렵했고, 특히 천문·복서에 정통했다"라고 기록하고 있고, 『고려사절요』는 "성품이 청렴·검소하고 자애롭고 온화했으며, 총명하고 학문을 좋아하여 경서와 사서를 두루 섭렵했으며, 특히 천문과 복서에 뛰어났다"라고 서술하고 있다.

두 사서의 기록에서 알 수 있듯이 최지몽은 성품이 청렴하고 인자했으며 경서와 사서를 모두 섭렵한 학자다. 그러나 그의 주특기는 두 사서에 똑같이 언급하듯이 천문과 복서였다. 천문과 복서, 즉 별자리를 통해 길흉을 점치는 천문점성술은 그가 태조 왕건에게 발탁된 이유고, 63년간 여섯 임금을 섬기며 관직 생활을 할 수 있었던 이유였다.

천문점성술로 고려 초기 왕실 수호

최지몽이 태조 왕건의 부름을 받은 것은 18세 때다. 왕건은 총진에게 자신이 꾼 꿈을 점치게 했고, 총진이 '삼한을 통솔할 꿈'이라고 해몽하자, 기뻐서 이름을 지몽(知夢)으로 바꾸어 준다. 비단옷을 내리고 공봉(供奉)이라는 직책까지 제수한다. 최지몽은 왕건의 정벌에 동행하여 곁을 지켰으며, 왕건이 즉위한 후에는 궁궐에 들어가 태조의 고문이 된다. 꿈 해몽 하나로 왕건의 신임을 받아 벼락출세한 셈이다. 당시 왕건이 꾼 꿈이 어떤 꿈이었는지는 전하지 않는다.

고려 2대 왕이 혜종이다. 혜종은 외가
가 나주고, 모친이 장화왕후이며 외할아
버지가 나주 호족 오다련이다. 혜종의 외
가 세력은 미미했다. 혜종이 늘 왕권을
위협하는 도전에 직면해야 했던 이유이
기도 했다. 그 혜종을 지킨 분도 최지몽
이다.

혜종의 가장 강력한 도전자는 두 딸을
태조의 15비와 16비로 보낸 광주(廣州)의
호족 왕규였다. 왕규는 광주의 호족 세
력을 기반으로 왕건을 도와 고려 창업에

고려태사 민휴공 최지몽 유허비

큰 공을 세운 인물로, 대광(大匡, 종1품)에 오르고 재신이 되어 막강한 권
력을 장악한 인물이다. 그리고 16비 소광주원부인에게는 왕자 광주원군
이 있었다. 왕규는 이 광주원군을 왕위에 올리려는 야욕을 품었다.

왕규는 드러내놓고 두 번이나 혜종 시해를 도모했다. 혜종의 운명은
그야말로 풍전등화와 같았다. 혜종이 병이 나 신덕전에 있을 때 왕규가
왕의 침소로 쳐들어가 죽일 계획을 진행하고 있었다. 이때 사천대(司天臺,
고려 때 천문에 관한 사무를 맡아보던 관청)에 근무하던 최지몽이 점을 쳤는데,
왕에게 변이 생길 괘가 나온다. 지몽은 혜종에게 은밀히 중광전으로 거
처를 옮기게 했다. 그날 밤 왕규가 일당을 이끌고 신덕전을 습격했지만,
혜종은 이미 피신한 뒤였으므로 허탕을 친다. 지몽이 혜종의 목숨을 구
한 것이다.

2년 만에 혜종이 죽자 태조의 둘째 아들 요(堯)가 왕위에 오른다. 이가
고려 제3대 왕 정종이다. 정종은 최지몽이 왕규의 전왕(혜종)에 대한 위
해를 미리 알아내어 왕을 보위한 공을 인정, 노비와 은으로 장식한 안장
을 얹은 말과 은그릇을 내려준다.

지몽이 역모를 예견하는 점을 쳐 고려를 구한 것은 경종대에도 이어
진다. 『고려사절요』 경종 5년(980)조에 있는 "최지몽이 역모를 예견하여

관작을 올려주다"라는 기록이 그것이다. 당시 최지몽이 "객성(客星)이 제좌(帝座)를 범하였으니 왕께서는 숙위군을 거듭 경계하시어 뜻밖에 닥칠 사태에 대비하십시오"라고 했는데, 얼마 지나지 않아 왕승 등의 반역 음모가 적발된다. 경종은 자신을 지켜 준 지몽에게 어의와 금 허리띠를 내린다.

경종의 사당에 배향

정종의 뒤를 이어 태조의 셋째아들 소(昭)가 왕위에 오른다. 그가 고려 제4대 임금 광종이다. 광종은 혜종·정종과 달리 왕권 강화를 위해 개국공신과 재상 등 권문세족과 지방의 호족 세력 등 왕권에 방해되는 세력을 무자비하게 숙청했다. 지몽은 권문세족은 아니지만 태조의 공신으로 혜종·정종 대까지 3대를 섬겨온 중신이었다. 지몽도 자리는 지키고 있었지만, 좌불안석이었다. 그러던 차에 기어이 일이 터진다. 광종 21년(970), 지몽이 귀법사에 행차하는 왕을 호종했는데 술에 취해 무례한 행동을 했다는 죄목으로 외걸현에 유배된다. 무려 11년의 유배였다. 천문·복서에 능한 그였지만, 자신의 운명에는 장님이었던 모양이다.

그가 다시 조정의 부름은 받은 것은 경종 5년(980)이다. 경종은 지몽을 대광 내의령 동래군후 식읍 1천호 주국(大匡 內議令 東萊郡侯 食邑一千戶 柱國)에 임명했고, 은그릇과 비단 이불, 무소뿔 허리띠 등을 내려준다. 화려한 부활이다. 그러나 경종의 치세는 6년으로 끝나고 태조의 손자이자 경종의 사촌동생인 치(治)가 왕위에 오르니, 이가 고려 제6대 왕 성종이다.

성종은 자신의 정치 이상을 실현하기 위해 지몽을 중용한다. 성종은 즉위하자마자 지몽을 좌집정 수내사령 상주국(左執政 守內史令 上柱國)에 임명하고, 홍문숭화치리공신(弘文崇化致理功臣)이라는 호를 하사한다. 그의 부모도 작위를 받는다. 빛나는 말년이었다.

성종 3년(984), 78세가 된 최지몽은 네 번 사임을 청하지만 받아들여지지 않는다. 대신 왕은 조회 참석을 면제해주고 내사방에서 정사만 보게 하는 특전을 베푼다.

성종 6년(987), 그가 병이 나자 왕이 친히 문병했으며, 의원에게 명하여 약을 하사하고, 스님 3천 명에게 공양을 베풀며 지몽을 위해 기도하게 하는 등 정성을 쏟는다. 성종의 지극한 간호에도 불구하고 그해 3월, 생을 마감한다. 그의 나이 81세였다. 63년 동안 여섯 임금을 모신 파란만장한 삶이었다. 성종은 지몽의 부음에 깊은 애도를 표한다. 부의로 베 1천 필, 쌀 300석, 보리 200석, 차 200각, 향 20근을 내린다. 장례도 국장으로 치

최지몽 위패(국암사)

르게 했다. 태자태부(太子太傅)에 추증되었고, 태사(太師)가 추가 추증되었다. 민휴(敏休)의 시호를 받았으며, 성종 13년(994)에는 경종의 묘정(廟庭, 사당)에 배향된다. 고려 신하로서 최고의 대접을 받은 셈이다.

첨문점성술로 고려 초기 왕실을 지켜낸 최지몽의 흔적을 찾기는 쉽지 않다. 그가 태어난 영암군 군서면 서구림리에는 1972년 낭주 최씨 문중에서 건립한 국암사(國巖祠)가 있다. 국암사에는 최지몽을 주벽으로, 고려가 멸망하자 은둔한 최안우, 구림대동계를 재창건한 최진하, 정조 때 종2품 공조참판을 역임한 최몽안도 함께 모셔져 있다. 그리고 동구림리 왕인박사 유적지에는 2001년 건립된 '고려태사 민휴공 최지몽 유허비'도 있다.

최지몽, 그는 고려 최고의 천문학자였고, 첨문점성술로 고려 초기 왕실을 지켜냈으며, 63년 동안 여섯 임금을 섬긴 후 경종 사당에 배향된 인물이다. 그가 63년 동안 여섯 임금을 섬길 수 있었던 것은 『고려사』 '최지몽' 열전에서 보듯 인자한 성품과 총명함 때문이다.

2부

1.

조선시대 최대 규모의 객사, 금성관

금성관, 보물 되다

　문화재청은 2019년 10월 25일 전라남도 유형문화재 제2호인 객사 금성관(錦城館, 나주시 과원동)을 국가지정문화재 보물 제2037호로 지정했다.

　객사란 관찰사가 관찰구역을 순행할 때 업무를 보는 곳이자, 중앙 사신이 지방에 오면 묵던 숙소였다. 특히 객사의 정청은 전패(殿牌)와 궐패(闕牌)를 모셔놓고 매월 초하루와 보름에 망궐례(望闕禮, 나무패에 절하는 의식)를 행하던 공간이다. 다시 말해 사신을 접대하고 왕정의 위덕을 펴 관부의 위엄을 세운 장소, 즉 지방궁궐이었던 셈이다.

　전국의 수많은 객사 중 왜 나주 객사인 금성관이 보물이 되었을까? 객사는 정청과 좌·우익헌(동·서익헌)으로 구성되는데, 금성관의 중심 건물인 정청은 조선시대 객사 중 가장 크다. 정면 5칸 측면 4칸 집인데 칸 넓이나 높이가 다른 정청보다 엄청나 쳐다보는 순간 위엄이 느껴진다. 지붕은 팔작지붕으로, 맞배지붕을 사용하는 일반 객사의 정청과 또 차이가 난다. 다른 지역 객사와의 차이점은 지붕 형태만이 아니다. 정청 앞에 오르는 계단인 월대(月臺, 궁전의 정전 등 건물 앞에 설치하는 넓은 기단 형식의 대)를 설치했을 뿐 아니라, 건물 내부 천장과 용 문양 단청은 궁궐의 건

금성관 전경

축요소를 가미하고 있다.

이처럼 나주 금성관이 보물로 지정될 수 있었던 것은 천년 목사골 나주의 역사성과 상징성을 대표하는 문화유산이고, 원래 자리에 원형을 잘 유지하고 있을 뿐 아니라 다른 객사와 차별성이 있는 등, 역사·건축·학술적 가치를 인정받았기 때문이다.

금성관이란 객사 현판은 나주의 옛 이름 '금성(錦城)'과 관련이 있다. 삼국 시대 발라주(郡)로 불리던 나주는 신라 경덕왕 16년(757), 고을 이름을 중국 한자식으로 바꿀 때 금성군이 된다. 고려 태조 때 나주라는 이름을 갖게 되지만, 금성은 나주의 진산인 금성산의 이름과 함께 나주의 별칭으로 남아 있다.

금성관, 언제 건립되었을까

나주목의 객사 금성관은 언제 건립되었을까? 고려 태조 왕건이 장화왕후 오씨를 만난 나주는 고려시대 아주 각별한 대접을 받았다. 전국을 12목으로 나눌 때 나주는 광주를 제치고 목이 되었고, 1018년 전국을 5도로 나눌 때 전주와 나주의 앞 자를 한 자씩 따 전라도가 되었다. 2018년 전라도라는 이름을 정한 지 1000년이 되었을 때 나주가 큰 행사를 치른 것도 이 때문이다.

이처럼 고려시대 나주의 정치적 위상을 고려하면 객사인 금성관은 고려시대부터 건립되었을 것으로 생각한다. 그러나 문헌에서 확인되는 것은 조선 성종 때 나주 목사 이유인(재임 1487~1489)이 건립했다는 기록이 최초다.

이유인 목사가 건립했다는 기록은 『신증동국여지승람』 나주목 궁실조를 시작으로, 이후 『여지도서』, 『나주군읍지』, 『나주목읍지』 등에도 나타난다. 또 『금성읍지』에도 "객사는 목사 이유인이 건립한 후 목사 박규동이 중수했다"라는 기록이 있어, 목사 이유인이 건립했음을 뒷받침해준다.

그런데 금성관 건립을 알려주는 『신증동국여지승람』에 금성관 동익헌(벽오헌, 碧梧軒)에 대한 기록도 함께 나온다. 전라도 관찰사 이행(재임 1403~1404)이 벽오헌 동쪽에 벽오동 나무가 있어서 동익헌 편액을 벽오헌이라고 이름 지었다는 것이다. 이로 보면 동익헌은 고려시대부터 있었던 건물로 추정할 수 있다. 이후 벽오헌은 1480년 나주목사 김춘경과 판관 오한이 다시 보수한다. 지금 벽오헌은 정청 오른쪽에 위치한 건물이다.

벽오헌이 고려시대부터 있었다면 정청인 금성관도 이미 언급한 것처럼 고려시대부터 있었을 가능성은 여전히 높다. 2003년 동신대학교 문화박물관 팀이 객사 터를 발굴한 결과를 발표하면서, 고려 초기 건립되었을 가능성을 제기했다. 근거는 객사 터에서 고려시대에 발행된 국내 최초의 화폐인 건원중보와 초기 청자인 '해무리굽' 청자의 발굴이다.

고려시대에 최초로 객사인 금성관이 건립되었다 해도 오늘 우리가 보는 금성관은 이유인 목사가 건립한 건물임은 분명해 보인다. 15세기 후반 이유인 목사가 지었다는 금성관은 이후 몇 번의 중수를 거쳐 일제강점기 군청 청사로 사용되다가, 1976년~1977년 완전 해체된 후 복원된 건물이고, 동·서익헌과 망화루, 중삼문, 연못 등은 최근 복원된 모습이다. 그리고 내삼문과 정원 등이 아직 복원을 기다리고 있다.

금성관은 늘 역사의 현장이었다

나주 객사 금성관은 늘 역사의 현장이었다. 몇몇 사례를 살펴보자.

희대의 폭군 연산군은 팔도에 채홍사를 파견하여 아리따운 여인을 구하라는 명을 내리는데, 나주 사는 천민 우부리의 딸이 뽑히게 되고, 연산군의 총애를 받아 후궁이 된다. 딸이 종3품 숙용, 즉 후궁이 되자 우부리는 딸의 권세를 믿고 남의 전답을 빼앗고 부녀자를 겁탈하는 등 온갖 못된 짓을 저지른다. 민심은 흉흉했지만, 우부리의 비위를 거스르면 목이 달아났으므로 나주목사도, 전라도 관찰사도 그의 못된 짓을 멈추게 하지 못했다. 이때 박상(1474~1530)이 지방관리를 감찰하는 전라도사에 부임한 후 나주에 내려와 나주목사도, 전라도 관찰사도 어찌하지 못했던 우부리를 체포, 나주 금성관에서 매질하여 죽인다. 이를 '우부리 격살 사건'이라 부른다. 불의를 용납하지 않고 의로움을 실천한 박상은 남도 의로움의 출발로 불린다. 남도인의 정체성이 된 의로움의 실천지가 금성관이다.

1592년 4월 13일, 임진왜란이 발발하고 한 달도 안 되어 수도 한양이 점령당한다. 호남에서는 6월 3일 나주 출신 건재 김천일이 최초로 300여 의병을 일으켜 북상 길에 오른다. 56세 김천일이 의병들과 피를 입에 나누어 바르고 출병의식을 치른 곳도 금성관이다.

영조 31년(1755) 나주 금성관에 괘서 한 장이 붙는다. 괘서에는 "간신이 조정에 가득하여 백성들이 도탄에 빠졌다", "백성이 곤궁한데 가렴주구는 더욱 심하다. 이를 구제하기 위해 군사를 움직이려 하니, 백성은 동요하지 말라"라고 적혀 있었다. 영조의 정책과 당시 집권 세도가였던 노론을 비방하는 내용으로, 소론 일파가 노론을 제거하기 위한 목적으로 내건 괘서다. 금성관은 현실 정치를 논박하는 정치의 현장이기도 했다.

1895년 일제는 무례하게도 러시아에 빼앗긴 주도권을 되찾기 위해 명성황후를 시해하는 만행을 저질렀다. 이에 분개한 나주 유생들은 금성관에 명성황후의 분향소를 설치하고 곡(哭)을 했다. 나주 객사인 금성관은 이처럼 남도인의 정의로움과 애국·충절을 다지고 실천했던 남도인들

금성관 입구 문, 망화루

의 정체성을 간직하고 있는 현장이다.

금성관은 일제 강점기 칸막이를 하고 나주군청 청사로 사용되기도 했지만, 1976년 해체 복원된 후 원래의 모습을 되찾고 있다. 출입문인 망화루와 중삼문도, 그리고 최근 연못도 복원되었다. 마당 한 켠에는 현종, 관찰사, 목사 등 나주와 인연을 맺은 권력자들의 선정비나 영세불망비 등 각종 비도 가지런히 모아져 나주의 역사를 말해준다. 특히 고려 현종이 몽골의 침입을 피해 나주로 몽진했던 사실을 담고 있는 '사마교비'나 동학농민군을 격퇴시킨 내용을 적은 '금성토평비'는 나주가 역사적으로 어떤 곳이었는지 알려주는 매우 중요한 역사적 흔적이다.

오늘 동익헌인 벽오헌 마루에서는 나주시립예술단 단원들이 매주 토요일 공연을 연다. 이제 보물이 된 금성관은 나주시민만의 것이 아닌 전 국민의 것이 되었다.

객사는 왜 동헌보다 더 크고 웅장할까?

1018년 전라도가 생겨나게 된 근거가 된 나주는 '천년 목사골'로 불린다. 정3품의 품계의 목사가 다스리던 고을이라는 의미다. 고려·조선 시대를 통틀어 목사가 다스리는 목은 꽤 큰 고을이었다.

궐패와 전패

목사고을에는 목사만 파견되는 것은 아니었다. 부시장쯤에 해당하는 판관(判官, 종5품)과 지방 교육을 담당하는 교수(敎授, 종6품)가 관원으로 파견되었다. 그리고 『나주목여지승람』에 보면 군관 50, 아전 80, 기생 22, 사령 41, 관노 31, 관비 17명 등 많은 관속이 딸려 있었다.

따라서 목사의 근무지인 동헌과 거처지인 내아를 비롯하여 수많은 건물이 필요했다. 그중 핵심 건물이 지방 궁궐로 '금성관(錦城館)'이라는 편액이 붙은 객사다.

객사는 고려~조선시대 중앙에서 내려오는 관리들의 숙소를 뜻한다. 그러나 관리들만의 숙소만은 아니었다. 객사의 중심 건물인 정청에는 임금을 상징하는 궐패와 전패를 모시고 고을의 관리들이 매월 초하루나 보름에 임금께 하례하는 망궐례라는 의식을 행했고, 동·서익헌만이 숙소였다. 동·서익헌 중 동익헌은 정3품 이상의 당상관이 이용하였고, 관찰사가 각 고을을 순행할 때 정무를 보는 장소이기도 했다. 서익헌은 종3품 미만의 당하관이 이용한 숙소였다. 정청인 금성관에 붙은 동·서익헌 중 동익헌의 규모가 서익헌보다 크고 정무를 볼 수 있는 공간인 마루가 있는 이유다.

객사에서 행한 가장 중요한 의식은 이미 언급한 것처럼 임금을 상징하는 궐패나 전패를 모셔놓고, 고을 관리와 선비들이 모여 망궐례를 올리는 일이었다. 궐패의 '궐(闕)'이나 전패의 '전(殿)'자는 나무패로 궁궐, 즉 국왕을 상징한다.

객사는 망궐례의 의식만 행하는 장소는 아니었다. 성종대에 편찬된 『국조오례』「가례」편에는 객사에서 치러지는 7가지 의식을 명문화하고 있다.

- 사신 및 외관이 설날, 동지, 탄생일에 전패에 하례하는 의식
- 사신 및 외관이 초하루와 보름에 전패에 하례하는 의식
- 사신 및 외관이 지방관이 왕에게 올리는 글인 전문(篆文)을 올리는 의식
- 사신 및 외관이 선로(宣勞, 왕이 선지를 내려 노고를 위로함)를 받는 의식
- 다섯, 사신 및 외관이 내향(內香, 왕이 내린 향)을 맞이하는 의식
- 여섯, 사신 및 외관이 교서를 받는 의식
- 일곱, 외관이 관찰사를 맞이하는 의식

여기서 사신은 임금이나 국가의 명령으로 외국의 사절로 가는 신하를 지칭하는 것이 아니라 왕명으로 지방에 나가 있는 관리를, 그리고 외관은 지방 고을 수령을 가리킨다.

이처럼 객사는 왕을 경배하는 장소일 뿐 아니라 왕과 관련된 각종 의식을 행하는 장소로, 일종의 지방 궁궐이었다. 따라서 객사는 지방 관아 건물 중 가장 크고 웅장할 수밖에 없었다.

2.

조선을 디자인한 정도전 유배지,
나주 회진

조선을 디자인한 혁명가 정도전

나주 회진 유배로 남도와 인연을 맺은 정도전(鄭道傳, 1342~1398)은 조선 개국의 핵심 주역으로, 호는 삼봉이다. 향리 집안 출신으로 고조할아버지는 봉화호장 공미(公美)이고, 아버지는 중앙에서 벼슬하여 형부상서를 지낸 운경(云敬)이다. 뒷날 이런 정도전을 두고 '한미한 출신'이라고 기록했다.

아버지를 따라 개경에 와 이색 문하에서 정몽주·이숭인 등과 유학을 배웠다. 1370년, 스승 이색이 대사성이 되자 성균박사가 된다. 성리학을 받아들인 정도전은 친명파가 되었고, 1374년 공민왕 암살 사건을 명나라에 고할 것을 주장하여 친원파의 거두 이인임의 미움을 받는다.

1375년 원나라 사신이 명을 치기 위한 문제를 상의하러 오자, 정도전은 권근 등과 함께 이를 반대하여 관련된 직무조차 돌보지 않았다. 정도전이 이인임 등 친원파의 미운털이 박혀 나주로 유배 온 이유다.

유배지 나주에서 정도전은 민본에 바탕을 둔 통치 철학을 가다듬게 된다. 3년 만에 유배에서 풀려나자 삼각산 아래에 서당 '삼봉재(三峯齋)'를 짓고 제자들을 가르쳤다. 그래서 그의 호도 삼각산을 뜻하는 '삼봉'이

정도전 초상화

된다.

6년을 보내는 동안 왜구와 홍건적의 침입으로 나라는 더욱 어수선해진다. 1383년 가을, 그는 함흥에서 동북도도지휘사로 있으면서 침입해온 야인을 물리쳐 큰 명성을 얻고 있던 이성계를 찾았고, 한나라를 세운 유방의 군사 전략가가 된 장량을 자처했다. 그래서 정도전은 '해동의 장량'이라 불리기도 한다.

1392년, 조선왕조가 들어서자 정도전의 활동은 눈부시다. 『불씨잡변』, 『조선경국전』, 『경제문감』을 저술하여 국가이념을 정립하고 통치체제를 정립했다. 통치체제로는 중앙집권제를, 통치 철학으로는 왕도정치와 나주 유배지에서 구상한 민본주의로 기초를 삼았다. 정도전이 혼신의 힘을 다해 단행한 것은 천도였다. 정도전은 궁궐 이름인 경복궁은 물론, 정전인 근정전, 남문인 광화문과 숭례문·홍인문 등 서울의 모든 궁궐과 문의 이름도 손수 짓는다. 오늘 경복궁 궁궐 이름에 그가 남아 있는 이유다.

이성계는 왕위에 오르자 정도전 등의 지원을 받아 두 번째 왕비 강씨의 막내아들 방석을 세자에 책봉했다. 첫째 부인인 한씨 소생 왕자들의 반발은 당연했다. 그 핵심 인물이 후일 태종이 된 방원이다. 사병을 대동한 방원이 친구들과 술을 마시던 송현(경복궁 동쪽 고개)으로 쳐들어가 정도전의 목을 벤다. 조선을 디자인한 혁명가 정도전이 방원의 칼날에 스러진 것이다. 정도전은 자신을 한나라의 재상으로 명참모를 의미하는 '장자방'의 주인공 장량으로 비유했는데, 장량은 나라를 세운 뒤 "사냥개는 썩먹힌 뒤 늙으면 주인에게 잡아먹힌다."며 조정에서 물러나 야인생활을 하여 목숨을 부지했다. 하지만 정도전은 끝까지 일을 벌이다 비명에 갔다.

정도전은 고려말, 정치적·경제적 모순을 바로잡고 사회적 혼돈을 수습하려고 나선 혁명가요, 조선왕조의 통치이념을 정립한 실천적 지식인이다. 그는 죽으면서 다음의 시조를 남긴다.

"30년 세월 온갖 고난 겪으면서 쉬지 않고 이룩한 공업, 송현방 정자에서 한잔 술 나누는 새 다 허사가 되었구나"

정도전이 나주에 유배 온 이유

남도는 유배의 땅으로 불린다. 강진 다산초당이 다산 정약용의 유배지라면, 화순 능주는 조광조의 유배지이며, 흑산도는 정약전과 최익현의 유배지다. 나주에는 조선 건국을 디자인한 삼봉 정도전이 3년간 (1375~1377) 머물며 '민본사상'을 정립한 유배지가 있다. 나주 회진현 거평 부곡 소재동, 지금 도로명 주소로는 나주시 다시면 운봉리 백동길 3-93 번지다. 왜 삼봉 정도전이 이곳으로 유배 오게 되었는지부터 이야기해야 할 것 같다.

정도전이 혁명을 꿈꾸던 14세기 말은 원나라가 쇠퇴하고 명나라가 흥하던 시점으로, 국제정세가 요동치던 시절이다. 명과 원을 사이에 두고 고려 조정은 친원파인 권문세족과 친명파인 신진 학자 그룹으로 나뉘어 있었다. 반원정책을 편 공민왕이 살해된 후 우왕 1년(1375) 원나라 사신이 명나라 치는 일을 논의하기 위해 고려에 오게 된다. 이인임 등 친원파는 원의 사신을 맞아들이려 했지만, 정도전·권근 등은 격렬히 반대한다. 『고려사』의 다음 기록을 보자.

정도전은… 공민왕 때 과거에 급제하여… 예의정랑·예문응교·성균사예를 지냈으며 문학으로 이름이 나 왕이 그를 매우 아꼈다. 우왕 초 북원(北元)의 사신이 오자 이인임과 지윤이 그들을 맞아들이려 하자, 정도전이 김구용·이숭인·권근과 함께 도당에 글을 올려 맞아들여서는 안 된다고 하였다. 이인임과 경복흥이 그 글을 받아들이지 않고 정도전에게 원 사신을 맞이하라고 명령하자, 정도전은 경복흥의 집을 찾아가서 이르기를, "제가 마땅히 사신의 머리를 베어 오든지 그렇지 않으면 명나라에 묶어 보내겠습니다."라고 하였다.… 또한 태후(太后, 명덕태후)에게도 사신을 받지 말아야 한다고 하자 경복흥이 더욱 노하여 정도전을 회진현(會津縣)에 유배 보냈다.

_『고려사』 권119 열전 32 제신 정도전

이 기록은 당시 정도전이 반원정책을 편 공민왕의 총애를 받았다는 것과, 우왕 때 이인임과 경복흥이 원나라 사신을 맞이하라는 명령을 격렬하게 거부했고, 그 결과 정치적 보복을 당해 나주 회진현으로 유배되었음을 보여준다. 그런데 당시 34세 정도전이 "만약 나를 영접사로 보내면 원 사신의 목을 베든지, 사로잡아 명에 보내겠다."라며 대든 결기가 놀랍다.

남도의 정을 보여준 소재동 사람들

정도전이 유배 온 나주 회진현 거평부곡 소재동이 오늘 다시 주목받을 수 있었던 것은 정도전이 『삼봉집(三峯集)』에 소재동 이야기인 「소재동기(消災洞記)」를 남겼기 때문이다. 소재동기에는 1375년 당시의 소재동의 모습과 남도의 정이 고스란히 담겨 있다.

도전이 소재동 황연 집에 세 들어 살았다. 그 동리는 나주에 속한 부곡(部曲)인 거평(居平) 땅으로, 소재사(消災寺)란 절이 있어 동리 이름을 삼은 것이다.… 동리 사람들은 순박하고 허영심이 없으며 힘써 농사짓기를 업으로 삼는데, 그중에서도 황연은 더욱 그러했다. 그의 집에서는 술을 잘 빚고 황연이 또 술 마시기를 좋아하였으므로, 술이 익으면 반드시 나를 먼저 청하여 함께 마시었다. 손이 오면 언제나 술을 내어 대접하는데 날이 오랠수록 더욱 공손했다.… 또 김성길이란 자가 있어 약간의 글자를 알았고, 그 아우

63

유배지에 복원된 초가집

천(天)도 담소를 잘했는데 모두가 술을 잘 마셨으며, 형제가 한집에 살았다. 또 서안길이란 자가 있어 늙어 중이 되어서 안심이라 불렀는데, 코가 높고 얼굴이 길며 용모와 행동이 괴이했으며, 모든 사투리·속담·여항(閭巷)의 일들을 기억하지 못하는 것이 없었다. 또 김천부·조송이란 자가 있는데, 그들도 술 마시는 것이 김성길·황연과 비슷했다. 날마다 나를 찾아와 놀고, 철마다 토산물을 얻게 되면 반드시 술과 음료수를 가지고 와서 한껏 즐기고 돌아갔다. 다만 내가 찬찬하지 못하고 너무 고지식하여, 세상의 버림을 받아 귀양살이로 멀리 와 있는데도 동리 사람들이 나 대접하기를 이렇듯 두텁게 하니… 한편으로는 부끄럽고 한편으로는 감동이 되므로 그 시말을 적어서 나의 뜻을 표하는 것이다.

마을 이름 소재동은 소재사라는 절 때문이다. 마을 규모는 대여섯 가구였고, 딸린 식구까지 합해도 서른 정도였다. 「소재동기」에 등장하는 중심인물은 황연과 김성길·김천 형제, 김천부, 조송과 서안길인데, 다 농부였고 서안길만 마을 옆 소재사 승려였다. 마을 사람 대부분은 농사를 짓고, 철 따라 나오는 토산물을 채취하면서 어렵게 살아가고 있다. 그럼에도 이들 소재동 주민들은 유배 온 정도전에게 온갖 호의를 베푼다. 술자리를 같이하고, 철 따라 음식을 제공하며, 초가집을 지을 때 아낌없이 일손을 보태준다. 오늘 남도인들의 인심과 똑같다. 정도전은 소재동 농민들이 아낌없이 내주는 인심에 큰 감동을 받았고, 「소재동기」를 써 남기게 된다. 그리고 유배지 남도땅 나주에서 만난 농부인 '민'에 대한 깨달음은 이후 민본사상의 근간이 된다.

정도전의 유배 현장을 찾다

삼봉 정도전의 유배지는 나주시에서 멀지 않다. 나주시청을 지나 무안 가는 길로 10여 분 달리면 오른쪽에 '삼봉 정도전 선생 유배지'라는 간판이 보인다. 오른쪽 길로 꺾어 곧장 가면 댐이 나오는데, 그 댐 밑 마을이 백동마을이다. 백동마을 앞 정자 주변에 일렬로 늘어선 멋진 노송을 따라 왼쪽 농로를 따라 들어가면 오른쪽 산비탈에 꽤 깔끔하게 서 있는 초가가 나온다. 정도전이 머문 초사를 복원한 초가다.

초가에 도착하기 전 농로에서 먼저 마주치는 글이 있다. 2005년 철학자 도올 김용옥이 쓴 「신소재동기」다. 정도전 유배지에 도올 선생의 글이 새겨 있다니 반갑고 놀랍다. 신소재동기는 정도전이 쓴 「소재동기」를 바탕으로 도올의 생각을 조금 더 보탠 글인데, 도올의 여느 글처럼 명문이다. 도올이 「신소재동기」를 쓴 사연이 《중앙일보》(2007.8.13) '도올 고함, 삼봉의 최후 그리고 대종손의 비보'라는 글에 나온다.

> 고부 만석보를 터뜨리며 동학혁명의 기치를 올리게 만든 민중의 한(恨), 수세(水稅)! 그 수세를 혁파하는 농민운동으로 양명하여 젊은 나이에 나주시장이 된 뜻있는 사나이 신정훈이 나에게 간곡히 부탁했다. "다시면에 삼봉(정도전) 귀양지 안내판을 세우려는데 도와주시겠습니까?", "논두렁에 선 게시판 글 하나를 읽고도 새 나라를 건국할 수 있는 인물이 또 나올 수도 있는 일! 암 도와주고말고." 나는 신소재동기(新消災洞記)라는 문장을 써서 내려보냈다.

백동마을 어귀에 지금도 그 게시판은 외롭게 서 있다. 당시 나주시장 신정훈은 고려대학교를 졸업했으니, 고려대 교수로 있었던 도올 김용옥   65

신소재동기

과 인연이 있었던 것이다.

오랫동안 정도전의 유배지 초사는 역사 속에 자취를 감추었다. 1988년에야 나주시는 소재동이 운봉리 백룡산 기슭에 있었음을 확인하고, 2010년에 이곳에 한 칸 규모의 초가를 짓고 안내판을 조성했다.

초가 입구에는 2001년 주동식이 지은 '소재동비'가, 그리고 2006년 삼봉정도전선생 기념사업회 회장인 전 서울대학교 국사학과 한영우 교수가 쓴 글을 새긴 '삼봉 정도전 선생 유적비'가 함께 서 있다.

오늘 복원된 초가는 판자를 얽어 사립문을 내었고, 울타리는 대나무로 둘렀다. 방 한 칸 마루 한 칸 초가로, 문고리 밑 토방 위 섬돌에 하얀 고무신 한 켤레가 가지런히 놓여 있다. 열쇠로 굵게 잠긴 방안을 구멍 난 창호를 통해 들여다보니 덜렁 삼봉의 초상만 걸려 있다. 당시 '초사(草舍)'라는 편액을 걸었다는데, 지금은 삼봉의 시 '중추가(中秋歌)'가 대신 걸려 있다.

소재동, 삼봉 정도전 유배지를 나오는데 도올의 「신소재동기」 마지막 부분이 나를 다시 붙잡는다.

"나 도올이 말한다. 삼봉의 초사는 두자미(杜子美, 두보의 자)의 초당보다 더 길이 청사에 남으리라. 그가 전하는 것은 초사의 이름이 아니요, 조선왕조를 일관한 민본사상이요. 인민의 삶과 정신을 혁신한 토지개혁, 종교개혁 등의 영구혁명론이다. 그 사상이 동학, 의병, 독립운동, 광주민중항쟁을 거쳐 오늘 우리 사회의 개혁정신에까지 이르고 있으니 이곳 소재동이야말로 우리 민족의 끊임없는 혁명의 샘물이다."

3.
정암 조광조 유배지,
화순 능주

소설가 최인호의 마지막 역사소설 『유림』은 화순 능주에서 시작된다. 유림의 큰 스승이며 문묘에 배향된 정암 조광조(1482~1519)가 유배와 사약을 받은 곳이 능주이기 때문이다.

조광조는 17세 때 어천찰방으로 부임한 아버지를 따라가 무오사화로 희천(평안북도)에 유배 중인 김굉필을 만나 스승으로 삼고, 김종직의 학문을 전해 받는다. 중종 10년(1515), 과거 급제 후 성균관 전적(정6품)을 시작으로 수찬·교리·경연시독관·부제학·대사헌 등을 역임한다. 과거 급제 4년 만에 종2품 대사헌의 수직 승진은 대단한 파격이었다. 대사헌은 지금의 검찰총장에 해당하는 자리이니, 당시 사림의 거두 조광조의 권력이 상당했음을 짐작할 수 있다.

조광조와 사림들은 향약 실시, 소격서 폐지, 현량과 실시 등 혁신정책을 제시하여 중종으로 하여금 실행하게 했다. 특히, 경전 내용을 테스트하는 과거시험 대신 면접을 중심으로 관리를 뽑던 현량과는 훈구파들의 기득권을 박탈한 것으로, 당시 훈구파들에게 커다란 위협이 되었다.

조광조 등 사림이 훈구파들에게 내민 마지막 칼은 기묘사화의 불씨가 된 '위훈삭제(僞勳削除)'였다. 중종을 왕위에 앉힌 훈구 대신 3/4에 해당하는 78명의 공훈을 삭제하자, 수세에 몰린 훈구파는 조광조를 몰아낼 무고를 꾸몄는데, 잘 알려진 '주초위왕(走肖爲王)'이 그것이다.

홍경주·남곤·심정 등 훈구 세력은 후궁을 움직여 궁중의 나뭇잎에다 '주초위왕'이란 글자를 꿀물로 써 벌레가 갉아먹게 하고, 궁녀들이 이 글자가 새겨진 나뭇잎을 모아 임금에게 바치게 한다. '주초'를 합하면 '조(趙)' 자가 되는데, 이는 '조광조가 왕이 된다'는 뜻이다. 위훈삭제를 결재한 중종은 조광조의 타협할 줄 모르는 급진적 개혁에 피로감을 느꼈고, 이를 눈치챈 훈구 세력이 역모죄로 반격한 것이다. 벌레들이 갉아먹어 씌어진 '주초위왕'이 훈구파가 만든 쇼였음을 중종이 모를 리 없었다. 그러나 이를 명분 삼아 그가 중용한 조광조를 투옥시켰고, 능주에 유배한후 사사한 것이다.

능주 유배 한 달이 채 되지 않은 1519년 12월 20일, 사약을 든 의금부 도사가 도착한다. 목욕 후 의관을 갖춰 입고 시 한 수를 지은 후 사약을 마신다. 이때 조광조의 나이 38세였다.

사약을 마시기 직전 조광조가 남긴 절명시는 다음과 같다. "임금 사랑하기를 어버이 사랑하는 것처럼 하였고(愛君如愛父)/ 나라 걱정하기를 내 집을 걱정하듯 하였도다(憂國若憂家)/ 밝고 밝은 대낮의 햇빛이 세상을 굽어보고 있으니(白日臨下土)/ 거짓 없는 내 마음 훤하게 비춰주리라(昭昭照丹衷)"

조광조는 권력 싸움에서 졌고, 그래서 죽임을 당한다. '주초위왕'은 훈구파들이 조광조 등을 쳐 내기 위한 명분이었을 뿐이다.

조광조와 인연을 맺은 남도인

1519년 11월 18일 조광조에게 능주 유배의 명이 내린다. 유배지에서 조광조의 속마음을 가장 잘 보여주는 것이 "누가 이 몸을 마치 활 맞은 새 같다고 가련히 여기는가…"로 시작하는 「능성적중시(綾城謫中詩)」다. '능성'은 능주의 당시 이름이고, '적중'은 유배 중이라는 뜻이다. 자신을 활에 맞은 가련한 새로 비유한 이 시를 건네받은 이가 바로 축 처진 조광조에게 위안이 되었던 유일한 친구, 능주 출신인 학포 양팽손(梁彭孫, 1488~1545)이다.

조광조 영정

　조광조가 유배 직전 종2품 사헌부 대사헌이었던 반면, 양팽손은 정5
품 교리였다. 조광조가 유배되자 양팽손은 조광조 유배의 부당함을 주
장하다 파직당하였고, 고향 능주에서 운명적으로 다시 만나 서로를 의
지했다. 조광조적려유허추모비 옆에 복원된 적중거가(謫中居家)에 두 분이
담소를 나누는 인형이 만들어진 이유다. 그러나 둘의 만남은 한 달을
채 넘지 못한다. 조광조를 찾아온 의금부 도사 유엄의 손에 사약이 들
려 있었기 때문이다. 조광조가 죽기 전 시종에게 '관이 무거우면 먼 길
가기 어려우니 가벼운 것으로 써 달라'는 유언을 남긴다. 그리고 마지막
찾았던 분이 양팽손이다. 조광조는 양팽손을 보자 "태산이 무너지는가.
대들보가 꺾이는가. 철인은 시드는가"라고 『사기』에 전해오는 공자(孔子)
의 마지막 노래를 부르고는 "양공, 신이 먼저 갑니다"라는 말을 남기고
절명한다.

　조광조의 임종을 양팽손이 지킨 셈이다. 양팽손은 조광조를 손수 염
하여 자신이 사는 화순 쌍봉사 근처에 가묘를 만든다. 양팽손이 없었다
면 조광조의 시신은 들판에 버려졌을지도 모른다. 양팽손, 그는 조광조
에게 하늘이 맺어준 친구였다. 둘은 지금도 죽수서원에 함께 배향되어
있다.

　불의를 용납하지 않고 의로움을 실천한 광주 출신 눌재 박상(1474~1530)　69

조광조 유배지 전경

　도 조광조와 인연이 깊다.

　조광조가 문과에 급제하고 조정에 나아간 해가 중종 10년(1515)이다. 중종은 모반사건이 일어나고 천둥 번개가 여러 번 치는 등 변란이 잦자 '구언(求言)'의 명을 내린다. 구언은 신하들에게 아무 제안이나 좋으니 왕에게 상소를 올리라는 명이다. 이때 광주 출신으로 담양부사였던 박상은 순창군수 김정과 함께 중종의 첫 왕비였던 폐비 신씨(단경왕후)의 복위를 주장하는 상소를 올린다. 폐비 신씨는 연산군의 처남 신수근의 딸로, 중종반정 때 신수근이 살해당하고 신씨는 폐위되었다. 신씨를 복위시키자는 주장을 편 것은 유교적 윤리에 입각한 것이었다. "아내가 쫓겨남은 남편에게 잘못이 있거나 시부모에게 불효를 저질렀을 때나 합당하므로, 이러한 잘못을 저지르지 않은 왕비가 폐위됨은 말도 안 된다"는 것이 이들의 주장이었다.

　신비복위소를 올리자 훈구파들은 "종묘와 사직을 위협하는 발언을 했다"는 이유로 박상과 김정을 탄핵했고, 둘은 유배형에 처해진다. 이때, 상소를 올려 박상과 김정을 구한 이가 사간원 정언(정6품) 조광조다.

　자신을 위기에서 도와준 조광조가 능주로 유배 온다는 소식을 접한 박상은 1519년 11월 무등산 앞 분수원(分水院, 학동 원지교 근처)에서 조광조를 만난다. 박상은 조광조와 헤어지면서 다음 시를 지어 위로한다. "분수원 앞에서 일찍이 손을 잡았더니(分水前曾把手)/ 괴상하도다, 그대 황각(黃閣, 정승이 사무를 보던 관청)에서 주애(귀양지로 유명한 중국 남방에 있는 섬)로 떨어지다니(怪君黃閣落朱崖)/ 주애와 황각을 구별하지 말라(朱崖黃閣莫分別)/ 구천에 이르러 보면 차등이 없으리(經到九原無等差)"

다시 중종의 부름을 받을 줄 알았는데, 사약을 받은 후 시신이 소달구지에 실려 고향으로 가는 모습을 먼 발꿈치로 본 박상은 만시(輓詩)를 써 통곡한다. "누가 알았으랴, 남대(사헌부)의 옛 자의(고관들이 입는 붉은 옷)가(不謂南臺舊紫衣)/ 소달구지 타고 초라하게 고향으로 돌아갈 줄을(牛車草草故鄉歸)/ 후일 지하에서 서로 만날 때는(他年地下相逢處)/ 인간사의 그릇됨은 말하지 마세(莫話人間萬事非)"

무등산 자락 조선 시대 최고의 자연 정원인 소쇄원의 주인공 양산보 (1503~1557)도 조광조와 인연이 깊다.

양산보는 열다섯 되던 해에 조광조의 제자가 된 후 17세이던 1519년 현량과 시험에 최연소자로 급제한다. 그런데 그해 겨울 기묘사화가 일어나 스승 조광조가 화순 능주로 유배되어 사약을 받고 죽자, 출세에 뜻을 버리고 은거한다. 양산보가 평생을 자연 속에 숨어 살 수 있는 공간인 소쇄원을 조성하게 된 것도, 능주에 유배와 사사된 스승 조광조와의 인연 때문이다.

조광조 유배 현장을 찾다

능주는 한때 정3품 목사가 통치하던 목사골로, 1920년대까지만 해도 화순보다 정치·사회적으로 훨씬 중요한 지역이었다.

옛 이름 능성(綾城)인 능주가 목사골이 된 연유는 인조반정으로 왕위에 오른 인조의 어머니 인헌왕후와 관련이 있다. 인헌왕후 구씨는 능안부원군 구사맹의 딸로 추존왕 원종의 정비(正妃)가 되고, 인조의 어머니가 된다. 인조반정으로 아들이 왕이 되자, 어머니 능성 구씨의 관향인 능성은 이름을 능주로 바꾸고 능주목으로 승격된다. 인조 10년(1632)의 일이다. 지금도 능주에는 옛날 목사골의 위용을 보여주는 건물, 지방관이 근무하던 관아 '녹의당'의 정문인 죽수절제아문(竹樹節制衙門)이 있다.

유배지였던 화순군 능주면 남정리에는 역사 교과서에 실려있는 정암

조광조적려유허추모비

조선생 적려유허추모비와 그의 절명시 "임금 사랑하기를 어버이같이 사랑하고, 나라 걱정하기를 내 집 걱정하듯 했도다."의 첫 글자인 애(愛)와 우(憂)를 취해 만든 애우당(愛憂堂)이, 건너편에는 조광조의 영정을 모신 영정각과 유배 중 거처했던 집인 적중거가가 복원되어 있다.

적려유허추모비는 조광조 사후 150여 년이 지난 현종 8년(1667) 당시 능주목사 민여로가 세우는데, 비문은 우암 송시열이 짓고 송준길이 글을 쓴다. 추모비 앞면은 '정암조선생적려유허추모비'를 두 줄로 새겼고, 뒷면에 송시열의 글이 새겨져 있는데, 바로 뒤에 번역문이 있어 비문 내용을 쉽게 읽을 수 있다. 추모비가 비바람을 피하도록 1칸짜리 집 안에 보관 중인데, 늘 자물쇠가 채워져 있어 사진 찍기가 쉽지 않다.

애우당에는 그의 절명시를 비롯하여 네 개의 현판이 걸려있다. 자신의 처지를 활에 맞은 새에 비유한 시 '능성적중시'도 그중 하나다. 이 시에 나오는 능성은 능주의 옛 이름이다. 영정각에는 조광조의 영정이 걸려있고, 유배 중 거처했던 적중거가는 당시 모습처럼 초가다. 방 안에는 자신의 시신을 거둔 양팽손과 담소를 나누는 모습이 인형으로 만들어져 있는데, 너무 엄숙하고 딱딱하다.

조광조 유허비가 있는 유배지에서 1킬로미터 정도 떨어진 연주산 자락에 그를 기리는 사당 죽수서원(竹樹書院, 전남 화순군 한천면 학포로 1786~45)이 있다. 서원 이름 '죽수(竹樹)'는 능주의 옛 이름 능성을 달리 부르는 이름이다. 조광조 사후 50년이 지난 선조 3년(1570)에 사액서원으로 건립된다. 인조 8년(1630)에는 능성현 출신으로 조광조의 시신을 거둔 양팽손의 위패를 추가하여 모셨다. 죽수서원도 흥선대원군의 서원훼철령 때 훼철되었다가 1983년 복원된 후 오늘에 이른다.

능성의 별칭이 왜 죽수인지는 알 수 없지만, 대나무와 관련이 있어 보인다. 서원 입구에는 죽수서원이란 표지석이 홍살문과 함께 서 있다. 200여 미터의 돌계단을 가파르게 올라야 외삼문인 서원의 입구 고경루(高景樓)가 나오고, 고경루 입구에는 1991년 세워진 죽수서원원지복원비가 서 있다. 가파른 돌계단 좌우는 온통 대나무밭인데, 서원 이름 죽수와 정암 조광조의 현실과 타협하지 않는 대쪽같은 이미지와도 잘 어울린다.

두 번째 문인 내삼문의 이름은 조단문(照丹門)이다. 그의 절명시에 나오는 소소조단충(昭昭照丹衷)의 '조단', 즉 '임금을 향한 거짓 없는 내 마음'에서 따온 듯싶다. 조단문을 지나면 조광조의 위패를 모신 3칸 규모의 사당 천일사(天日祠)다.

4.

삼마태수로 불린 효와 청렴의 상징, 송흠

송흠의 또 다른 이름, 삼마태수

청백리는 우리나라를 비롯한 동아시아 유교문화권에서 깨끗한 공직자를 지칭할 때 사용하는 말이다. 청백(淸白)은 '청렴결백'의 약칭인데, 가장 이상적인 관료의 미덕으로 여겨진다. 그런데 청백리는 부정부패하지 않고 그냥 깨끗한 것에 그치지 않는다. 어짊과 의로움(仁義)이 넘쳐야 청백리다. 백성을 내 처자같이 사랑하고, 나랏일을 정의롭게 하여 백성들의 신뢰를 얻게 하는 관료가 진짜 청백리다.

청백리가 되기 위해서는 동료들의 평가, 사간원, 사헌부, 홍문관과 의정부의 검증 절차 외에도 2품 이상 당상관과 사헌부·사간원의 수장들이 추천, 심사하여 통과되어야 했다. 어려운 심사를 거쳐 청백리로 선정되는 것 자체가 큰 영광인데, 송흠은 그 청백리에 다섯 번이나 뽑힌다.

송흠(宋欽, 1459~1547)은 보성군수를 시작으로 옥천·여산군수 등 여덟 고을 수령을 지낸다. 그는 부임지에 갈 때마다 다른 사람과 달리 체면이나 위풍을 도외시한 채 언제나 말 세필만 받았다. 당시 한 고을 수령이 부임지로 갈 때나 임기가 끝날 때 감사의 표시로 보통 그 고을에서 가장 좋은 말 여덟 마리를 바치는 것이 관례였다. 그런데 송흠은 새로 부임해

갈 때 본인과 어머니, 아내가 탈 말 세 필만 받았다. 그런 송흠을 고을
사람들은 삼마태수(三馬太守)라 불렀다. 삼마태수, 이는 청백리 송흠의 또
다른 이름이다. 송흠이 고을 수령으로 부임하거나 퇴임할 때 말 세필만
받았다는 이야기는 다산 정약용이 쓴 『목민심서』에도 소개되어 있다. 목
민관들이 모범으로 삼아야 한다는 이유 때문이었을 것이다.

송흠이 삼마태수로 거듭나게 된 계기가 『지지당유고』에 나온다.

> 초당 허엽이 말하기를 응교 최부는 나주 사람이요, 정자 송흠은 영광사
> 람이다. 같은 시대(성종)에 옥당에서 다 같이 휴가를 얻어 고향에 내려갔는
> 데, 서로의 거리가 15리였다. 하루는 송흠이 최부 집에 찾아가 이야기하는
> 사이에, 최부가 "자네는 어떤 말을 타고 왔는가."라고 물었다. 송흠은 역마
> 라고 했다. 최부가 말하기를 "나라에서 역마를 준 것은 그대의 집까지였는
> 데 어찌 역마를 타고 왔단 말인가?" 하고 조정에 돌아온 즉시 그 뜻을 아
> 뢰어 파직시켰다. 송흠이 최부에게 와서 사직 인사를 하니 "자네는 아직
> 젊네. 앞으로도 마땅히 조심하여야 할 것이네." 하였다.

성종 말년 송흠은 최부와 홍문관에서 함께 근무했다. 최부는 송흠의
5년 선배지만, 과거는 10년 빨리 합격했다. 최부는 정4품 응교였고, 송흠
은 정9품 정자였다. 말단 정9품 송흠은 초임발령지에서 동향 선배를 만
났으니 의지하는 바가 컸을 것이다. 둘이 휴가를 받았고, 송흠은 나주
에 사는 최부에게 인사차 들렀다가 큰 교훈을 얻게 된 것이다. 이후 송
흠은 다섯 번이나 청백리에 선발된다. 최부가 송흠의 멘토였던 셈이다.

삼마태수라 불린 송흠에 대해 『조선왕조실록』에서 사관은 이렇게 평
했다. "송흠은 청결한 지조를 지키면서 영달을 좋아하지 않았다. 어머니
를 봉양하기 위해 걸군(乞郡, 군수를 간청함)하여 10여 고을의 원을 지냈고
벼슬 또한 높았지만, 일찍이 살림살이를 경영하지 않아 가족이 먹을 식
량이 자주 떨어졌다. 육경(六卿, 6조판서)에서 은퇴하여 늙어간 사람으로는
근고(近古)에 오직 이 한 사람뿐이었는데… 도내에서 재상이 된 사람 중
에 소탈하고 담박한 사람으로는 송흠을 제일로 쳤고, 박수량을 그다음

으로 친다고 하였다."

그가 호로 삼은 지지당(知止堂)의 뜻이 멋지다. '지지(知止)'는 '멈추는 것을 안다'는 뜻이다. 『노자』에 "족함을 알면 욕되지 않고, 멈춤을 알면 위태롭지 않다(知足不辱 知止不殆)"라 하였고, 『대학』에도 "멈춤을 알아야 뜻을 정할 수 있다(知止而后 有定)"라고 하였다. 지지당 송흠은 멈출 줄 아는 것을 신조로 삼고 살았다. 오늘 그가 존경받는 이유다.

삼마태수로 불린 지지당 송흠이 온몸으로 실천했던 가치는 오늘도 여전히 유효하다.

송흠의 흔적을 찾다

'효'와 '청렴'의 아이콘이 된 지지당 송흠의 흔적을 찾으려면 그가 말년을 머문 두 정자, 관수정(觀水亭)과 기영정(耆英亭)을 찾아보아야 한다.

장성에서 함평으로 가는 24번 국도를 따라가다 삼계면 사창4거리에서 좌회전한 후 읍내로 진입, 사창초등학교에서 우회전하여 삼계천(옛 용암천)을 따라 1킬로미터쯤 가면 천방마을 표지석이 나온다. 마을 입구 좌측에 관수정이 있고 기영정은 사창과 관수정 중간쯤에 있다.

관수정은 중종 34년(1539) 병조판서를 사직하고 내려와 선방산 자락에 세운 정자다. 이후 폐허가 되었다가, 1876년 그의 10대 후손 송익좌가 중수했고, 한국전쟁으로 불에 타자 1955년 다시 지은 것이다.

관수정에는 송흠의 원운 한시와 관수정기 등을 비롯하여 김안국, 소세양, 양팽손, 송순, 임억령, 김인후, 유사 등 당대 쟁쟁한 23명의 차운시를 새긴 27개 현판으로 가득 차 있다. 당대 남도의 대표적인 인물들이 이곳 관수정에 모여들었음을 알 수 있다.

관수정 뜰 아래에 관수정기와 가훈비 등이 번역되어 있어, 이해하기 쉽다. 관수정기에는 관수정을 지은 이유가 이렇게 설명되어 있다. "···그 물결을 보고 그 물의 근원 있음을 알고, 그 맑음을 보고 그 마음의 사특함을 씻어버린 뒤에라야 가히 관수(觀水)가 될 것이다.···"

송흠이 87세 되던 명종 원년(1545)에 남긴 가훈을 새긴 가훈비도 나

관수정

관수정에 걸린 현판

의 발길을 붙잡는다. "주자 시에 이르기를 '모든 일은 충과 효밖에는 바랄 것이 없다'고 하였으니 대저 사람이 사람됨은 충과 효에 있을 따름이다.… 아! 사람이고서 효도하지 않는다면 사람이겠는가. 또 사람이고서 충성하지 않는다면 사람이겠는가. 그러기에 효도하고 효도하지 않음과 충성하고 충성하지 않음은 곧 그 사람의 사람답고 사람답지 못한 것이 어떤가를 돌아볼 뿐이다. 생각하노니 나의 자손들은 삼가하고 경계할진저."

송흠이 남긴 가훈의 키워드는 '효'와 '충성'이다. 송흠은 노모를 봉양하기 위하여 벼슬을 여러 번 그만두면서까지 효도를 다한다. 특히 전라도 관찰사 시절이던 1534년, 99세 노모를 봉양하기 위해 왕의 윤허를 받

기영정

고 집에 돌아간 일화는 감동적이다. 그는 101세까지 산 노모를 모시기
위해 어머니 곁을 떠나지 않았고, 어머니 음식은 반드시 먼저 맛본 후 드
렸다고 전해진다. 효성이 지극함은 그의 시호 '효헌(孝憲)'에 그대로 녹아
전한다. 그의 아들 송익경도 청백리로 뽑힌다. 부전자전이다.

관수정 오른쪽 가파른 계단을 한참 오르면 송흠의 무덤이 있다. 무덤
에서 본 자연경관이 멋지다. 묘 앞에는 '숭정대부 판중추부사송공지묘'
라 적힌 묘비와, '판중추부사 겸 세자이사 지지당 송선생 묘갈명'이라 새
긴 묘갈비가 함께 서 있다. 묘갈명은 소론의 영수 윤증이 지었다.

송흠의 말년은 아름답고 행복했다. 1543년 중종은 낙향한 송흠을 위
해 새로 부임하는 전라도 관찰사 송인수를 만나 특별한 명을 내린다. '송
흠을 위해 정자를 지어주고 큰 잔치를 베풀라'는 명이 그것이다. 그래서
지은 정자가 기영정(耆英亭)이다. 기영정의 기(耆)는 일흔 살 이상 노인을,
영(英)은 가장 빼어난 풀을 의미하므로 '나이 많고 덕이 높은 노인 중에
서 가장 뛰어난 사람을 기리는 정자'라는 의미다.

정자가 지어지자, 1544년 기영정에서는 나주 목사 조희가 주관하는
큰 잔치가 벌어진다. 이 자리에는 전라도 관찰사 송인수를 비롯하여 나
주, 영광, 장성, 진원 등 주변 10개 고을의 수령, 지역 선비, 주민 등 수천
명의 구경꾼이 모였다. 송흠의 나이 86세였다.

정자 바로 뒤에는 중종이 지은 '어제기영정기(御製耆英亭記)'를 새긴 비가

있어, 군신 간의 아름다운 사랑을 기리고 있다.

오늘 기영정은 건립 당시 모습은 아니다. 1597년 정유재란 때 화재로 소실되었다가, 건립 당시 전라도 관찰사였던 송인수의 10대 후손 송겸수가 1856년 영광군수로 부임하면서 다시 건립한다. 정자 안에는 당시 전라도 관찰사 송인수의 시 '기영정원운'이 걸려 있다. "…서가에는 수천 권의 책이 꽂혀 있고 연세는 높아 지금 86세 춘추라네. 기영정 위에서 좋은 잔치를 자주 이루고 이 단청에 옮겨서 만년을 누리소서"라는 축원시다.

기영정에는 두 개의 현판이 붙어있다. 오른쪽 현판은 19세기 문인 신석희(1808~1873)의 글씨이고 왼쪽 현판은 송인수의 10세손으로 기영정을 재건립한 송겸수의 글씨인데, 두 글씨 다 힘이 넘친다.

5.

이순신 곁을 지킨 절름발이 군관
황대중

황대중, 두 다리를 절다

황대중(黃大中, 1551~1597)의 호는 양건당(兩蹇堂)이다. 양건당의 '건'은 '절름발이'라는 뜻이니, 양건은 두 다리를 절던 인물이다. 그런데 두 다리를 절게 된 사연이 기막히다.

황대중이 왼쪽 다리를 절게 된 것은 지극한 효성 때문이다. 어머니 강씨가 학질에 걸려 목숨이 위태로워지자 황대중은 자기 왼쪽 허벅지 살을 베어 약으로 쓰게 했고, 결국 그 후유증으로 다리를 절게 된다. 이후 사람들은 황대중의 효성에 감복하여 그를 '효건(孝蹇)' 즉, '효성의 절름발이'라 불렀다. 아버지가 돌아가셨을 때도 그의 효심이 알려져 십리 밖까지 조문객의 행렬이 늘어서 있었다고 한다. 그의 효성이 조정에 전해지자, 임금은 정릉참봉 벼슬을 내리지만 거절하고 관직에 나아가지 않았다.

1593년 6월, 제2차 진주성 전투에 참가했다가 극적으로 살아남은 그가 찾아간 곳은 전라좌수사 이순신의 본영이 있는 한산도였다. 그는 이순신의 군관이 되었고, 이순신과 함께 함대를 이끌고 순찰에 나섰다. 그리고 거제도 앞바다를 지나다 왜군이 쏜 조총에 오른쪽 허벅지를 맞는

양건당 황대중 충효정려 '양건려'

다. 이순신은 대중의 다리를 어루만지면서 "옛날은 효건이었는데, 오늘은 또 충건(忠蹇)이구나!" 하였다.

이때부터 사람들은 황대중을 "한 다리는 부모에게, 또 한 다리는 나라에 바쳐 다리를 절게 되었다"며 양건(兩蹇)이라 부르게 된다.

이순신의 군관이 되어 곁을 지키다

두 다리를 어머니와 나라에 바친 양건당 황대중은 황희 정승의 5세손으로 1551년 한양에서 아버지 윤정과 어머니 진주 강씨 사이의 셋째 아들로 태어난다. 어릴 적 이름은 유(奲)였고, 고친 이름이 대중이다. 어려서부터 영민했고 문장에 뛰어났다고 한다. 황대중은 영암군수로 있던 조부 황응을 따라 전라남도 강진군 작천면 구상리로 내려왔고, 이후 이곳에서 터를 잡고 살게 된다. 황대중이 남도땅 강진과 인연을 맺은 연유다.

임진왜란은 그에게는 운명이었다. 임진왜란 발발 직전 일본에 통신사로 다녀온 뒤 일본의 침입에 대비해야 한다고 주장했던 황윤길이 그의 친척이고, 제2차 진주성 전투에서 순절한 충청병사 황진은 그의 6촌 형이다. 이순신과도 각별한 사이였다. 1591년 2월, 전라좌수사로 부임하던 이순신을 보성관에서 만나 인연을 맺은 적도 있다.

1592년 4월 임진왜란이 발발하자, 조정은 도승지 이항복의 제안을 받아들여 8도에서 무예가 뛰어난 인물들을 모집했다. 별초군이 그것이다. 전라도에서도 별초군을 뽑는다는 소식이 전해지자 사람들은 "황대중이 아니면 누가 별초군이 될 수 있겠는가?" 하였다. 그는 전라도 별초군 80 명에 뽑혔고, 별초군의 우두머리를 맡게 된다. 그는 80명을 이끌고 서울로 올라가 의주로 피난 가는 임금을 모시고 개성, 평양을 거쳐 의주까지 호위했다.

명나라 군대가 참전하자, 그에게 내려진 임무는 이여송의 명군을 안내하는 일이었다. 그는 전도비장(前導裨將)이 되어 남하하다 문경새재(조령)에서 충청도 병마사인 6촌 형 황진을 만났고, 의령·함안을 거쳐 들어간 곳이 진주성이다.

제2차 진주성 전투는 1593년 6월 21일부터 29일까지 계속되었다. 10만에 가까운 일군을 수천 관군과 의병이 막아내기에는 역부족이었다. 28일 충청병사 황진이 순국하고, 이튿날 성이 함락되자 김천일, 최경회, 고종후 등 전라도 의병장들은 진주 남강에 몸을 던진다. 황대중은 구사일생으로 살아남았고, 찾아간 곳은 2년 전 보성관에서 만난 이순신이었다. 당시 제해권을 장악한 이순신은 전라도를 지켜내기 위해 전라좌수영의 본영을 한산도에 전진 배치하고 있었다. 이미 언급한 것처럼 황대중은 이순신 휘하에서 순찰 도중 오른발에 왜군이 쏜 총을 맞아 절름발이가 되었지만, 이순신 곁을 지킨다.

1597년(선조 30), 이순신은 왜군이 거짓으로 꾸민 밀서를 그대로 믿은 조정에서 출전 명령을 내렸지만 응하지 않았고, 조정은 이를 구실로 이순신을 파직한다. 이어 원균이 3도수군통제사에 임명된다. 그러나 원균이 이끈 조선 수군이 칠천량 전투에서 궤멸되자 조정은 이순신을 다시 3도수군통제사로 임명한다. 백의종군하던 이순신이 교지를 받은 것은 8월 3일 경상도 진주 손경례의 집이었다. 교지를 받은 이순신은 수군을 재건하기 위해 곧장 전라도 땅 구례로 향했다. 이때 군관 9명과 병사 6명이 이순신을 호위했다. 그 군관 중 한 명이 황대중이다. 이순신이 가장 힘든 시기, 황대중은 이순신의 곁을 지키고 있었다.

양건당 황대중 충효추모비

남원성에서 순국하다

황대중은 3도수군통제사에 재임명된 이순신을 보좌하고 8월 3일 구례, 4일 곡성, 5일 옥과에 이르렀다.

옥과에 머물던 8월 6일 "남원이 위급하니 군영마다 제일 뛰어난 군관 한 명을 선발하여 보내라. 수군에서는 황대중을 보내라"라는 체찰사 이원익의 문건이 도착한다. 이순신은 난감했지만, 군령을 어길 수 없었다. 황대중이 눈물을 흘리며 이순신과 이별한 후 전라병사 이복남이 이끄는 부대에 합류, 남원성에 도착한다.

8월 12일부터 왜군 5만 8천여 명의 공격이 시작되었다. 조정에서는 남원성을 사수하기 위해 전라병사 이복남이 이끄는 1천여 군사와 명나라 부총관 양원의 3천여 군사로 하여금 남원성을 지키게 했다. 그러나 중과부적으로 16일 남원성은 함락되고 성민 6천여 명을 포함한 1만여 명이 혈전 분투하다 장렬하게 순절한다. 그 속에 황대중도 포함되어 있었다. 옥과에서 이순신과 헤어진 지 10일 만이다.

그가 쓰러지자 왜군은 그의 호패를 찾아내고, 비단을 찢어 '조선 충신 황대중'이라 써 그의 시신 곁에 나무를 세워 글씨를 건다. 그는 왜군도 인정한 충신이다. 왜군이 물러가자 대중의 숨이 넘어가기 직전 주부 김

83

완이 달려왔다. 대중은 김완에게 "나의 시체를 거두어 말에 실어서 집에 보내달라"는 말을 남기고 숨을 거둔다. 그의 나이 47세였다. 말은 300리 를 달려 강진 구상마을에 도착했고, 부인과 19세 아들 정미가 달려 나와 시신을 붙잡고 목놓아 운다.

이순신도 황대중의 순국 소식을 접하고 슬픔에 빠진다. 완도 고금도 에 본영을 정한 그해 12월 4일, 이순신은 황대중을 애도하는 글을 짓고 제사 음식을 마련하여 사람을 보내 술을 올린다. 이순신이 얼마나 황대 중을 아꼈는지 알 수 있다.

황대중의 현장을 찾다

양건당 황대중의 흔적을 찾으려면 그가 살았던 강진군 작천면 용상리 구상마을을 찾아야 한다. 마을 입구에는 그를 기리는 충효정려비각이, 마을 뒷산에는 그의 무덤이, 마을 앞에는 그의 시신을 날랐던 말의 무덤 이 남아 있기 때문이다.

왼쪽 다리는 어머니에게 오른쪽 다리는 나라에 바쳤으니 황대중은 충·효를 실천한 충신 효자가 아닐 수 없다. 그를 기리는 충효정려각은 담 장으로 둘러쳐 관리되고 있었다. 담장 안의 소나무와 배롱나무가 일품 이다. 소나무 옆에는 양건당장수황공휘대중충효추모비(兩蹇堂長水黃公諱大中 忠孝追慕碑)가 서 있다. 그리고 충효문을 지나면 한 칸짜리 팔작지붕의 정 려각이 나오는데, '兩蹇閭(양건려)'라는 현판을 달고 있다. 정려각 안에는 '충신효자 행정릉참봉황대중지려(忠臣孝子行貞陵參奉黃大中之閭)'라 새긴 현판 이 걸려 있다.

정려각은 1795년(정조 19)에 건립한 것이니, 그의 사후 198년이 지난 후 였다. 정려각이 세워진 이후 또 230여 년이 흘렀으니, 양건당 황대중은 정려와 함께 또 영원히 살고 있는 셈이다.

정려각에서 500여 미터 떨어진 논 가운데에 황대중의 두 다리가 되 어 준 애마를 묻은 무덤이 있다. 무덤 규모도 놀랍다. 무덤 앞에 '양건당 애마지총(兩蹇堂愛馬之塚)'이라 새긴 비가 있다. 비 기단부에는 말도 새겨져

있다. 무덤 옆에는 말에 탄 황대중의 동상도 서 있다.

　말의 무덤은 말에 대한 주인의 최대 예우다. 1597년 8월 16일 황대중이 남원성에 전사하자, 김완이 그의 시신과 유품을 말에 실었고, 말은 300리 길을 밤낮으로 달려 강진 구상마을에 도착한다. 주인의 장례가 치러지는 3일 동안 마굿간에서 식음을 전폐하다 주인을 따라 세상을 뜬다. 양건당 황대중의 다리가 되어 준 말이 죽자, 황대중의 가족들은 말의 충심에 감동하여 주인이 묻힌 묘에서 바라보는 자리에 무덤을 만들어준다. 400년이 훨씬 지났지만, 지금도 묘는 깨끗하게 관리되고 있었다. 말과 주인과의 믿음과 신뢰가 400년이 지난 지금도 감동적이다.

6.

이순신의 숨은 멘토,
정걸

전라·경상·충청수사를 다 역임하다

임진왜란 내내 이순신의 곁을 지킨 영웅이 있다. 흥양(지금의 고흥) 출신의 정걸(丁傑, 1514~1597)이 그다. 정걸은 이순신보다 31년이나 대 선배지만, 까마득한 후배 이순신을 상관으로 모시며 불멸의 이순신을 만든 인물이다. 그러나 오늘 정걸을 기억하는 사람은 많지 않다.

이순신을 불패의 신화로 만든 정걸은 중종 9년(1514) 전라남도 고흥군 포두면 길두리에서 태어난다. 중종 39년(1544) 무과에 급제하여 훈련원봉사, 선전관, 서북면 병마만호를 역임했다. 그가 무과에 급제한 해인 1544년은 이순신이 태어나기 1년 전이다.

명종 10년(1555) 을묘왜변 당시 해남·강진 등지에 출몰한 왜구를 무찔러 남도포(진도) 만호가 된다. 이후 부안현감, 온성부사, 종성부사, 경상우수사, 전라좌수사, 전라우수사, 장흥부사, 전라병사, 창원부사 등을 지낸다. 1555년 역사에 처음 이름을 남긴 이래 20여 년을 남쪽과 북쪽, 전라도와 경상도의 모든 변방에 그가 버티고 있었다. 바다와 육지의 모든 전투를 경험한 백전노장이 고향에 은퇴해 있다가 78세 고령에 나라

정걸 장군 영정

의 부름을 받아 이순신의 참모장 격인 조방장(助防將)이 된다. 그는 조방장이 되어 판옥선을 제작하고 불화살을 만드는 등, 이순신을 도와 전쟁에 대비했다. 그리고 임진왜란 이순신 최초의 전투인 옥포 해전을 비롯, 한산도·부산포 전투에 참가하여 큰 공을 세운다. 1593년, 충청 수사가 된 정걸은 임진왜란 3대첩의 하나인 행주대첩에 화살 수만 발을 운반하여 결정적인 역할을 한다. 충청 수사에서 물러난 뒤에도 그는 한산도에 머물며 이순신을 도왔다.

전라·경상·충청 수사, 전라병마사를 다 역임한 백전노장 정걸, 그는 이순신을 지킨 멘토였다.

정걸, 이순신의 곁을 지키다

이순신이 정3품직인 전라좌수사에 임명된 날은 1591년 2월 13일, 나이 47세였다. 이순신의 전라좌수사 임명은 조정에 큰 파장을 불러일으킨다. 파격적인 승진 인사 때문이다. 전라좌수사에 임명되기 직전 이순신의 관직은 종5품 정읍 현감이었다. 전라좌수사 임명 직전 종4품직 진도 군수와 전라우수영 관할인 종3품직 가리포(완도) 첨사로 발령을 받았지만, 부임 도중 다시 전라좌수사에 임명된다. 종 5품 정읍현감에서 곧바로 정3품 전라좌수사로 임명된 셈이니, 파격적인 승진이 아닐 수 없다.

선조 9년(1576) 이순신은 무과에 급제한다. 성적도 변변찮은 병과 급제였다. 그리고 내려진 관직이 함경도 변경 수비를 맡은 작은 진보(鎭堡)에 두었던 정9품 군관이었다. 그의 군 생활의 대부분은 여진족으로부터 국경의 최전선 함경도를 지키는 일이었다.

이순신의 최초 수군 관직은 선조 13년(1580) 전라좌수사 관할의 발포진 만호(萬戶)였다. 그 기간도 1년 6개월(1580.7~1582.1)이 전부였다. 발포만호로 근무한 1년 6개월은 전라좌수사가 된 이순신의 수군 경력 전부였다. 아무리 유능한 장수라 해도 짧은 수군 장수로서의 경력은 전라좌수사 직무 수행에 불안 요소일 수밖에 없었다. 그가 경상우수사 및 전라좌·우도 수사를 지낸 백전노장 정걸 장군을 참모장격인 조방장으로 삼아 옆에 둔 연유다. 정걸은 이순신보다 31세나 위였고, 이순신이 무과에 급제하던 1576년 당시 직책은 경상우수사였다. 왜란을 감지하고 정걸의 경험을 높이 산 이순신의 안목도 대단하지만, 고향에 은퇴해 있다 이순신의 요청을 받아들인 정걸의 용기 또한 대단하다. 당시 정걸의 나이 78세였다.

『난중일기』등 각종 자료에 정걸과 이순신이 만나는 장면이 자주 나온다. 1592년 2월 21일 『난중일기』에는 "맑았다. 공무를 처리한 뒤, 주인(主人)이 자리를 깔아놓아 훈련용 화살을 쏘았다. 조방장 정걸이 와서 만나고 황숙도(능성현령)도 와서 함께 취했다."라고 했다. 임진왜란이 일어나기 두어 달도 남지 않은 시점, 고흥을 순찰할 때 조방장 정걸이 함께하고 있다.

임진왜란 당시 정걸의 활약은 대단했다. 정걸은 이순신 장군의 첫 전투인 옥포해전(1592.5.7.)부터 참여했다. 『호남절의록』에 "새벽 전투에서 정걸 장군이 또 와서 협력하고 싸워서 적을 막고 호위하였다"라고 기록되어 있다. 같은 해 5월 29일 치러진 사천 전투 당시 정걸은 이순신을 대신해서 본영(전라좌수영)을 지킨다. 7월 8일, 임진왜란 3대첩의 하나인 한산도대첩에서는 포탄에 맞아 부상당하기도 했다.

정걸은 9월 2일 부산포해전에도 참전했다. 부산포해전에 참전한 정걸 장군에 대해『이충무공전서』에는 "남쪽 해안의 세 수군절도사(이순신, 이억기, 원균), 조방장 정걸 등은 연합작전을 펴서 왜적을 모두 물리치고 적의 북진을 완전히 차단한 전과를 올렸으나 이 작전에서 정걸 장군의 말을 듣지 않은 녹도만호 정운(鄭運)이 전사한 손실을 가져왔다"고 기록되어 있다. 정걸의 경험에 의한 조언을 듣지 않아 정운이 왜군의 총탄에 맞았음을 아쉬워하는 대목이다.

정걸 장군 표지석(여수 이순신 광장)

정걸은 1593년, 79세의 고령에 다시 충청 수사로 임명된다. 그가 충청 수사에 임명되자 이순신은 그에게 또 도움을 청한다. 1593년 5월 초순, 서울에서 퇴각하는 왜적들이 남해안으로 집결하자 이순신 장군은 "삼가 아뢰옵니다. 도망가는 적을 섬멸해야 하는 이때… 청하건대 충청도 수군이 밤낮을 가리지 말고 뒤따라와서 힘을 합해 적을 무찔러 하늘에 닿는 치욕을 씻게 하소서"라는 장계(狀啓)를 보낸다. 그는 장계를 받자마자 곧장 이순신의 진중을 찾는다.『난중일기』1593년 6월 1일자에는 "충청 수사 정영공(정걸)이 왔다", 9월 5일자에는 "식후 정수사(정걸)의 배 옆에 나아가 정박하고 종일 이야기하였다."라는 기록이 있다. 이순신이 종일 작전을 함께 논의한 분도 정걸이다.

정걸이 언제까지 충청 수사였는지는 확실하지 않지만, 이듬해인 1594년 1월 27일『난중일기』에 신임 충청 수사로 구사직(具思稷)이 나오는 것을 보면 1593년까지는 충청 수사였던 듯하다. 그는 충청 수사에서 물러났지만, 한산도에 머물며 이순신을 도왔다. 이는 선조 27년(1594) 9월 21일 장수들에게 물품을 내려 노고를 치하하자는 다음 글(비변사의 건의)에

병마절도사 정걸 유허비(고흥 안동마을)

서도 알 수 있다. "전 수사 정걸은 80세의 나이로 나랏일에 힘을 바치려고 아직도 한산도 진중에 머물러 있다고 들었습니다. 이 사람에게도 은사가 내려진다면 군사들이 필시 감동할 것입니다."

행주대첩의 숨은 영웅도 정걸

행주대첩은 1593년 2월 12일, 권율이 처영 등 승군과 힘을 합쳐 1만 병력으로 평양에서 퇴각한 3만여 명의 일군과 싸워 크게 승리한 전투다. 행주대첩은 부녀자들이 긴 치마를 짧게 만들어 입고 투석전을 벌이는 군사들을 도운 전투로도 유명하다.

행주대첩의 영웅은 이치(梨峙) 전투에서 큰 공을 세운 후 전라도 관찰사 겸 순찰사가 되어 전라도 관군을 이끈 권율로 알려져 있다. 권율이 주장이었으므로 권율의 행주대첩으로 불리는 건 당연하다. 그러나 행주대첩의 영웅은 권율만은 아니다. 이름을 남기지 않은 전라도 관군들이 중심이었으며, 장성 출신 변이중이 만든 화차가 결정적인 역할을 했음도 잊어서는 안 된다. 그런데 행주대첩의 숨은 영웅이 또 있다. 이순신의 멘토였던 충청 수사 정걸이 그다.

그가 행주대첩에 어떤 역할을 했는지는 『조선왕조실록』에 이렇게 나온다. "그날 묘시(오전 5~7시)에서 신시(오후 3~5시)에 이르기까지 싸우느라 화살이 거의 떨어져 가는데 마침 충청 수사 정걸이 화살을 운반해 와 위급함을 구해주었다." 또 『연려실기술』에는 "전투 중에 화살이 다 되어 진중이 위기인데 정걸이 배 두 척에 화살을 실어 와서 같이 싸웠다"고 기록되어 있다.

행주대첩에서 권율이 이끈 전라도 관군이 승리할 수 있었던 것은 변이중의 화차와 두 척의 배에 가득 실은 충청수사 정걸이 보낸 화살 덕분이었다.

고흥 주둔 향토 사단 이름이 정걸대대

이순신 장군의 멘토 정걸은 정유재란이 일어난 해인 1597년 숨을 거둔다. 그의 나이 83세 때다.

오늘 정걸의 흔적은 곳곳에 묻어 있다. 그가 태어난 고흥군 포두면 길두리 안동마을에는 정극인 등과 함께 그를 모신 사당, 안동사(鴈洞祠)가 있다. 마한시대 고분으로 금동관과 금동신발이 출토된 안동고분 바로 옆이다.

전라좌수영이 있었던 진남관 앞 이순신 광장에는 이순신을 도운 15명의 인물이 돌에 새겨져 있는데, 그중 한 분이 정걸이다. 이순신이 발포만호를 지낸 고흥 발포진의 발포역사전시체험관에는 그의 초상화와 교지등이 전시되어 있다.

그뿐만 아니다. 고흥의 향토부대인 7391부대 제2대대는 2015년 '정걸대대'로 명칭을 변경했다. 지역 출신 호국 영웅들을 상기하고 그들의 애국심과 희생정신을 본받아 부대원들의 호국 의지를 높이려고 공모를 통해 명칭을 바꾸었는데, 정걸이 그 주인공이 되었다.

이순신 연구가 윤동한은 2019년 『충무공 이순신의 멘토, 80세 현역 정걸 장군』이란 책을 펴내며 '이순신의 포용'과 '정걸의 나눔'의 리더십이 임진왜란을 극복한 힘이었음을 설파했다. 임진왜란의 숨은 영웅 정걸, 오늘 그가 다시 사랑받는 이유다.

7.

이순신 수군의 돌격대장,
녹도진 만호 정운

조선 수군의 신망을 받다

임진왜란 당시 전라좌수영 관할 녹도진의 만호는 정운(鄭運, 1543~1592)이었다. 정운이 임진왜란 당시 어떤 역할을 했는지는 선조 27년(1594) 8월 12일자 『선조실록』의 다음 대화가 말해준다. 선조가 "임진년 이후 우리 군대가 움츠리기만 하는 것은 무엇 때문인가?"라고 묻자, 유성룡이 "정운이 죽은 후 수군의 사기가 꺾인 탓에 교활한 적병에게 습격을 받을까 두려워서 감히 가벼이 나서지 못하는 것입니다"라고 대답한다. 정운이 1592년 9월 1일 부산포 전투에서 전사한 후 조선 수군의 사기가 크게 꺾였고, 그래서 아군이 물러서기만 하고 기세가 크게 약해졌다는 것이다. 선조와 유성룡의 대화는 정운의 사망이 조선 수군에 큰 영향을 미쳤음을 보여준다.

임진왜란 당시 돌격대장이었던 정운은 중종 38년(1543) 전남 영암(현 해남군 옥천면 대산리)에서 훈련원 참군 정응정의 아들로 태어난다. 본관은 하동이며 자는 창진(昌辰)이다. 일곱 살 때 '정충보국(貞忠報國)'이라 새긴 칼을 차고 다니며 활쏘기와 말타기를 즐겨 했다. 선조 3년(1570) 28세 나이에 무과에 급제한 후 훈련원 봉사를 시작으로 금갑도(현 진도) 수군 권관, 거

정운 영정(충절사)

산찰방, 웅천현감, 제주목 판관 등을 역임한다. 그러나 그의 재임 기간은 늘 짧았다. 강직한 성격 때문이다.

그가 어떤 성품을 지녔는지는 안방준이 남긴 『국조인물고』에 수록된 「정운유사(鄭運遺事)」의 다음 글이 참고된다.

"젊어서부터 강개하여 호협한 기풍이 있어 매양 절의에 따라 죽을 수 있다고 스스로 허여하였다. 무과에 급제하여 일찍이 거산찰방이 되었을 때 감사(관찰사)의 수행원 중에 신임을 받은 사람이 민폐를 끼치자 공(정운)이 곤장을 쳤는데, 감사가 좋아하지 않자 곧바로 벼슬을 버리고 돌아왔다. 그 뒤 얼마 안 되어 웅천현감이 되어 감사의 미움을 사자 또 그날로 인수(印綬)를 풀어놓고 떠나버렸다. 이윽고 제주목 판관에 임명되었다가 또 목사의 비위를 거슬러 파직되었는데, 돌아오는 배에 한 마리의 망아지도 데리고 오지 않았다. 그의 강직하고 청고(淸高)한 바가 모두 이와 같았으므로 이로 말미암아 여러 해 동안 침체되어 있었다."

정운은 선조 24년(1591) 종4품직인 녹도진 만호에 임명된다. 녹도진은 전라좌수영 관할이었다. 당시 전라좌수사 이순신과 인연을 맺은 연유다. 녹도진 만호에 부임한 이듬해 임진왜란이 일어나자, 멈칫하던 이순신을 설득하여 경상도로 나아가 돌격대장이 되어 옥포·당포·한산도 전투에서 큰 공을 세웠지만, 1592년 9월 1일 부산포 전투에서 적의 대포를 맞고 순국한다.

정운, 이순신을 재촉하다

1592년 4월 13일 임진왜란 발발 이후 이순신은 경상우수사 원균과 경상도 관찰사 김수의 지원 요청을 받는다. 그런데 전라좌수사 이순신은 곧바로 수군을 출동시키지 않은 채 머뭇거린다. 그 이순신을 설득하고 협박해서 경상도 출병을 강행시킨 분이 녹도만호 정운이다.

원균이 율포만호 이영남을 이순신에게 보내어 도움을 요청하자 정운이 이순신을 설득했다는『선조수정실록』선조 25년 5월 1일자 기사는 다음과 같다.

"이영남의 말을 듣고 여러 장수는 '우리가 우리 지역(전라도)을 지키기에도 부족한데 어느 겨를에 다른 도(경상도)에 가겠는가' 하였다. 그런데 녹도만호 정운과 군관 송희립만은 강개하여 눈물을 흘리며 이순신에게 진격하기를 권하며 말하기를 '적을 토벌하는 데 우리 도와 남의 도가 따로 없다. 적의 예봉을 먼저 꺾어놓으면 본도(전라도)도 보존할 수 있다' 하니 이순신이 크게 기뻐하였다."

전라좌수사의 직계 부하였던 종4품 만호 정운이 직속상관인 정3품 이순신을 협박해서 경상도로 출동했다는 기록도 있다. 선조 27년(1594) 11월 12일자『조선왕조실록』에 정곤수는 선조에게 "정운이 이순신에게 '장수(이순신)가 가지 않으면 전라도는 반드시 수습할 수 없게 될 것'이라고 협박했기 때문에 이순신이 할 수 없이 가서 (적을) 격파했다 합니다"라고 말한다. 실록에는 박협(迫脅)이라고 나온다. 박협은 '남에게 어떤 일을 하도록 위협함'이라는 뜻이니 협박과 상통한다. 부하였던 녹도만호 정운이 직속상관인 전라좌수사 이순신을 협박했다는 기록은 놀랍다.

선조 30년(1597) 1월 23일자 실록에는 아예 정운이 "이순신이 나가 싸우지 않는다 하여 목을 베려 했다"는 기록도 있다. "정운은 이순신이 나가 싸우지 않는다 하여 참(斬)하려 하자 이순신이 두려워 마지못해 억지로 싸웠으니, 해전에서 이긴 것은 정운이 격려해서 된 것입니다"라는 기록이 그것이다. 그러나 이 기록은 상대 붕당의 모함과 관련되어 있음을 놓쳐서는 안 된다. 이순신은 이후 10여 일 뒤인 2월 6일 군공을 날조하고 적장 가토 기요마사의 머리를 가져오지 않았다는 죄목으로 파직되고, 원균이 후임에 임명되고 있음을 통해서도 확인된다.

부산포 전투 현장인 몰운대에 건립된 순의비

녹도진 만호 정운이 칼을 뽑아 들고 경상도로 진격을 망설이는 이순신을 재촉했는지는 지금 확인할 수 없지만, 앉아서 왜적을 기다릴 것이 아니라 영남으로 진격하여 선제공격을 해야 한다는 정운의 주장을 이순신이 따른 것은 분명하다. 정운의 주장은 적중했고, 이순신은 무적의 신화를 남기게 된다. 경상도로의 출정을 앞장서 주장한 그가 이순신 수군의 돌격대장이 된 연유다.

나라가 오른팔을 잃다

이순신이 이끈 전라좌수영 수군은 1592년 5월 7일 옥포해전을 시작으로 적진포(5.8), 사천(5.29), 당포(6.2), 당항포(6.5), 율포(6.7), 한산도(7.8), 안골포 해전(7.12)에서 연승을 거둔다. 그리고 한 달여 휴식을 취한 후 9월 1일 부산포를 급습한다. 왜선 100여 척을 격파한 대승이지만, 이 전투에서 녹도진 만호 정운이 전사하고 만다. 이순신은 정운의 전사 소식에 "나라가 오른팔을 잃었도다(國家失右臂矣)"라며 탄식한다.

정운이 전사하자 이순신은 시신을 수습한 후 해남 두륜산 자락 선영에 안장하고 영전에 다음의 제문을 올린다. "아, 인생에는 반드시 죽음

쌍충사(녹도진성 내)

이 있고 죽고 사는 데는 반드시 천명(天命)이 있으니 사람이 한 번 죽는 것이야 정말로 아까울 게 없으나 유독 그대의 죽음에 대해서만 나의 가슴 아픈 까닭 무엇인가요.… 아, 슬프도다…."

정운은 사후 화려하게 부활한다. 사망 소식을 접한 조정은 곧바로 북도병마절도사를 증직한다. 이어 선조 39년(1606) 병조참판에, 정조 20년 (1796) 병조판서 겸 의금부훈련원사에 가증(加增)된다. 정조 22년(1798)에는 충장(忠壯)이라는 시호가 내려지는데, "국가가 위난을 당했을 때 나랏일을 걱정하였으니 '충'이요, 싸움터에 나가 죽으니 '장'이라."라고 했다.

그를 기억하고 기리기 위한 사당도 건립된다. 효종 3년(1652) 영암 유림에 의해 경호사(鏡湖祠)가 건립되고 숙종 8년(1682)에 충절사(忠節祠)로 사액된다. 충절사 사당 오른쪽에는 정운을 기리는 충신 정려각도 있다. 그에게 '충신 중 가의대부 병조참판 겸 동지의금부사 행 절충장군 첨지중추부사 정운지려'라는 충신정려가 내려진 것은 선조 41년(1608)이고, 이를 보관하기 위한 충신각은 숙종 7년(1681)에 세워졌다가, 1985년 10월 현위치로 옮긴 것이다

그는 흥양(고흥) 녹도진 성안의 쌍충사(雙忠祠)에도 배향된다. 쌍충사는 선조 20년(1587) 녹도진 만호로서 손죽도에서 왜구의 침입에 맞서 싸우다 순절한 이대원(李大源, 1566~1587)을 기리기 위해 녹도진성 안에 건립한 사

당이다. 당시 이름은 이대원 묘당이었다. 임진왜란이 일어난 1592년 9월 녹도진 만호 정운이 부산 다대포(몰운대)에서 전사하자, 이순신이 조정에 건의하여 이대원 묘당에 함께 모시게 된다. 정유재란 당시 소실되었다가 숙종 7년(1681)에 새로 건립하였으며, 2년 뒤인 1683년 조정으로부터 쌍충사로 사액을 받는다.

정운은 오늘도 후배 해군들의 기림을 받고 있다. 정운을 기리기 위해 1997년 잠수함을 건조하고 붙인 이름이 '정운함'이기 때문이다.

임진왜란 당시 정운의 역할은 안방준의 시문집 『은봉전서』에 나오는 다음 기록만으로도 충분하다.

"국가를 다시 찾게 된 것은 호남을 잘 보전했기 때문이고, 호남을 잘 보전한 것은 이순신의 수전에서 힘입은 것이며, 이순신의 수전은 모두가 녹도만호 정운의 용력에서 말미암은 것이다."

8.

제2차 진주성 전투의 주장,
김천일

어린 나이에 양친을 잃다

임진왜란 당시 호남 최초로 거의(擧義)한 의병장은 나주 출신 김천일(金千鎰, 1537~1593)이다. 김천일은 중종 32년(1537) 외가인 나주 흥룡동에서 김언침과 양성 이씨 사이에 외아들로 태어난다. 흥룡동은 고려를 건국한 왕건의 처 장화왕후의 고향일 뿐만 아니라 고려 2대 왕인 혜종의 탄생지로도 유명한 곳이다. 김천일의 옛집, 즉 부친의 집은 담양부 창평현 태산리(현 전남 담양군 창평면 유천리)지만, 모친이 친정에서 낳았으므로 나주인이 된다.

김천일은 태어나자마자 고아가 된다. 태어난 이튿날 모친 이씨가 돌아가셨고, 7개월 만에 부친마저 돌아가셨기 때문이다. 그가 어린 시절 외할머니 슬하에서 자란 이유다. 그는 15세가 된 명종 6년(1551) 작은아버지 김신침에게 글을 배우기 시작한 후, 19세 되던 1555년(명종 10) 일재 이항의 제자가 된다. 이항은 당시 호남 일대에서 가장 숭앙받던 학자로, 정읍에 거주했다.

이항의 제자로 들어가기 1년 전인 1554년, 김천일은 김효량의 딸과 결혼했다. 슬하에 두 아들 상건과 상곤, 딸 하나를 두었다. 큰아들 상건은 왕세자를 모시다가 부친과 제2차 진주성 전투에 참전하여 성이 함락되자 진주 남강에 투신한다. 둘째 아들 상곤은 부친과 형의 초상(初喪)을 치른 후 분통함을 이기지 못하고 숨을 거둔다. 부자의 삶이 장엄했지만, 슬픈 가족사가 아닐 수 없다. 딸은 송강 정철의 셋째아들 정진명에게 시집갔으니, 김천일과 정철은 사돈이 된다.

청년 시절 김천일의 모습은 하서 김인후의 다음 평가가 참조된다. 21세 김천일이 장성 고향에 내려와 은거하고 있던 하

정렬사 사당에 건립된 김천일 동상

서를 찾아간다. 하서는 "사물의 실제 이치를 터득한 선비를 남쪽 고을에서 보기는 이 사람(김천일)이 처음이다"라며 극찬했고, 작별할 때 두 수의 시를 지어 격려했다. 후일 하서는 호남인으로는 유일하게 공자의 신위를 모시는 문묘(文廟)에 배향된다. 이해에 김천일은 생원초시에 합격한다.

최고의 목민관이 되다

31세이던 선조 원년(1568), 미암 유희춘이 조정에 유일(遺逸, 아직 등용되지 않아 세상에 나타나지 않은 유능한 사람)로 천거하자, 유희춘에게 간절한 편지를 보내어 간곡히 사양한다. 그리고 36세 되던 선조 5년(1572)까지 학문에만 열중했다.

그는 37세 되던 선조 6년(1573) 관직에 나아간다. '경전에 밝고 행실을 닦은 사람'으로 천거되어 종6품직인 군기시 주부에 제수되었기 때문이다. 군기시는 조선시대 병기와 군기(軍旗) 등을 맡은 관아였다. 그리고 그해 용안현감에 제수된다. 용안현은 전라북도 익산시 용안면 일대에 있던 옛 고을이다. 그는 3년간 용안현감으로 재직했는데, 최고의 목민관이었다. 이는 선조가 "지금 군의 치적 중에 어디가 제일이냐?"고 묻자 이조

가 "여주목사 황림, 해주목사 이린, 용안현감 김천일"이라고 답한 것에서도 확인된다.

이어 강원도사, 경상도사를 거쳐 42세 때인 선조 11년(1578) 정5품직 사헌부 지평과 임실현감에 제수되었다가 순창군수, 담양부사, 한성부서윤을 연이어 제수받았고, 마지막 받은 관직이 수원부사였다. 수원부사 시절 그는 중앙과 결탁한 부호들에 대한 잘못된 세금 및 부역을 바로 잡으려다 오히려 대간의 탄핵을 받아 파면되고 만다. 올곧은 목민관의 뜻이 지역의 힘센 부호들에 의해 꺾인 셈이다. 그가 고향 나주에서 임진왜란의 비보를 들은 이유이기도 했다.

호남 최초의 의병장이 되다

임금이 피난했다는 소식에 그는 목 놓아 통곡한다. 그리고 "내가 울기만 하면 무엇 하겠는가? 나라에 환란이 있어 임금께서 파천하였는데, 신하로서 새나 짐승처럼 도망하여 살기를 원해서야 되겠는가. 내 의거를 하여 전쟁에 나갔다가 싸움에서 이길 수 없으면 오직 죽음이 있을 따름이다. 이것이 나의 보답하는 길이다"라며 거의를 결심한다.

6월 3일, 김천일은 나주에서 양산숙 등과 300여 의병을 모아 나주 금성관에서 피로 맹세한 후 북상길에 오른다. 호남 최초의 의병이고, 최초의 의병장이다. 6월 23일, 수원에 도착한 후 독성산성을 거점으로 금령 전투 등에서 큰 전과(戰果)를 올린다. 8월, 강화도로 진을 옮긴 후에도 양화도 전투 등 크고 작은 전투에서 공을 세운다. 이때 의주 행재소의 선조는 그에게 장례원 판결사를 제수하고 창의사(倡義使)라는 특별 직함을 내린다. 그가 임진왜란 중 창의사라는 호칭으로 불린 이유다.

1593년, 명나라 장수 이여송이 평양을 탈환하고 개성에 이르러 서울을 공략하려 하자, 막하 부하를 시켜 경성의 형세, 도로 사정, 적의 허실 등을 자세히 기록하여 알린다. 그는 직접 군사를 거느리고 양화대교 근처 선유봉(仙遊峯, 양화대교 공사로 사라짐)에 주둔하면서 서울 공략에 큰 공을 세운다. 이여송은 "창의사(김천일)는 명실(名實)이 상부(相符)한 명장이다"

김천일 부자의 순국지, 진주 남강과 촉석루

라고 칭찬한다.

　왜군이 서울에서 철수하자 이를 추격하여 상주를 거쳐 함안에 이른다. 이때 명·일 강화가 추진 중임에도 남하한 왜군의 주력은 경상도 밀양 부근에 집결, 동래·김해 등지의 군사와 합세하여 1차 진주성 전투의 패배를 설욕하고 호남 진출의 교두보를 확보하기 위해 2차 진주성 공격을 준비하고 있었다.

　당시 조정에서는 방어가 어렵다고 판단하여 수성을 포기하라는 명을 내렸고, 도원수 권율과 경상도 의병장 곽재우마저 진주를 떠나고 만다. 조정의 반대와 경상도 출신 의병장 곽재우마저 포기한 진주성에 들어간 것은 "우리나라에서는 호남이 근본이 되고, 호남은 진주에 가까우니, 진주가 없으면 호남이 없다. 진주성을 비우고 적을 피하여 왜적을 즐겁게 하는 것은 결코 올바른 계책이 아니다."라는 신념 때문이었다. 김천일이 6월 14일, 3백 의병을 이끌고 진주성에 입성하자 최경회·고종후·황진 등 호남 의병장들이 의병을 이끌고 뒤를 따른다.

진주 남강에 투신하다

　왜군 10여만 명과 호남 의병이 주축이 된 수성군 4천여 명의 싸움은 6월 21일부터 29일까지, 9일간이나 계속되었다. 다윗과 골리앗의 싸움

김천일을 모신 사당, 정렬사(나주)

이지만, 김천일은 민·관군의 주장인 도절제사(都節制使)가 되어 10만에 가까운 왜적을 9일간이나 막아 낸다. 그러나 중과부적으로 끝내 성이 함락되자, 아들 상건과 함께 북쪽의 임금을 향해 2배를 올린 후 촉석루에서 남강에 몸을 던져 순국한다. 김천일은 그를 부축하던 종사관 양산숙에게 "너는 이 사태를 모면하였다가 힘써 저 원수들의 섬멸을 도모하라" 했지만, 양산숙은 "정의에 따라 나 혼자 살 수는 없다"며 함께 몸을 던진다. 광주 출신 고종후, 화순 출신 최경회 의병장도 함께였다. 진주성을 지키다 순국한 김천일·최경회·고종후를 '진주성 3장사'라 부른다.

진주성 함락 소식을 접한 둘째 아들 상곤이 진주성에 도착한 것은 왜군이 진주성을 떠난 이튿날이다. 상곤은 촉석루로 달려가 부친의 유품인 침모(잘 때 쓰는 모자)를 거둔 후 부친이 남긴 머리카락과 손톱, 어금니를 모아 나주시 삼영동의 내영산(양성이씨 선산) 언덕에 장사지낸다. 형 상건도 함께였다. 그러나 두 분의 무덤은 시신 없이 두 분의 혼을 불러 장례하고 만든 초혼장묘(招魂葬墓)다.

김천일은 사후 선조 36년(1603)에 좌찬성, 광해군 10년(1618)에 의정부 영의정에 추증된다. 그리고 숙종 7년(1681)에는 문열(文烈)이란 시호가 내린다. '문열'은 '학문에 힘쓰고 묻기를 좋아하셨다(勤學好問)'라는 뜻에서 '문(文)'을, '굳세게 이겨내고 왜적을 토벌하셨다(剛克爲伐)'라는 뜻에서 '열

김천일을 모신 사당, 창렬사(진주)

(烈)'을 취한 것이다.

선조 39년(1606), 나주시 월정봉 아래 사당을 짓자 조정은 정렬사(旌烈 祠)라는 사액을 내린다. 흥선대원군 때 훼철되었다가 1984년 현재의 위 치(대호동)에 재건립하였다. 정렬사에는 함께 순국한 아들 상건과 종사관 양산숙의 위패도 함께 모셔져 있다. 또한 정렬사에는 한 손은 불끈 쥐 고 다른 한 손은 칼을 쥔 채 갑옷도 투구도 없이 나선 김천일의 동상이 서 있다. 동상 아래에는 "56세의 선비로 붓을 버리고 쾌자(맨소매 옷)만 걸 치고 투구 없는 맨머리로 앞장서니 선생의 충국에 큰 뜻을 따르는 의사 가 많았다"는 글귀가 새겨 있다.

제2차 진주성 전투의 현장인 진주성 내에 선조 40년(1607)에 건립된 창렬사(彰烈祠)와 순창 화산서원, 정읍 남고서원에도 그의 위패가 모셔져 있다.

9.
조선의 운명을 건져낸 울돌목, 명량

133대 13, 기적 같은 승리

300척을 자랑하던 무적의 조선 수군은 이순신이 3도수군통제사에서 파직되고 난 뒤인 1597년 7월 16일 칠천량 해전에서 궤멸된다. 3도수군통제사 원균은 배를 버리고 육지로 달아나다 죽임을 당했고, 300척을 자랑하던 조선 수군 함대는 하룻밤 사이에 160여 척이 격파된 후 남해에 수장된다. 경상우수사 배설이 이끌고 빠져나온 12척의 배만이 격침의 운명을 피할 수 있었다. 왜군은 칠천량 승리 후 한산도 일대와 고성 일대 포구에 남겨진 조선 수군의 배도 찾아내 모두 불태웠다. 7년 동안 단 한 번 당한 참패로 조선 수군은 궤멸되고, 조선의 운명은 풍전등화 같은 신세가 된다.

7월 18일 패전 소식을 들은 이순신은 『난중일기』에 "듣고 있으려니 통곡이 터져 나오는 것을 이길 길이 없다."라고 적고 있다.

이 풍전등화 같은 절체절명의 위기에서 조선의 운명을 건져낸 전투가 남도 땅 해남과 진도 사이의 바닷길, 울돌목에서 벌어진 '명량대첩'이다.

명량대첩은 이순신의 해전 가운데 가장 눈물겹고 감동적인 전투다. 사실상 궤멸된 뒤 약해질 대로 약해진 수군을 동원해 일본 수군의 대함대에 맞서 기적 같은 승리를 거두었기 때문이다. 당시 명량해전 직전까지 이순신이 동원할 수 있었던 배는 판옥선 13척과 초탐선뿐이었다. 초탐선은 첩보선으로 활용할 수는 있었지만, 승선 인원이 적고 무장력도 약해 실제 해전을 할 수 없는 수준의 배였다. 그에 반해 칠천량에서 승리한 일본 수군은 최소 133척 이상의 군함으로 이뤄져 있었다. 일본의 군함 수는 『이충무공전서』에는 333척, 『징비록』에는 200여 척, 「명량대첩비」에는 500여 척, 『난중일기』에는 133척으로 기록되어 있다.

이순신이 일본군과 싸운 전투는 대략 23차례, 그는 모든 전투에서 이겼다. 그중 가장 빛나는 전투가 바로 최악의 조건에서 싸워 정유재란의 운명을 사실상 결정한 명량해전이다. 그는 명량에서 자신의 모든 역량을 던져 꺼져가는 조선의 운명을 지켜냈다.

『난중일기』를 통해 본 명량대첩

울돌목이라 불리는 명량해협(鳴梁海峽)은 전남 해남군 문내면 학동리의 화원반도와 진도군 군내면 녹진리 사이의 좁고 긴 바다다. 길이 1.5킬로미터인데 평균 폭이 500미터 정도지만, 양쪽에 암초가 있어 좁은 곳은 300미터가 채 못 된다. 이 암초에 조류가 부딪히면서 요란한 소리가 울려, 울돌목이라 불린다. 울돌목의 한자어가 명량(鳴梁)인데, 하루 네 번 물길이 바뀌는 급류이고 좁은 물길이다. 싸움이 시작된 11시, 조류는 왜군에게 유리한 순류였고 조선 수군에게는 불리한 역류였다. 왜군은 그들에게 유리한 순류를 타고, 조선 수군을 향해 돌진해왔다.

명량대첩이 이루어진 9월 16일 그날의 모습을 가장 리얼하게 보여주는 것은 충무공 이순신이 남긴 기록, 『난중일기』다. 난중일기에 남은 명량대첩을 살펴보자.

"이른 아침 별망(別望)군이 다가와 보고하기를, 헤아릴 수 없을 만큼 많은 적선이 명량을 거쳐 곧바로 우리가 진을 치고 있는 곳을 향해 오고 있다고 했다. 즉각 여러 배에 명령하여 닻을 올려 바다로 나아가니 적선 130여 척이 우리 배를 에워쌌다. 여러 장수들은 중과부적임을 알고 돌

명량대첩 재현(출처-해남군청)

아서 피할 궁리만 했다. 우수사 김억추가 탄 배는 이미 2마장(800미터) 밖
으로 물러나 있었다.

나는 노를 재촉하여 앞으로 돌진하여 지자·현자 등 각종 총통을 풍
뢰(風雷, 바람과 우레)같이 쏘았고 배 위에 빽빽이 서서 화살을 빗발처럼 쏘
아대니 적의 무리가 감히 대들지 못하고 나왔다 물러갔다 하였다. 그러
나 적에게 겹겹이 둘러싸여 형세가 어찌 될지 알 수 없어 배에 탄 사람
들이 서로 돌아보며 낯빛을 잃고 있었다. 나는 조용히 타이르면서, '적
선이 비록 많다 해도 우리 배를 바로 침범치 못할 것이니 조금도 마음
을 동요하지 말고 다시 힘을 다하여 적을 쏘고 또 쏘아라.' 하였다. 여러
장수의 배를 돌아본즉 먼바다로 물러서 있는데, 배를 돌려 군령을 내리
려 해도 적들이 그 틈을 타서 더 대들 것이니 나가지도 돌아서지도 못
할 형편이었다.

호각을 불어 중군에게 내리는 깃발을 세우게 하고, 또 초요기(招搖旗)
를 세웠더니 중군장 미조항첨사 김응함의 배가 차츰 내 배 가까이 왔으
며, 거제현령 안위의 배가 먼저 다가왔다. 배 위에 서서 친히 안위를 불
러 말하기를 '안위야, 너는 군법에 죽고 싶으냐, 도망간다고 어디 가서 살
것 같으냐' 하니 안위가 황급히 적선으로 돌입하였다. 또, 김응함을 불
러 '너는 중군장으로 멀리 피하여 대장을 구원하지 않았으니 죄를 어찌

피할 것이냐, 당장 처형할 것이로되 적세가 급하니 우선 전공을 세우게 한다.'고 하였다.

두 배가 앞서 나가자, 적장이 탄 배가 그 휘하에 지시하여 일시에 안위의 배에 개미가 붙듯이 서로 먼저 올라가려 하니, 안위와 그 배에 탄 사람들이 죽을힘을 다해 혹은 모난 몽둥이로, 혹은 긴 창으로, 혹은 돌덩어리로 무수히 마구 쳐대다가 배 위의 사람들이 거의 기진맥진하므로, 나는 뱃머리를 돌려 바로 쫓아 들어가 빗발치듯 마구 쏘아댔다. 적선 3척의 적이 거의 다 엎어지고 쓰러질 때 녹도만호 송여종과 평산포대장 정응두의 배들이 뒤따라와서 힘을 합해 적을 사살하니, 몸을 움직이는 적은 하나도 없었다. 투항한 왜인 준사(俊沙)는 안골포의 적진으로부터 항복해온 자인데, 내 배 위에 있다가 바다를 굽어보더니 말하기를 '그림 무늬 놓은 붉은 비단옷을 입은 저 자가 안골포 적장 마다시다.'라고 했다.

나는 군사 김돌손을 시켜 갈구리를 던져 뱃머리로 낚아 올린즉, 준사가 기뻐 날뛰면서 '바로 마다시다'라고 하므로 곧 명하여 토막토막 자르게 하니, 적의 사기가 크게 꺾였다. 이때 우리 배들은 적이 다시 범하지 못할 것을 알고 북을 울리며 일제히 진격하여 지자·현자 포를 쏘아대니 그 소리가 산천을 뒤흔들었고, 화살을 빗발처럼 퍼부어 적선 31척을 쳐 깨뜨리자, 적선은 퇴각하여 다시는 가까이 오지 못했다. 우리 수군은 싸웠던 바다에 그대로 묵고 싶었으나, 물결이 몹시 험하고 바람도 역풍인데다 형세 또한 외롭고 위태로워, 당사도(唐笥島, 전남 신안군 암태면)로 옮겨가서 밤을 지냈다. 이번 일은 실로 천행(天幸)이었다."

133대 13의 싸움은 이렇게 끝난다. 그리고 세계 해전 사상 전무후무한 10:1의 절대 불리한 전투에서 대승리를 거둔다. 이순신은 일기에서 천행이라 했지만, 이순신의 뛰어난 전술·전략과, 두려움을 용기로 바꾸어 낸 리더십이 이루어 낸 기적 같은 승리였다.

이순신이 명량에서 지켜 낸 것은 스스로의 안위나 따르던 병사들의 목숨만은 아니었다. 그가 지켜낸 것은 숨이 멎기 직전의 '조선의 운명'이었다.

명량, 현장을 찾다

　명량 부근에는 당시의 대첩을 기억하는 각종 기념물이 건립되어 있다. 진도대교를 건너 삼별초군의 흔적이 남아 있는 용장산성을 지나면 나오는 벽파진도 그중 하나다. 벽파진은 진도대교가 건설되기 전에는 목포와 제주를 오가는 배들이 들르던 주요 기항지였을 뿐 아니라 해남과 진도를 연결하는 중심 항구였다. 그러나 진도대교가 놓이면서 벽파진은 원래의 역할을 잊은 채 500여 년 전 이곳에서 일어났던 과거의 역사만을 품고 있다.

　벽파진은 명량대첩 전날까지 16일간 이순신의 수군이 머물렀을 뿐 아니라 9월 7일과 9일 두 차례 왜군과 전투를 치른 현장이기도 하다. 이곳 벽파진을 내려다보는 거대한 바위 정상에는 두 차례의 전투뿐만 아니라 명량대첩까지 상세하게 기록한 비가 서 있다. 이은상이 글을 짓고 진도 출신인 소전 손재형이 글을 쓰고, 진도군민들이 1956년 세운 벽파진전첩비. 벽파진전첩비의 몸돌을 받치고 있는 거북 즉 귀부는 바닥돌을 깎아내어 만들었는데, 규모가 엄청나다.

　전첩비에는 이렇게 새겨져 있다. "벽파진 푸른 바다여 너는 영광스런 역사를 가졌도다. 민족의 성웅 충무공이 가장 외롭고 어려운 고비에 빛나고 우뚝한 공을 세우신 곳이 여기이더니라.… 예서 머무신 16일 동안 사흘은 비 내리고 나흘은 바람 불고 만아들 회와 함께 배 위에 앉아 눈물도 지으셨고, 9월 초7일 적선 13척이 들어옴으로 물리쳤으며,… 삼백 척 적의 배들 산같이 깔렸더니 울돌목 센 물결에 거품 같이 다 꺼지고 북소리 울리는 속에 저 님 우뚝 서 계시다. 거룩한 님의 은공 어디다 비기오리. 피 흘린 의사 혼백 어느 적에 사라지리. 이 바다 지나는 이들 이마 숙이옵소서."

벽파진전첩비

김대중 대통령은 퇴임 후 이곳 벽파진을 찾아 눈물을 흘렸다.

명량대첩을 기록한 명량대첩비(보물 제503호)는 조선 숙종 14년(1688)에 건립된 것으로, 전라우수영 성터가 있는 해남군 문내면 동외리에 서 있다. 예조판서 이민서가 글을 짓고 판돈녕부사 이정영이 글을 썼는데, 전자(篆字)는 홍문관 대제학 김만중의 글씨다. 대첩비 옆은 이순신을 기린 사당 충무사로 전국 21개 사당 중 하나다.

명량대첩비

그런데 대첩비는 일제강점기에 큰 시련을 겪는다. 일제는 왜군에게 가장 큰 상처를 안긴 이순신의 흔적을 두고 볼 수 없었던 모양이다. 처음 폭파 계획을 세웠다가 여의치 않자, 서울로 옮겨 경복궁 근정전 뒤뜰에 묻어버리는 만행을 저지른다. 1945년 광복이 되자 우수영 지역 유지들은 명량대첩비를 되찾기 위해 '충무공 유적 복구 기성회'를 조직하고 전라남도 경찰부와 조선총독부에 수소문한 끝에 대첩비의 소재를 알아낸다. 그러나 운반 수단이 여의치 않았던 당시 대첩비를 우수영으로 옮기는 일은 쉽지 않았다. 미군정청의 협조를 얻어 비석을 미군 트럭에 실어 서울역으로 옮긴 후 목포까지는 열차로, 목포에서 선박을 이용하여 우수영 선창으로 가져온 후, 1947년 문내면 학동리 충무사 경내에 다시 세운다. 그리고 2011년 원래 위치인 현 위치로 돌아온다.

이제 명량대첩의 현장을 찾아보자. 그 현장에 명량대첩의 대승을 기념하기 위해 조성한 공원이 명량대첩 기념공원(해남군 문내면 학동리 산 36)이다. 이 공원에는 '명량대첩 해전사 기념전시관'이 있고, 임진왜란 당시 국난 극복에 가장 큰 역할을 호남사람들이 해냈다는 이순신의 말 '약무호남시무국가(若無湖南是無國家)'를 새긴 비도 있다. 멀리 명량을 바라보는 진도 땅 산 정상부에는 60미터 높이의 '명량대첩 승전 전망대'도 보인다.

명량대첩의 영웅은 누가 뭐래도 이순신이다. 이곳에는 최대·최소 규모의 이순신 동상이 마주 보고 서 있다. 진도대교 넘어 진도 녹진 바닷가에 서 있는 '지휘하는 이순신상'인데, 총 높이 30미터로 국내 최대 크기다. 치열한 해상전투가 벌어질 당시 왼손에 칼을 잡고 오른손으로 지휘하는 형상을 하고 있다. 동상에는 울돌목 바다의 거세고 빠른 유속과 해전의 긴박감을 이끄는 장군의 비장함이 묻어있다.

'지휘하는 이순신상' 맞은편인 해남 우수영에 세워진 동상이 '고뇌하는 이순신상'이다. 고뇌하는 이순신 동상은 높이 2미터로, 국내 이순신 동상 중 가장 작다. 우수영 바닷속 주춧돌 위에 세워져 있는데, 밀물 때 발목까지 물이 차올라 마치 바다 위에 서 있는 것 같다. 썰물 때는 주춧돌 아래까지 물이 빠진다. 평상복 차림에 칼 대신 지도를 들고 있는 모습의 동상은 13척의 적은 병력으로 133척 적군을 무찌르기에 앞서 외롭게 고민하는 모습을 표현하고 있다. 이순신 장군상 가운데 가장 인간적인 모습이다.

울돌목, 명량에 가면 해전에 앞서 고뇌하는 이순신과 해전을 지휘하는 이순신을 동시에 만날 수 있다.

10.

조·명 연합 수군의 본영,
완도와 고금도

이순신의 혼을 품은 땅, 고금도

이순신을 모신 사당은 전국에 21개소나 된다. 아마도 이순신은 가장 많은 사당에서 제삿밥을 얻어 드시는 존경받는 인물이 아닐까 싶다. 21개 사당 중 하나가 임진왜란 당시 마지막 3도수군통제사의 본영이 있었던 완도 고금도에 건립된 충무사다. 충무사가 위치한 고금도 덕동리 일대는 이순신의 살아생전 마지막 흔적을 품고 있는 곳으로, 충무사 일대가 사적 제114호로 지정되어 있다. 이곳 충무공 유적지는 사당만 있는 곳이 아니다. 노량전투에서 순국한 후 시신이 80여 일간 안장된 월송대가 있고, 명나라 수군이 주둔하며 세운 '관왕묘'의 내력을 기록한 관왕묘비도 남아 있다.

1597년 9월 16일(음력) 명량에서 대첩을 거둔 이순신은 군산 선유도, 목포 고하도를 거쳐 1598년 2월 17일 8천여 수군을 이끌고 완도군 고금면 덕동리에 3도수군통제사영을 설치한다. 고금도는 남해에서 서해로 진입하는 길목으로 왼쪽에는 마량, 오른쪽으로는 약산의 좁은 수로가 있는 군사적 요충지이면서, 섬 안이 기름져 군량미를 확보하기가 쉬운 곳이었다. 그뿐만 아니라 순천 왜성에 주둔한 왜군을 방어하기에도 적절 111

했다.

조선 수군이 고금면 덕동리에 본영을 설치하자, 서울 한강에 머무르고 있던 명나라 수군 진린(陳璘, 1543~1607) 제독 휘하 5천 수군이 동작나루에서 선조의 전송을 받고 고금도로 출발한다. 서해안을 따라 남진한 후 7월 16일 고금도에 도착하여 덕동리에서 조금 떨어진 묘당도에 진을 쳤다. 이때 진린은 묘당도에 관우를 제사 지내고 명나라 수군의 안녕과 승전을 기원하기 위해 관우의 사당인 관왕묘를 세운다. 묘당도는 충무사가 있는 곳으로 고금도에 딸린 섬이었지만, 지금은 간척되어 고금도와 한 몸이다.

고금도에 명나라 수군이 도착하면서 조선 수군과 연합전선을 형성할 수 있었고, 11월 19일 노량해전을 통해 임진·정유재란의 전쟁을 마무리 지을 수 있었다. 고금도는 이순신의 혼을 품고 있는 장소일 뿐 아니라 조·명 연합군이 힘을 합쳐 임진왜란을 마무리한 국난극복의 뜻깊은 장소다.

이순신 시신을 안치한 월송대

고금도의 충무사 사당과 시신을 처음 안장한 월송대, 그리고 관왕묘비가 있는 고금도 현장을 찾아가는 길은 이제 쉽다. 뱃길이 아니어도 갈 수 있기 때문이다.

이순신의 혼이 묻어 있는 고금도를 찾아가는 길은 크게 두 가지다. 하나는 해남에서 완도로 들어가는 길이 있다. 완도대교·신지대교·장보고대교를 거쳐 가는 방법이 그 하나고, 또 하나는 강진 마량에서 고금대교를 거쳐 가는 방법이다.

고금도를 다시 찾은 12월 중순, 초겨울인데 세찬 바람이 불었다. 코로나 19로 잔뜩 움츠리고 있던 차에 차가운 바람까지 불어, 충무공 유적 현장에는 참배객 한 사람 볼 수 없었다. 차가운 바람만이 충무사를 지키고 있었던 셈이다.

고금도 이충무공 유적지 주차장 입구에는 높이 1.2미터의 하마비가

이순신 장군 시신을 안치했던 월송대 유허

서 있다. 말에서 내리는 장소는 이젠 차에서 내리는 장소가 된다. 고금
도 충무사 성지는 크게 충무사와 월송대다.

　조그마한 동산 월송대(月松臺)에 오르면 이순신 시신을 안치했던 '충무
공 이순신 가묘(假墓) 유허'가 있다. 이곳이 이순신의 시신을 아산으로 옮
겨갈 때까지 안장한 장소인데, 상세한 설명이 안내판에 새겨져 있다. 안
내판에는 이렇게 새겨져 있다.

　"이곳은 임진왜란 때 왜적을 물리친 충무공 이순신 장군의 유해를 임
시로 안장하던 터다. 이순신 장군은 이 고금도에서 수군 본영을 설치하
여 수군을 훈련하고 전선을 수리하는 등 군비를 재정비하여 왜적의 침
입을 물리쳤다. 장군이 1598년 11월 19일 노량해전에서 순국하자 본영
이었던 이곳에 80여 일간 안장한 후 이듬해에 충남 아산(현충사 근처)으로
옮겼다."

　이순신 장군의 시신을 임시 안장했던 유허지가 있는 월송대는 생전
의 이순신이 밤이면 깊은 생각에 잠기곤 했던 작은 동산이다. '소나무 사
이로 달이 비춘다'고 해서 '월송대'란 어여쁜 이름이 붙었다고 한다. 지금
월송대의 해송은 당시의 소나무는 아니지만, 이순신 장군의 시신을 지
켜본 전설을 이어받아서인지 아름답다 못해 거룩해 보였다. 시신이 안치
된 유허는 출입하지 못하도록 낮게 쇠 담장이 쳐져 있었지만, 유해를 안

장했던 장소는 조금 볼록하게 만들어져 있어 쉽게 눈에 띈다. 한여름에
도 유허 주변에는 풀이 나지 않는다고 한다. 주민들은 "장군의 기가 서
려 있어 풀이 자라지 않는다"고 믿고 있다고 한다. 그 말이 사실인 듯도
싶다.

충무사 입구 바닷가 쪽에는 1990년 세워진 '고금도 이충무공 유적기
념비'도 서 있다.

관왕묘비와 충무사

고금도 충무사의 건립 과정이 다소 흥미롭다. 원래 충무사 터는 관왕
묘였다. 관왕묘는 중국 촉나라 장수 관우(關羽, ?~219)를 모시는 사당으로,
1598년 명나라 수군 제독 진린이 묘당도에 도착한 후 관우에게 제사 지
내고, 명나라 수군의 안녕과 전승을 기원하기 위해 세운 것이다. 관우
는 삼국시대 촉나라 장수로 『삼국지』의 중심인물이다. 유비, 장비와 도
원결의로 의형제를 맺고, 유비를 보좌하여 손권의 연합군과 적벽대전에
서 조조의 대군을 격파한 인물이다. 관우는 후일 공자와 함께 중국인에
게 '문무이성(文武二聖)'으로 일컬어진 인물이다. 공자가 문인을 대표하는
성인이라면, 관우는 무인을 대표하는 성인으로 숭배된 것이다. 따라서
명나라 수군에게 관우는 멘토였을 뿐 아니라 자신들의 생명까지 지켜
주는 수호신이었다. 관왕묘가 건립된 이유다. 이후 1666년(현종 7) 동·서
무를 지어 동무(東廡)에는 진린을, 서무(西廡)에는 이순신을 배향하고 곁
에 암자를 지어 승려 천휘로 하여금 사당을 관리하게 했다. 이어 정조
는 '큰 나라의 뜻에 보답한다'는 뜻을 담은 탄보묘(誕報廟)라는 편액을 하
사하고, 노량해전에서 이순신과 함께 전사한 명나라 수군 장수 등자룡
을 함께 모시게 했다. 사당 이름이 관왕묘에서 탄보묘로 바뀐 것이다.
그런데 아쉽게도 일제강점기에 관우상과 위패 등 유물이 훼손되고 제향
이 중단된다.

광복 후 1953년, 관왕묘의 옛 자리에 충무사를 새로 짓고 이순신을 정
전에, 노량해전에서 큰 공을 세운 가리포 첨사 이영남을 동무에 모시고

충무사(고금도)

있다.

　이순신을 모신 사당 충무사에 들어가려면 홍살문을 통과한 후 외삼문·중삼문·내삼문 등 세 문을 통과해야 한다. 외삼문을 지나면 충무사라는 편액이 붙은 중삼문이 나온다. 중삼문 안에는 두 개의 건물이 있다. 유생들이 공부하는 집 서재와 동재다. 서재 뒤편에는 전남 유형문화재 제336호로 지정된 관왕묘비가 있다. 관우를 모신 관왕묘는 명나라 수군들의 안녕과 승전을 기원하기 위해 건립되었지만, 이후 이순신과 진린, 등자룡 등을 추가 배향하면서 한·중 우의를 다진 사당이 된다. 그러나 오늘 관왕묘는 헐리고 관왕묘의 건립 시기와 관리 과정 등을 기록한 관왕묘비만 남아 있다. 관왕묘비는 좌의정 이이명이 비문을 짓고 경상우도수군절도사 이우항이 글을 쓴 비로, 1713년(숙종 39)에 건립된다. 이 비는 관왕묘의 역사를 포함, 묘당도가 조선과 명나라 연합 수군의 근거지였을 뿐만 아니라 한·중의 우의마저 보여주는 유물이다. 그런데 관왕묘비로 들어가는 입구부터 길이 좁다. 비문은 육안으로 읽어내기도 어렵고, 비 보호를 위해 만든 비각(碑閣)에 갇혀 있는 모습도 답답했다.

　내삼문을 통과하자 세 개의 건물이 또 나타난다. 사당 충무사와 동무, 서무다. 옛 관왕묘가 있던 자리에 위치한 충무사는 정면 3칸, 옆면 3칸의 맞배지붕 건물로 당당하다. 사당 안에는 이순신의 표준 영정과 증

관왕묘비

영의정행삼도통제사충무이공신위(贈領議政行三道統制使忠武李公神位)'라 새긴 위패가 봉안되어 있다. 사당 안에는 전남 문화재자료 제163호로 지정된 '우수영전진도첩(右水營戰陣圖牒)'도 있다. 전진도첩은 전라우수영의 군사조직과 운영실태, 작전을 어떻게 수행하고 있었는지 구체적으로 알려준다는 점에서 자료적 가치가 크다.

고금도를 떠나려는데 나를 붙잡는 것이 또 있다. 고금항일운동충혼탑이다. 이현열·이기홍 등 항일농민운동가들의 이름이 새겨져 있다. 고금도는 임진왜란 당시 마지막 3도수군통제사의 본영이 설치되었던 항일과 구국의 현장일 뿐 아니라 일제하 치열하게 전개된 항일 농민운동의 현장이기도 했다.

11.
전라도 유일의 왜성,
순천왜성

순천에 왜성을 쌓다

전남 순천시 해룡면 신성리에 정유재란 당시 쌓은 왜성(倭城)이 있다. 순천왜성(전라남도 기념물 제171호)이 그것이다. 1597년 정유재란 당시 왜장 고니시 유키나가(小西行長)가 일본군의 호남 공격을 위한 전진기지 겸 최후 방어기지로 삼기 위해 쌓은 성이다. 지금은 찾아볼 수 없지만, 육지부를 파내고 바닷물을 끌어들여 해자를 만들고 다리를 놓아 낮에는 다리로 사용하고, 밤이면 다리를 끌어들였다. 그래서 조·명 연합군은 이 성을 왜교(倭橋), 왜교성(倭橋城) 또는 예교(曳橋)라 부르기도 했다. 일본군은 왜 순천에 왜성을 건립한 후 고니시 유키나가 휘하 1만 3천의 주력군을 주둔시켰을까?

명군과 왜군 사이에 지루하게 이어지던 강화 협상은 도요토미 히데요시의 무리한 요구로 결렬된다. 이에 도요토미 히데요시는 제2차 조선 침략을 명한다. 정유재란이다. 일본군 총대장 고바야카와 히데아키(小早川秀秋)는 좌·우 2개 군과 수군을 편성, 우키타 히데이에(宇喜多秀家)와 모리 히데모토(毛利秀元)가 이를 지휘하게 했다. 우키타 히데이에의 좌군은 남원을 함락시킨 후 전주에 입성했고, 모리 히데모토의 우군도 함양의 황석

산성을 함락시킨 후 전주에 들어온다.

전라도 진출에 성공한 왜군은, 좌·우군으로 편성한 후 우군은 충청도로 진출하고 좌군은 전라도를 장악하기로 역할을 분담한다. 하지만 북상하던 구로다 나가마사(黑田長政) 휘하 왜군은 9월 초 직산 전투에서 명군에게 패한다. 왜군은 9월 중순 이후 전라도와 경상도 남해안 지역으로 남하하여 분산 주둔하면서 지역 요충지를 택해 성을 쌓는다. 이때 축성된 왜성 중 하나가 순천왜성이다. 순천왜성의 축성은 본국과 가까운 지역, 병참보급선이 드나들기 원할한 지역에 웅크리고 있다가 다시 북상할 기회를 노리기 위한 것이었다.

순천왜성에 고니시 유키나가 휘하의 주력군을 배치한 것은 순천왜성이 호남공략의 중요한 거점이었음을 말해준다. 순천왜성은 남해·사천·고성·창원·양산·울산왜성으로 이어지는 왜군 거점 벨트 중 하나였다.

순천왜성의 정확한 축성 시기는 알 수 없다. 『난중잡록』 정유년 9월 초하루 기사에 "고니시 유키나가 등 적이 구례를 거쳐 순천으로 향하여 왜교에 결집하여 성을 쌓고 막사를 지었다."는 내용과, 12월 초에 고니시 유키나가가 우키타 히데이에와 도도 다카토라(藤堂高虎) 앞으로 축성 완료 편지를 보낸 것으로 보아, 1597년 9월부터 11월 말까지 3개월에 걸쳐 축성한 것으로 추정된다.

성의 구조도 궁금하다. 순천왜성은 바다에 면한 천수각이 있는 내성과 본성을 육지 쪽 공격으로부터 보호하기 위한 3겹의 외성으로 축성되었다.

한국인 눈에 비친 순천 왜성의 모습은 나주 출신 진경문이 쓴 '예교진병일록'을 통해 들여다볼 수 있다. 진경문은 정유재란 당시 소의장(昭義將) 임환의 의병부대에서 종사관으로 활약했던 분이다. "고니시 유키나가가 순천부 남쪽 예교에 퇴거했는데… 고니시가 위쪽에 넓은 마당을 만들어 놓고 흙을 더해 성을 축성하여 수천의 군인을 수용하였다. 5층 망루를 지어 백토를 칠하고 기와와 벽돌을 덮었으니, 그 모양이 마치 나는 새 날개 같다.… 동서쪽의 바다와 접하게 하여 선박을 끌어 출입하였다. 그 바깥에 또 한 줄기 외성을 쌓아 동서로 바다에 맞닿았고, 그 가운데에 문루를 세우고 흙을 덮었는데, 사면을 거기서 살펴보았다. 성 밖은 목책을 두 겹으로 둘러 설치하고, 그 북쪽 한 면에 한 겹의 목책을 더 세웠다." 한국인의 눈에도 순천 왜성은 2중, 3중의 철옹성이었던 것 같다.

그 철옹성이던 왜성을 1598년 9월부터 10월 초까지 조·명 연합군은 육지와 바다에서 동시에 공격했다. 왜성은 함락되지 않았지만 왜군은 여전히 독 안에 갇힌 쥐 신세였다. 육지 쪽도, 바다 쪽도 출구가 막혔다. 그래서 쓴 간책(奸策), 간사한 계책이 뇌물이었다. 고니시 유키나가는 유정과 진린에게 뇌물을 바치고 퇴로를 열어줄 것을 간청했다. 진린은 뇌물을 받고 왜의 통신선 1척이 빠져나가는 것을 묵인했다. 통신선이 도착하자, 남해·고성에 주둔 중인 왜장들은 고니시 부대를 구출하기 위해 500여 척의 전선을 순천왜성으로 보낸다. 조·명 연합 수군은 엄청난 규모의 적들이 진격해온다는 보고를 받고, 470척의 전선을 이끌고 노량 앞바다로 향했다. 1598년 11월 19일 끝난 노량해전은 조·명 연합군이 대승을 거두었지만, 이순신은 노량 앞 바다에 목숨을 바쳐야 했다.

11월 20일, 왜성에 갇힌 고시니 유키나가는 광양 앞바다에 조·명 연합 수군이 없는 것을 확인한 후 철수했다. 임진왜란 7년 전쟁이 끝난 것이다. 순천왜성 전투와 노량해전은 임진왜란 최후의 육·해상 전투였다.

검단산성·순천왜성, 현장을 가다

순천왜성에 주둔 중인 고니시 유키나가 군을 공격하기 위해 유정과 권율이 이끈 조·명 연합군이 진을 쳤던 곳이 검단산성(순천시 해룡면 성산리 산84)이다. 검단산성은 여수반도와 순천지역을 연결하는 길목의 검단산 정상에 있다. 높이 138미터, 정상에 오르려면 장복실업 건물 맞은편 입구에서 400여 미터를 걸어 올라야 한다.

검단산성은 정유재란 당시 신성리 왜성에 주둔한 왜군과 대치하기 위해 조·명 연합군이 축조한 성으로 알려졌지만, 1996년 정밀지표조사에 이어 두 차례에 걸친 발굴조사 결과 6세기 말에서 7세기 전반에 축성된 백제시대 성으로 확인되었다. 정상에 오르다 보면 성벽과 성문, 우물터 **119**

명나라 종군화가가 그린 순천왜성(《정왜기공도권》)

의 흔적이 남아있고 여기저기 기왓장을 모은 무더기도 보인다. 다 역사를 품고 있는 흔적이다

정상에 오르면 광양만이 한눈에 내려다보인다. 노량 전투의 현장은 그 너머 어디쯤일 게다. 순천왜성과는 지척이다. 검단산성 정상에서 왜성까지는 1.5킬로미터 정도지만, 검단산성 산자락에서 왜성의 가장 바깥쪽인 외성까지는 500여 미터에 불과하다. 그 500여 미터를 사이에 두고 조·명 연합군과 왜군은 임진왜란 마지막 육전을 벌인 것이다.

순천왜성 현장 탐방은 당시 명의 종군화가가 왜성 전투의 모습을 그린 〈정왜기공도권(征倭紀功圖卷)〉을 새긴 표지석에서 시작한다. 터만 남아있는데, 왜 정벌을 기념하기 위해 그린 정왜기공도권은 400여 년 전 왜성의 모습이 어떠했는지를 실감 나게 보여준다.

성 밖으로 둘러 판 못인 해자를 따라 산책로로 조성된 길을 따라가면 제일 먼저 만나는 흔적이 출입문 터다. 만조 때 이 문의 출입로가 다리처럼 보였다고 하여 왜교, 또는 예교(曳橋)로 불리기도 했다고 한다.

2007년, 복원된 출입문을 보는 순간 임진왜란 당시 왜군의 출발지 나고야성의 성벽 모습이 떠올랐다. 일본성의 가장 큰 특징은 천수각이 있고, 해자가 깊으며, 성벽 아랫부분이 넓적한 나팔바지 모습이다. 나팔바지 형태의 모습을 지닌 왜성을 한국에서, 그것도 남도 땅에서 다시 만나는 것은 결코 유쾌한 일은 아니었다.

정상에 오르니, 왜가 이곳에 성을 쌓고 주둔한 이유를 알 것 같다. 육지는 물론 바닷길과도 연결된 천혜의 요새였다. 정상 부근 왼쪽 끝자락

이 왜성 지휘부 건물인 천수각
이 있던 터다. 천수각은 성을 대
표하는 권위와 상징의 건물인데,
현재는 건물 기단만 남아있다.
정왜기공도권에는 3층 팔작지붕
의 천수대가 그려져 있으나, 앞
서 언급한 진경문의 예교진병일
록에는 5층으로 나온다.

순천왜성 출입문 터

순천왜성 정상에서는 육지 쪽
의 검단산성도, 광양만도 눈앞
이다. 그러나 지금 순천왜성 주
변 풍경은 1598년 당시의 풍경과
는 전혀 다르다. 우선 순천왜성
동쪽으로 맞닿아 있던 바다가
없어져 버렸다. 매립되어 율촌지

순천왜성 천수각 기단

방산업단지로 변해버렸기 때문이다. 바다는 물론이고, 바다 쪽으로 구
축됐던 선착장과 방어시설이 없어져 버렸으니 광양 앞바다를 피로 물들
였던 해상전투 장면을 그려보는 것 자체가 불가능하다.

순천왜성 앞바다에 있던 노루섬이라 불린 장도는, 광양 앞바다를 감
시하는 왜 수군의 전초 기지였으며 식량 창고였다. 조·명 연합 수군이
1958년 9월 20일 장도를 장악하면서 순천왜성과 경상도 왜 수군은 단절
된다. 그러나 오늘 당시의 장도는 찾을 수 없다. 매립되어 율촌산단 맨
오른쪽 끝자락 높이 솟아오른 둔덕이 되어 있기 때문이다.

순천왜성 곁 신성리에 이순신을 모신 충무사가 있다. 충무사가 건립
된 이야기가 재미있다. 임진왜란이 끝난 100년쯤 뒤에 주민들이 이 일대
에 모여들어 살기 시작했다. 그런데 왜성 전투에서 죽은 왜군들의 혼령
이 밤마다 출몰하여 주민들을 괴롭혔다고 한다. 이에 주민들이 이순신
사당을 짓고 위패와 영정을 모시자, 왜 귀신들이 더 이상 나타나지 않았
다고 한다. 왜군의 죽은 혼령마저도 이순신을 무서워했던 것은 아닐까?

12.

문묘에 배향된 유일의 호남인, 하서 김인후

하서, 문묘에 배향되다

공자의 위패를 모신 사당이 문묘(文廟)다. 신라, 고려, 조선 시대를 통틀어 열여덟 분이 중앙의 성균관을 비롯, 전국 향교의 문묘에 모셔져 있다. 그 열여덟 분을 '동방 18현'이라 부른다. 신라의 최치원, 고려의 정몽주, 조선의 조광조·이이·이황·송시열 등이 이들인데, 호남 유일의 인물이 하서 김인후다.

호남 유일의 문묘 배향자 김인후(金麟厚, 1510~1560)는 장성현 대맥동(현 장성군 황룡면 맥호리 맥동)에서 참봉을 지낸 김령과 옥천 조씨 사이에서 태어난다. 호는 하서(河西), 시호는 문정(文正)이다.

어린 시절부터 총명하고 시문에 뛰어난 자질을 보여 이름이 널리 알려진다. 6세 때 '영천(詠天)'이란 제목의 시를 쓴다. "모양은 둥글어 지극히 크고 또 지극히 현묘한데, 넓고 빈 것이 땅의 주변을 둘렀도다. 덮여있는 그 가운데 만물이 다 들어가는데, 기(杞) 나라 사람은 어찌하여 하늘이 무너질까 걱정했던고." 우주의 이치뿐만 아니라 기우(杞憂)의 고사마저 알고 있었던 것이다.

고봉 기대승의 삼촌인 복재 기준은 9세이던 하서를 만나 장차 세자의 신하가 되겠다고 예견한다. 10세 때 전라도 관찰사 김안국이 소학을 가르치고 "이는 나의 어린 벗이다"라고 칭찬한다. 하서는 떡잎부터 남달랐다.

중종 23년(1528) 성균관에 들어가 공부한다. 중종 35년(1540) 문과에 급제한 후 첫 관직이 승문원 부정자였다. 이듬해 호당에 들어가 사가독서하고 홍문관 저작이 된다. 중종 38년(1543) 홍문관 박사 겸 세자시강원 설서가 되어 세자를 보필하고 가르치는 직임을 맡는다. 김인후가 인종과 맺은 첫 인연이다. 하지만 기묘사화(1519)로 희생된 기묘명현의 신원이 이뤄지지 않자, 부모 봉양을 핑계 삼아 옥과 현감으로 나간다.

세자시절 인연을 맺은 인종이 즉위 몇 달 만에 승하하고 을사사화가 일어나자 병을 핑계로 사직한 후 낙향한다. 명종은 몇 번이나 관직을 내려 불렀지만 나아가지 않았다. 인종에 대한 절의 때문이다.

이후 성리학을 연구하고, '소쇄영 48영', '면앙정 30영' 등 1,600여 수의 시를 지었으며 변성온, 기효간, 조희문, 양자징 등 제자들을 길러낸다. 특히 그의 성리학 이론은 유학사에서 중요한 위치를 차지한다. 당시 논란의 대상이던 태극음양설에 대해, 그는 "이기(理氣)는 혼합되어 있으므로 태극이 음양을 떠나서 존재한다고 할 수는 없지만 도(道)와 기(器)의 구분은 분명하므로 태극과 음양은 일물(一物)이라고 할 수는 없다"고 주장, 이항의 태극음양일물설(太極陰陽一物說)에 반대한다. 그의 이론은 후일 기대승의 주기설 형성에 큰 영향을 미친다.

명종 15년(1560), 낙향한 지 15년여 만에 세상을 뜬다. 51세였다. 정조는 하서를 문묘에 배향케 하고 영의정을 추중하였으며, 시호 문정(文靖)의 한자를 '文正'으로 바꾼다.

하서, 인종을 그리워하다

하서는 문과에 급제한 3년 뒤 홍문관 박사 겸 세자시강원 설서로 승진한 후 세자의 보도(輔導)로 임명된다. 보도란 지금의 선생, 즉 스승이다. 인종의 스승이 된 것이다. 세자는 하서의 학문과 도덕의 훌륭함을 알고 정성스런 마음과 공경하는 예로 대했고, 하서 역시 세자의 덕이 뛰어나 후일 요·순 시대의 다스림을 기약할 수 있겠다 싶어 정성껏 이끈다. 둘은 서로 뜻이 맞음이 날로 두터웠다. 하서가 입직한 날이면 세자가 몸소 나와 국정을 논의하다 이슥해서야 파하곤 했다.

세자의 하서 사랑은 대단했다. 그것을 보여준 사례가 묵죽도와 『주자대전(朱子大全)』의 하사였다. 세자는 예능에 소질이 있었다. 어느 날, 세자는 손수 그린 대나무 그림을 하사하고, 화축(畵軸)에 시를 쓰게 한다. 하서는 묵죽에 다음 시를 쓴다. "뿌리 가지 잎새 마디 모두 다 정미(精微)롭고, 굳은 돌은 벗인 양 범위 안에 들어 있네. 성스러운 우리 임금 조화를 짝지으사, 천지랑 함께 뭉쳐 어김이 없으시네."

그리고 배 세 개를 내린다. 한 개를 맛보니 매우 달고 시원했다. 나머지 두 개를 보물처럼 간직했다가 부모님께 드리고, 배씨를 집 앞에 심는다. 이 배나무가 임금이 내린 배라는 뜻의 '어사리(御賜梨)'다. 이 배나무는 20미터가 넘게 커 지금도 열매를 맺는다.

인종은 구하기 힘든 『주자대전』을 내려주고 함께 술을 마시며 새 정치를 꿈꾼다.

하서에 대한 인종의 신뢰와 배려, 우러나는 하서의 충성심은 이후 군신 간의 모범 사례가 되어 인구에 회자된다. 세자와 스승 하서가 주고받음이 참으로 아름답다.

하서가 세자와 인연을 맺은 1년 뒤인 1544년, 중종이 승하하자 세자가 왕위에 오른다. 인종이다. 그런데 인종은 재위 8개월 만에 승하한다. 생모 장경왕후를 일주일 만에 여윈 비운의 군주 인종, 그의 나이 서른이었다. 야사에는 문정왕후가 준 떡을 먹고 죽었다고 적혀 있다. 명종의 모친 문정왕후가 아들을 왕위에 올리기 위해 독살했다는 설이 나온 배경이다.

하서는 인종을 그리워하는 사모곡 '유소사(有所事)'를 쓴다. "임의 나이 삼십을 바라볼 때, 내 나이 서른하고 여섯이었소. 신혼의 단꿈이 채 깨기도 전에, 시위 떠난 화살처럼 떠나간 님아. 내 마음 돌이라서 구르지 않네. 세상사 흐른 물처럼 잊혀지련만, 젊은 시절 해로할 임 여의고 나

필암서원 입구 문, 확연루

니, 눈 어둡고 이 빠지고 머리가 희었소. 슬픔 속에 사니 봄 가을 몇 번
이던가, 아직도 죽지 못해 살아 있다오.···"

명종이 즉위하자 하서는 옥과 현감을 끝으로 36세에 세상과 인연을
끊는다. 성균관 전적, 공조 정랑, 전라도사, 홍문관 교리, 성균관 직강에
임명하여 불렀지만, 끝내 사양한다. 그는 죽기 직전 "내가 죽으면 을사년
이후의 관작일랑 쓰지 말라"고 유언까지 남긴다. 두 임금을 섬기지 않겠
다는 백이숙제(伯夷叔齊)가 바로 하서였다.

인종에 대한 그리움은 여기서 그치지 않았다. 인종의 기일인 음력 7월
초하루가 되면 집 앞 난산(卵山)에 올라 종일 통곡했다. 지금 난산 정상
에 통곡단이 건립되어 있고, 통곡단 입구에는 이 사실을 기록한 난산비
가 있다. 제자인 송강 정철이 그 모습을 시로 남겼는데, 편액이 필암서원
청절당에 걸려있다. "동방에는 출처(사람의 처세) 잘한 이 없더니 홀로 담재
옹(김인후 다른 호)만 그러하였네. 해마다 칠월 그날이 되면 통곡 소리 온
산에 가득하다네."

하서는 도학과 문장에 뛰어났을 뿐 아니라 끝까지 절의를 지킨 인물
로 추앙받는다. 율곡 이이는 이런 하서를 "맑은 물에 뜬 연꽃이요, 화창
한 봄바람에 비온 뒤의 달"이라고 했다. 하서가 문묘에 배향될 수 있었던
이유다.

세계문화유산 장성 필암서원을 찾다

　장성 필암서원은 문묘에 배향된 하서 김인후를 기리기 위해 장성 황룡면 필암리에 건립된 서원이다. 1975년 사적 제242호로 지정되고, 2019년 유네스코 세계유산에 등재된다. 서원 입구에 서 있는 세계문화유산 표지판은 필암서원의 위상을 잘 보여준다.

　필암서원은 김인후 사후 30년 뒤인 1590년 그의 제자 변성온·기효간 등 호남 선비들이 장성읍 기산리에 창건한다. 1597년 정유재란으로 불탄 뒤 1624년 기산리 서쪽 증산동(甑山洞)에 다시 세워지고, 현종 3년(1662) 필암서원으로 사액된다. 현종 13년(1672) 지금의 자리인 해타리(海打里)로 옮겨오면서 마을 이름도 필암리로 바뀐다.

　홍살문을 지나면 서원으로 들어가는 문루가 휴식공간 확연루(廓然樓)다. 확연은 "하서 선생의 마음이 맑고 깨끗하며, 확연히 크며 공평무사하다"는 의미의 '확연대공(廓然大公)'에서 취한 말이다. 널리 모든 사물에 사심 없이 공평한 성인의 마음을 배우는 군자의 학문하는 태도를 뜻한다. 글씨가 크고 호방한 편액은 우암 송시열의 글씨다.

　확연루를 지나면 강학 공간(학교)이 나오고, 유생들이 공부하던 강당 청절당(淸節堂)과 만난다. 청절당 편액은 동춘당 송준길의 글씨인데 또 무슨 뜻일까? 우암 송시열이 쓴 김인후의 신도비문에 나오는 '청풍대절(淸風大節)'이라는 구절에서 인용한 것이다. 청풍은 '부드럽고 맑게 부른 바람'이라는 뜻이고, 대절은 '대의를 위하여 목숨을 바쳐 지키는 절개'라는 뜻으로, 하서의 인품을 잘 표현하고 있다. 병계 윤봉구가 쓴 필암서원 사액 현판도 걸려있다. 청절당 안에는 백록동 학규를 비롯하여 정조대왕 어제 사제문과 고경명·정철 등의 시를 새긴 현판들도 즐비하게 걸려있다.

　청절당 좌우는 유생들의 거처지인 동·서재다. 동재인 진덕재(進德齋)는 선배들이, 서재인 숭의재(崇義齋)는 후배들이 기거하던 일종의 기숙사로, 선후배의 위계를 엿볼 수 있다.

　청절당 앞에는 인종이 세자시절 손수 그려 하서에게 준 묵죽도의 판각을 보관하고 있는 경장각이 있는데, 주위 건물과는 품격이 다르다. 일

필암서원 경장각

반 서원과 어울리지 않게 세 마리의 용머리와 국화문양이 조각된 주심
포식 3칸 팔작지붕 집이기 때문이다. 경장각 건물에 용과 국화문양이 조
각될 수 있었던 것은 인종의 유품인 어제(御製) 묵죽과 관련이 있다. 멋드
러진 경장각 편액의 글씨도 정조대왕 친필이다.

경장각을 지나 내삼문을 들어가면 제사 공간이 나오고, 필암서원의
주인공 하서 김인후와 제자이면서 사위인 양자징의 신위를 모신 사당
우동사(祐東祀)가 있다. '우동'의 의미도 송시열이 쓴 신도비명 중 "하늘이
우리 동방을 도와 하서 김인후 선생을 태어나게 하였다."에서 동방의 '동'
자와 돕다의 '우'자를 취한 것인데, 성리학을 집대성한 송나라 주희의 글
씨를 집자한 것이다. 편액 하나하나의 뜻이 정말 깊다.

이외에도 필암서원에 들르면 꼭 보아야 할 것들이 많다. 기숙사였던
진덕재 앞에는 계생비가 있는데, 봄과 가을 제사 때 사용하는 제물로
바치는 산 짐승을 묶어놓고 검사하는 곳이다. 토담 동쪽 밖에는 목판
을 보관하는 장판각이 있고, 장판각 옆 동쪽에는 서원을 관리하는 노비
의 우두머리가 거처하는 한장사가, 우동사로 들어가는 내삼문 왼쪽에는
춘·추향제를 준비하는 전사청도 있다.

필암서원과 멀지 않은 맥호리 맥동 마을에는 하서가 태어난 백화정이
있고, 백화정 입구에는 문정공하서김선생유허비도 서 있다. 이미 언급

하서 김인후 동상(광주 중외공원)

붓바위 필암

한 어사리도 집 옆에 있다.

마을을 조금 벗어나면 오른쪽에 그의 삶을 정리한 신도비가 있고, 그의 무덤이 난산을 바라보며 안장되어 있다. 그런데 신도비가 두 개다. 비각 안에 있는 신도비는 영조 18년(1742)에 세웠는데, 비문은 우암 송시열이 10년 걸려 쓴 글이라고 한다. 그런데 1982년 건립된 신도비가 또 있다. 다시 세운 것은, 처음 세워진 신도비는 정조대왕이 하교한 문묘 배향 및 영의정 증직, 시호 문정(文正, 처음 시호는 文靖) 한자 변경 등이 빠져 있었기 때문이다. 하긴 문묘 배향 이야기가 빠져서는 안 될 것이다.

마을 입구에는 하서 김인후라는 인물을 있게 한 자연물, '筆巖(필암)'이라 새긴 붓바위가 있는데, 생각보다 조그마했다.

마을 앞 계란 모양의 난산에는 인종의 기일만 되면 통곡했던 장소에 통곡단과 그 사실을 기록한 난산비가 있다. 난산비와 통곡단에는 인종을 그리워하는 하서의 마음이 애절하게 묻어 있다.

3부

1.

『자산어보』를 쓴 정약전의 유배지, 흑산도

정약전, 흑산도에서 자산어보를 쓰다

섬과 바닷물이 푸르다 못해 검게 보여서 붙여진 이름 흑산도(黑山島, 신안군 흑산면)는 전라도 잔칫상에 꼭 올라야 하는 명물 홍어와 가수 이미자가 구성지게 불러 크게 히트한 〈흑산도 아가씨〉라는 노래로 유명해진 섬이다. 그러나 지역사를 공부하는 나에게 흑산도는 손암 정약전과 면암 최익현 등이 살았던 절해(絶海)의 유배지로 더 각인되어 있다.

1801년, 조선에서는 신유박해라 불리는 대대적인 천주교 박해 사건이 일어난다. 정조가 세상을 떠난 후 노론 강경 세력들이 남인들을 몰아내기 위해 일으킨 사건이다. 이로 인해 중국인 신부 주문모(周文謨, 1752~1801)를 비롯한 300여 명의 천주교 신자들이 목숨을 잃었고, 정조의 탕평 정책에 따라 등용된 남인 대부분이 정계에서 쫓겨났다. 그 남인 중에 정약전·정약용 형제도 있었다.

흑산도에 유배 중 사망한 정약전(丁若銓, 1758~1816)은 1758년 남양주 마재에서 정재원과 어머니 해남 윤씨의 네 아들 중 둘째로 태어난다. 정약전은 어린 시절 이승훈 등과 어울리며 실학자 이익의 학문에 깊이 빠져들었다. 이승훈은 훗날 그의 누이와 결혼하여 처남·매부지간이 된다. 이 **131**

어 권철신 문하에 들어가 학문을 닦는다. 이승훈과 권철신은 한국 천주
교를 출발시킨 핵심 인물로, 모두 신유박해(1801) 때 순교한 분들이다. 정
약전이 천주교에 입교하게 된 것은 이처럼 그의 주변 인물들과 연결되어
있다.

신유박해로 정약전은 전라도 신지도로, 동생 정약용은 경상도 장기(지
금의 포항)로 유배된다. 그러나 조카사위 황사영의 백서사건으로 두 사람
은 다시 압송되어 심문을 받은 뒤 약용은 강진으로, 약전은 흑산도로
유배지가 옮겨진다. 정약전은 1807년 대흑산도로 거처를 옮길 때까지
우이도(신안군 도초면)에 살았다.

우이도에 머무는 동안 우이도 진리 마을의 홍어장수 문순득의 표류
이야기를 듣고 『표해시말』이라는 책을 엮는다. 문순득은 흑산도로 홍어
를 사러 갔다가 폭풍우를 만나 표류하여 오키나와, 필리핀, 마카오 등을
전전하다 3년 2개월 만에 고향에 돌아온 인물이다.

대흑산도로 옮긴 후에는 사리마을에 사촌서실(복성재)을 짓고 아이들
을 가르쳤다. 아이들만 가르친 것이 아니라 인근에 살던 청년 장창대의
도움을 받아 흑산도에서 잡히는 226종에 이르는 어패류와 어초류의 이
름과 모양, 습성 등에 관한 자료를 모아 우리나라 최초의 어류도감으로
불리는 『자산어보(玆山漁譜)』를 편찬한다. '자산어보'라는 책 이름은 정약
전이 흑산도의 검을 '흑(黑)'자가 어둡고 음침한 기운이 있음을 꺼려 같은
의미를 지닌 자산(玆山)이라고 부른 데서 유래했다고 한다.

정약전은 흑산도에서 유배가 풀리지 못한 채 유배 16년만인 1816년
숨을 거둔다. 그러나 오늘 그가 흑산도에 여전히 남아 있는 것은 그가
남긴 『자산어보』 때문이다.

정약용, 형 약전을 늘 그리워하다

조카사위 황사영의 백서사건으로 정약전과 정약용의 유배지가 흑산
도와 강진 등 남도 땅으로 재조정되면서, 그들은 서울서 나주까지 함께
내려온다. 그리고 마지막 밤을 함께 보낸 곳이 나주 동문 밖 삼거리 주

점 율정점(栗亭店)이다. 뜬눈으로 마지막 밤을 보낸 형제의 이별 장소는 지금 나주역이 있는 영산강 나루터다. 약용은 걸어서 강진으로, 형 약전은 배를 타고 흑산도로 향했기 때문이다.

흑산도 표지석(예리항)

4형제 중 둘의 우애는 각별했다. 약전과 약용은 유배 중에도 서로의 안부를 묻는다. 정약용이 형에게 보낸 편지 중에는 섬 생활에 육식을 하지 못할 형을 걱정하여 게를 요리하여 먹는 방법을 상세히 적어 보낸 것도 있다. 정약전은 약용에게 서당을 짓고 난 후 서당기를 지어줄 것을 부탁하기도 했다. 약용은 형이 그리울 때면 늘 다산초당 옆 산자락에 올라 강진만 너머 바다를 바라보곤 했다. 오늘 그 자리에 천일각이 건립되어 있다.

정약전은 유배 15년 만인 1816년 흑산도에서 세상을 떠난다. 형의 죽음을 접한 약용은 그 슬픔을 "아내도 나를 알아주지 못하고 자식도 나를 알아주지 못하고, 형제 종족들이 모두 나를 알아주지 못하는 처지에 나를 알아주던 우리 형님이 돌아가셨으니, 어찌 슬프지 않겠는가."라고 적었다.

정약전 유배지 흑산도를 가다

『자산어보』를 쓴 정약전의 유배지 흑산도는 목포에서 93킬로미터나 떨어진, 꽤 먼 곳에 있는 절해고도다. 그러나 오늘 흑산도는 멀지 않다. 목포여객터미널에서 쾌속선으로 2시간이면 도착하는 거리이기 때문이다.

흑산도의 관문 예리항에 내리면 가장 먼저 반겨주는 것이 '기암괴석과 숲이 어우러진 아름다운 섬 黑山島(흑산도)'라 새긴 홍어 모양의 흑산도 알림돌이다. 비 뒷면에는 흑산도의 간략 역사가 새겨 있어 흑산도를 이해하는 데 도움이 된다. 흑산도는 통일신라시대 828년(흥덕왕 2)에 장보고

유배공원에 세워진 정약전
기념비

가 완도에 청해진을 설치하고 당나라와 교역할 때 중간 기착지가 되면서 주민이 거주한 곳이니, 중국으로 건너가는 전진 기지였다.

흑산도가 얼마나 아름다운 곳인지, 바다 색깔이 얼마나 검은지 보려면 흑산도 일주도로를 달려야 한다. 흑산도 일주도로에서 가장 구불구불한 도로를 지나면 상라산(200미터) 전망대가 나온다. 전망대에 서면 가까이에는 대장도가, 멀리는 홍도가 보인다. 참 아름답다. 그런데 전망대 곁에 전설적인 가수 이미자가 불러 흑산도를 널리 알린 '흑산도아가씨 노래비'가 서 있다. 〈흑산도 아가씨〉라는 노래가 탄생할 수 있었던 심리 마을을 지나면 정약전의 유배 흔적을 품고 있는 사리마을에 이른다. 마을 자락에는 유배문화공원이 조성되어 있고, 공원 끝자락에는 정약전이 흑산도에서 유배 생활을 하면서 제자를 가르치고 『자산어보』 등을 집필했던 사촌서당(沙邨書堂) 복성재가 복원되어 있다. 유배공원에는 위리안치, 절도안치 등 유배 유형을 재현해 놓고 있을 뿐 아니라 정약전, 최익현, 황승원, 박치륭, 정운복 등 흑산도 유배 인물을 기억하는 비가 가득 서 있다.

사촌서당 건물 이름 복성재(復性齋)의 '복성'은 '서학(西學, 천주교)을 버리고 다시 성리학으로 돌아간다'는 의미라고 하니, 천주학을 믿은 정약전이 천주교와 단절을 결심한 것인지, 유배에 지친 정약전이 임금에게 쓴 반성문의 표현인지는 잘 모르겠다.

복성재 바로 밑에 조그마하지만 어여쁜 사리성당이 있다. 문을 열고 들어가 보니 긴 의자가 달랑 8개뿐이다. 이곳을 찾는 신도 수가 짐작된다. 그러나 이 성당은 신도 수가 의미 있는 곳은 아닐 것이다. 정약전이 뿌린 천주교의 씨앗이 지금껏 살아남아 있는 모습이 더 중요하다고 생각되기 때문이다. 그런데 막돌로 쌓은 성당 입구의 문에 주소가 붙어 있다. '정약전길 26', 정약전은 도로명이 되어 오늘도 흑산도 사람들과 함께 살고 있다.

흑산도는 한말 거유(巨儒) 면암 최익현의 유배지다. 그는 1876년 일본이 조·일수호조규(강화도조약)를 강요하자 도끼를 들고 광화문에 나아가 "왜적을 물리치지 않으려면 나의 목을 베라"고 외치며 일본과의 강화를 반대하는 상소인 '지부복궐척화의소(持斧伏闕斥和議疏)'를 올린다. 하지만 면암의 주장은 받아들여지지 않았고, 흑산도 유배라는 중벌이 내려진다.

1876년 우이도를 거쳐 흑산도 진리 마을에 도착한 그는 일신당(日新堂)이라는 서당을 열어 아이들을 가르치다가 천촌리로 거처를 옮긴

정약전 유배지에 세워진 사리성당

다. 천촌리 지장암에는 면암이 새긴 '기봉강산 홍무일월(箕封江山 洪武日月)'이라는 글씨가 남아 있다. "이 나라 금수강산은 고조선 시절부터 있어 왔고, 이 나라의 해와 달은 조선 500년의 역사를 갖고 있다"는 뜻으로 읽히지만, 중국에 대한 사대의 정신이 녹아 있음은 부인할 수 없어 보인다. '기봉'은 중국 기자가 봉한 땅, '홍무'는 명나라 태조의 연호를 뜻하기 때문이다.

면암은 조선 500년을 대표하는 정통 보수주의자이며 사대주의자였다. 면암의 한계는 미래 세상에 대한 비전이 없었던 것이지만, 이 땅과 이 나라가 영원히 살아남기를 바라는 충절과 일본에 당당했던 기개만큼은 기억해두어야 할 것 같다.

그 지장암 앞에 1924년 그의 문하생 오준선이 짓고 임동선이 쓴 '면암최선생적려유허비(勉菴崔先生謫廬遺墟碑)'가 있다. 면암을 기리는 유허비 곁을 멋드러진 250년 된 해송이 지키고 있었다.

2.

신지도에 유배 온 동국진체의 완성자,
원교 이광사

동국진체의 완성자

해남 대홍사 대웅보전의 원교 이광사(李匡師, 1705~1777) 글씨는 추사 김정희와 얽힌 일화로 유명하다. 1세기 정도 후대 인물인 추사가 1840년 제주도로 귀양 가던 중 초의선사를 찾아 대홍사에 들른다. 그리고 원교가 쓴 대웅보전 현판을 보고 촌스럽다고 깎아내리면서 떼어내고 자신의 글씨로 대신하게 한다. 조선적인 조형성을 추구한 동국진체에 대해 추사는 조선의 글씨를 다 망쳐놓았다고 보았기 때문이다. 그 후 유배가 풀려 8년 만에 다시 대홍사를 찾은 추사는 원교가 쓴 대웅보전 현판을 찾아 걸도록 했다. 중국 중심의 전통 서법을 추구했던 추사도 조선 고유의 서체인 동국진체의 진가를 인정한 것이다.

이광사는 김정희의 마음을 예견했는지 "마음의 바탕이 밝고 정직하지 못하거나 학식의 도량이 부족하여 문기(文氣)가 죽은 사람의 글씨는 재주와 필력이 있어도 한낱 글씨장이에 불과하다"라는 말을 남겼다고 한다.

추사가 인정한 동국진체는 옥동 이서가 정립한 서법을 이광사가 완성한 조선 고유의 서체다. 서예 분야에서 동국진체가 출현한 것은 '진경시대(眞景時代)'라는 당시의 시대 분위기와도 관련이 있다. 이 시기는 성리학이 조선 고유의 이념으로 뿌리내리게 되었으며, 병자호란 이후 청에 대한 적개심과 우리 문화에 대한 자존감은, 조선이 곧 중화라는 조선 중화주의로 표방되던 시대였다. 이러한 시대적 배경에서 조선 고유의 문화가 성립되고 발전할 수 있었다. 자국 문화에 대한 자존감과 우수성에 대한 인식은 글씨에서 조선 고유의 서체인 동국진체로 발현되었다.

옥동 이서에 의해 시작된 동국진체는 이후 공재 윤두서를 거쳐 소론계 학자인 백하 윤순에게 전해졌고, 윤순의 서법을 계승한

원교 이광사 흉상

제자 원교 이광사에 의해 완성된다. 원교는 중국의 왕희지체를 본받으면서도 우리 고유의 생명력을 글씨에 담아낸다.

신지도에 유배

조선 고유의 서체인 동국진체의 완성자 원교 이광사가 완도 신지도에 유배와 동국진체를 완성했다는 사실을 아는 사람은 많지 않다. 동국진체가 오늘 제대로 평가받지 못한 측면도 한몫했다고 본다. 영·정조시대 역사서인『연려실기술』의 저자 이긍익이 그의 아들이라고 하면, 아마 놀랄지 모른다.

동국진체의 완성자 이광사, 그는 조선 제2대 왕 정종의 아들 덕천군 이후생의 후손이다. 정종의 피가 흐른 왕족이니 한때는 왕족으로 위세를 누리기도 했다. 부친 이진검은 과거급제 후 평안도 관찰사 및 예조판서를 지낸다. 그러나 왕족으로서의 위세는 거기까지였다.

이광사를 이해하려면 당시 조정의 권력구조를 들여다볼 필요가 있다. 조선 제19대 왕 숙종의 뒤를 이어 왕위에 오른 분이 경종이다. 그런데 경종은 건강이 좋지 않았고, 아들마저 없었으므로 당시 권력을 장악하고 있던 노론은 소론의 반대를 물리치고 이복동생 연잉군을 왕세자로 책봉

한다. 이후 노론이 세자의 대리청정까지 강행하자, 소론이 역공을 펴 노론의 4대신을 4흉으로 몰아붙이는 상소를 올려 권력을 빼앗는다. 이때 이광사의 큰아버지 이진유가 상소문을 올릴 때 연명자가 되었고, 이후 이진유는 사헌부 대사헌, 성균관 대사성, 이조참판의 요직을 지낸다.

경종이 세상을 뜨고 연잉군 즉 영조가 즉위하자 상황은 반전된다. 노론이 권력을 장악했기 때문이다. 소론이 몰락하자, 이광사 집안에 회오리가 몰아친다. 큰아버지 이진유는 귀양길을 전전하다 곤장을 맞고 죽었으며, 부친 이진검도 1725년 강진에 유배 후 죽었는데, 이때 이광사의 나이 17세였다. 이후 이광사 집안은 역적 집안이라는 꼬리표가 붙는다. 그런 꼬리표를 달고 다녀야 했던 이광사는 과거를 볼 수 없었다. 성리학에 저항적인 신학문인 양명학을 받아들였고, 글씨에 매진할 수밖에 없었던 이유다.

이광사의 불행은 여기서 끝나지 않았다. 1755년, 나주에서 30여 년간 귀양살이하던 소론 윤지가 노론을 제거할 목적으로 나주 금성관 입구 망화루에 괘서(掛書)를 붙여 영조를 비난한 나주괘서사건이 일어난다. 소론은 목적을 이루지 못했고, 윤지를 비롯한 사건 주동자들은 영조의 친국(親鞫) 이후 사형을 당한다. 이때 윤지와 편지를 주고받곤 했던 이광사는 이 사건에 연루되어 함경도 부령으로 유배된다. 부인 유씨는 이광사가 의금부에 하옥된 후 참형되었다는 소문을 듣고 목을 매 자결한다. 이광사의 나이 51세였다.

이광사가 부령에서 유배 8년째 되던 해에, 유배지는 다시 완도 신지도로 바뀐다. 부령에서 현지인에게 글과 글씨를 가르치며 무리를 선동했다는 어이없는 죄목이었다. 그가 신지도(전남 완도군 신지면 금곡리)로 옮겨진 이유였고, 신지도에서 일생을 마친 이유였다. 그의 나이 73세였다.

고단함을 품은 초상화

조선 후기 풍속화가로 가장 유명한 분은 신윤복이다. 신윤복의 부친 신한평이 원교 이광사를 그린 초상화가 있다. 보물 제1486호로 지정되

이광사 적거지

었으니 보통 수작(秀作)이 아니다. 초상화 오른쪽에 있는 작자 미상의 제(題)를 보면 제작연도가 영조 50년(1774)임을 알 수 있다. 당시 이광사의 나이 70세로, 세상을 떠나기 3년 전이다.

신한평이 이광사의 초상화를 그릴 수 있었던 것은 초상화를 그리기 1년 전인 1773년, 영조의 어진(御眞, 임금의 초상)을 모사할 때 심부름하던 화공으로 참여했고, 그 공로로 신지도 만호에 제수되었기 때문이다. 이때 신지도에 내려와 이광사를 만나 초상화를 그렸는데, 귀양살이하는 사람의 초상으로는 매우 드문 예다.

초상화는 이광사의 외모뿐 아니라 내적 심리상태를 잘 보여주어 그를 이해하는 데 매우 중요하다. 사각형 두건을 쓰고 흰 도포를 입고 있으며 책상다리로 앉아 있는 모습이지만, 다리 모습이 보이지 않아 흉상에 가깝다. 이광려가 쓴 '원교선생묘지'에 "몸과 얼굴이 두텁고 크니 쳐다보면 천연스럽고 귀중하며… 또 음량이 크고 목소리가 우렁찼다"는 구절이 이해된다. 밝고 형형한 눈빛은 이광사의 고결한 성품을 잘 드러내지만, 수심이 깃든 표정에 신지도 유배살이의 고달픔도 잘 드러나 보인다.

전라도 땅에 남겨진 글씨들

신지도에 이배되자, 그의 글씨를 알아본 많은 스님이 신지도를 찾는다. 오늘 전라도 일대의 사찰 현판에 그의 글씨가 많이 남아 있는 이유다.

이광사 문화거리에 설치된 「서결」 기념물

해남 대흥사 현판 가운데 추사가 제주도로 귀양 가면서 촌스럽다고 깎아내린 '대웅보전'을 비롯, '침계루', '천불전', '해탈문'이 모두 이광사의 글씨다. 마치 이광사의 서체 전시장 같다. 대웅보전 바로 옆 백설당 현판 '무량수각'은 추사 글씨로, 최고 명필의 글씨가 나란히 걸려 있어 흥미롭다.

인근 강진 백련사의 '대웅보전'과 구례 천은사의 '일주문', '극락보전', '명부전' 현판도 그의 글씨다. 유홍준(전 문화재청장)은 대흥사 대웅보전에 걸린 이광사의 글씨를 "획이 삐쩍 마르고 기교가 많이 들어간 것 같지만 화강암의 골기가 느껴진 황토색 짙은 작품"이라 평했다. 이광사의 글씨에 대한 평은 또 있다. 서예가인 김병기 전북대 교수는 "원교의 글씨는 신지도 앞 바다의 잔잔한 듯하면서도 때로는 거친 파도를 닮아 노기(怒氣)를 띠고 있다"고 평했다.

그의 사찰 현판 글씨는 전북의 사찰에도 많이 남아 있다. 부안 내소사 '대웅보전'과 김제 금산사 '천왕문', 고창 선운사 '정와(靜窩)', '설선당'도 다 이광사 글씨다.

신지도에 남은 흔적

신지도 금곡마을은 그가 15년간 유배 생활을 했던 적거지다. 유배 당시 살았던 집은 복원하여 단장되어 있다. 이곳 적거지에서 그는 서예

이론서인 『서결(書訣)』을 완성한다. 그가 쓴 이론서 서결은 현재 보물 제 1969호로 지정되어 있다.

마을 입구에 멋진 소나무 한 그루가 서 있는데, 이광사가 심었다 해서 원교목으로 불린다. 이 원교목은 신지도 15년 유배 생활의 고달픈 삶도, 동국진체도, 서결의 완성도 다 지켜본 산 증인이다.

적거지 가까이 신지면사무소가 있는 대평리에는 '원교 이광사 문화거리'가 조성되어 있다. 오늘 이광사가 신지도에서 부활하고 있는 셈이다.

3.

동학농민군의 운명을 갈랐던 전투지, 나주 서성문

1894년 1월 10일, 전라도 고부 농민들이 군수 조병갑의 탐학을 견디다 못해 들고 일어났다. 동학 접주 전봉준이 이끈 농민들은 조병갑을 몰아내고 관아를 점령했다. 사태 수습을 위해 파견된 장흥부사 이용태가 오히려 농민을 탄압하자, 고부 봉기는 농민 전쟁으로 번졌다.

3월 20일, 전봉준은 4천여 농민군을 이끌고 무장(지금의 전북 고창)에서 다시 봉기했다. 동참자가 점점 늘어, 새롭게 본진을 꾸린 백산(전북 부안)에 모인 농민군은 8천 명이 넘었다. 백산 일대는 '앉으면 죽산(竹山) 서면 백산(白山)'이라는 말이 있을 정도로 폐정개혁과 보국안민을 외치는 농민군으로 가득 찼다.

4월 7일, 전봉준과 손화중 등이 이끈 농민군은 황토현(전북 정읍)에서 전라도 감영군을 대파했다. 농민군의 기세에 놀란 정부가 대포와 기관총을 갖춘 중앙군을 보냈지만, 농민군은 4월 23일 황룡촌(전남 장성)에서 중앙군을 물리치고, 4월 27일 호남의 수도 전주성마저 점령했다. 정부의 요청으로 청군이 들어오고 이를 빌미로 일본군마저 인천으로 상륙하자, 정부와 농민군은 서둘러 전주화약을 체결했다. 탐관오리 처단, 노비문서 소각, 토지 평균 분작 등 12개조의 폐정개혁을 합의하고 이를 시행하기 위해 집강소를 설치햇다.

전주를 비롯한 전라도 일대는 집강소가 설치되어 봉건적 잔재를 청산하고 있었지만, 유일하게 집강소가 설치되지 않은 곳이 있었다. 전주와 함께 전라도의 웅도(雄都)였던 나주였다. 민종렬 목사를 중심으로 농민군 수탈의 선봉에 선 아전들과 나주 우영 소속 군인들이 수성군을 결성하여 나주읍성을 굳건히 지켜냈기 때문이다.

전봉준의 동학농민군은 나주를 방치할 수 없었다. 나주 수성군의 입장에서 이병수가 쓴 『금성정의록』에는 전봉준이 나주를 점령해야 할 이유를 "적(동학농민군)들이 꼭 나주에만 호기심을 두고 있는 것은 우리의 성첩이 완고하고 병기가 튼튼하기 때문인데 만약 점거당하거나 빼앗기게 되면 저들이 소굴로 삼고 장차 세력을 굳힐 수 있는 곳"이라고 적고 있다.

7월 5일 나주 서성문 전투를 시작으로 11월 말까지 나주 일대에서 일곱 번에 걸친 치열한 전투가 벌어졌고, 전봉준이 나주읍성을 찾아 민종렬과 담판을 벌인 이유이기도 했다.

나주 수성군이 주도권을 장악한 서성문 전투

나주 수성군과 동학농민군의 첫 번째 전투는 1894년 7월 5일 나주읍성 서쪽 문에서 벌어진 서성문 전투다. 『금성정의록』에는 이렇게 쓰여 있다.

"7월 초 1일에는 적의 괴수(동학농민군 대장) 최경선이 일당 수천 명을 거느리고 짓밟으며 본 고을에 쳐들어왔다. 오권선은 괴수의 우두머리가 되어 군중을 통솔하고 와서 금안동에 진을 치고 수삼일 동안 침략하면서 금성산으로 개미 떼가 붙듯이 올랐고, 초 5일 어두울 무렵 산 정상으로부터 물밀듯이 내려와 서성문을 공격했다. … 관군은 지휘명령을 받은 즉시 대완포와 장대포를 연발로 쏘아대니 화염이 붉게 솟아오르고 그 소리는 산악을 울렸다. 성 위의 각 초소에서는 일제히 함성을 지르면서 '너희 (최)경선과 (오)권선 두목들은 도망치지 말고 목을 바쳐라'고 외쳤다. 적도들은 혼비백산하여 서북쪽으로 도망치면서 저희끼리 엎어지고

동학농민군의 운명을 가른 나주 첫 전투지, 서성문

밝히고 하여 사상자가 수를 헤아릴 수 없었다."

서성문 전투에 참여한 농민군은 광주의 최경선과 나주의 오권선이 이끄는 연합부대였다. 서성문 전투에서 수성군이 승리하고 동학농민군이 패배했는데, 서성문 전투는 이후 전투에도 큰 영향을 끼쳤다. 나주 수성군은 동학농민군을 매우 두려워했는데, 서성문 전투에서 승리한 후 자신감을 회복하면서 주도권을 장악하는 계기가 되었기 때문이다.

전봉준·민종렬 담판지, 금학헌

나주 목사 내아인 금학헌은 1894년 8월 13일 전봉준과 나주 목사 민종렬이 담판을 벌인 곳이다. 7월 5일 오권선·최경선이 이끄는 동학농민군이 나주성 함락에 실패하자, 전봉준은 8월 13일 부하 10여 명과 함께 나주성 서성문에 도착하여 자신의 신분을 밝히고 민종렬과의 면담을 요청했다. 금학헌에서의 담판은 전봉준의 집강소 설치 및 수성군 해산 권고를 민종렬이 거절하면서 결렬되고 말았다.

당시 모습을 『금성정의록』은 이렇게 서술한다.

전봉준이 들어가 만나 뵙고 인사를 마친 다음 사죄하고 말하기를 "소생은 불행하게도 근년에 탐관오리의 학정으로 생활할 수 없고 가난이 극심한 지경에 이르게 됨에… 그 외에 다른 뜻은 없사오니 바라옵건대 명공께

전봉준과 민종렬의 담판 장소, 금학헌

서는 특별히 불쌍히 여겨 주소서"라고 하니, 민공께서는 "위로는 군주가 정치하는 데 걱정을 끼쳤으며, 아래로는 만백성들을 사상케 하는 참혹한 큰 죄악을 저질렀으니 중벌로 처함이 마땅할 것이다. 아무리 석 자나 된 입이라도 어찌 용서를 빌 말이 있겠는가? 내 마땅히 너를 죽여 군중에다 돌릴 것이나 특별히 너의 한오라기 목숨만 용서해 주노니 돌아가서 너희 무리를 타일러, 즉시 귀화하면 천벌을 면할 것이라고 이르라" 하였다. 전봉준은 기가 질려 감히 말을 못하다가…

그러나 농민군 입장에서 서술된 오지영의 『동학사』는 『금성정의록』과는 큰 차이를 보인다.

(전봉준이 성안에 들어오자) 목사 민종렬은 영문을 제대로 모르고 황망히 일어나며 물어 말하기를 "손님은 누구십니까?"라고 하였다. 이 질문에 전봉준은 "나는 동학군 대장 전봉준이다"라고 대답하였다.… 목사가 전 대장의 기품을 보고 한마디도 항변할 수 없었으며 오직 머리를 숙이며 전후 사유를 듣기를 청할 뿐이었다. 전 대장이 천하대세며 홍계훈과 강화하던 말이며 각 군에 집강소를 설치하고 서로 국사를 의논한 일 등 전후 사정을 낱낱이 말하니 사리가 그럴듯하고 위풍이 또한 늠름했다. 이에 민종렬은 한마디로 유유(좋소 좋소)할 따름으로, 이날로부터 집강소를 설치하여 정사를 보게 하였다.

두 사서 중 어떤 내용이 진실에 가까운지는 알 수 없지만, 모두 자신들의 입장을 잘 반영하고 있음은 분명하다. 다만 오지영의 『동학사』에 기술된 "집강소를 설치하여 정사를 보게 하였다"는 기록, 즉 집강소 설치는 사실과 다르다.

전봉준은 민종렬과 담판 후 어디서 하룻밤을 묵었을까? 『금성정의록』에는 전봉준이 나주 읍성 안 여관에서 하룻밤을 묵었다고 한다. 그러나 나주인의 입에서 입으로 전하는 말에 의하면 객사(客舍)에서 하룻밤 묵었다고도 한다. 객사인 금성관에서 묵었는데도 여관에서 묵은 것으로 기술했다면, 이는 목사 민종렬의 신변을 염려했기 때문일 수도 있다. 당시 정부의 적이었던 농학농민군의 수괴(대장)에게 관리들이 묵는 숙소인 금성관을 제공했다면, 이는 국가의 법을 위반하는 일이 되기 때문이다.

전봉준이 비무장인 채로 나주읍성을 찾아 민종렬 목사와 담판을 벌인 사건은 목숨을 건 모험이다. 민종렬은 전봉준을 체포하면 큰 상을 받을 수 있었지만, 그를 살려 보낸다. 민종렬이 전봉준의 인간됨을 알아본 것이지만, 한편으로는 전봉준도 민종렬의 인격을 신뢰했던 것 같다.

동학농민군 처형지, 호남초토영 터

공주 우금치 전투가 실패로 끝나면서 일본군 토벌대 등에 의해 농민군에 대한 대대적인 학살이 자행된다. 그 현장 중 하나가 전봉준·손화중을 비롯한 동학농민군이 수감되거나 처형된 호남초토영(현 나주초등학교)이다. 1894년 10월 28일 호남초토사에 임명된 민종렬은 나주에 초토영을 설치했는데, 이곳은 호남의 동학농민군 진압을 위한 본부 역할을 했다. 그리고 12월 이후에는 장흥의 이소사, 최동린을 비롯한 각지에서 체포된 수많은 농민군이 이곳에 수감된 후 처형되었다.

동학농민군 진압군 우선봉장 이두황이 남긴 『양호우선봉일기』에는 "일본 진영 대대장의 지시에 따라 죄인 등 도합 94명도 같이 압송하여 나주에 도착하였다.… 지난 12월 30일, 94명 중에서 73명은 일본 진영에서 쏘아 죽였고…"라는 기록도 있다.

일본군 후비보병 제19대대 제1중대 제2소대 제2분대원 쿠스노키가 비요키치가 남긴 종군 일기에는 "남문으로부터 4정(약 400미터) 정도 떨어진 곳에 작은 산이 있었고, 그곳에는 사람 시신이 쌓여 실로 산을 이루고 있다. 이는 지난번 장흥부 전투 이후 수색을 엄밀하게 해서 숨어 있을 곳이 곤란해진 농민군이 민보군 또는 일본군에 포획되어 고문당한 후 중죄인을 죽인 것이 매일 12명 이상으로 103명을 넘었으며, 그리하여 그곳에 시체를 버린 것이 680명에 달하여 그 근방에는 악취가 진동하고 땅은 죽은 사람들의 기름이 하얀 은(白銀)처럼 얼어붙어 있었다"라고 기록하고 있다.

동학농민군 처형지
호남초토영 터에 세워진 표석
(현 나주초등학교 입구)

　나주는 나주를 비롯한 인근 동학농민군의 꿈이 좌절된 현장 중 가장 대표적인 곳이다. 폐정개혁을 부르짖은 동학농민군을 진압하고 학살한 나주 수성군은 나주인들의 자긍(自矜)이 될 수 있을까? 금성관 앞바당에는 나주 수성군들이 동학농민군들을 물리친 내용을 기술한 금성토평비가 서 있다.

4.

동학 농민군 전투의 분수령,
장성 황룡 전투

장성 황룡에서 중앙군과 맞닥뜨리다

전봉준이 중심이 된 군민들은 고부 군수 조병갑의 횡포를 견디지 못해 봉기, 고부 관아를 습격하여 조병갑을 내쫓고 아전들을 징벌한다. 고종 31년(1894) 1월 10일이다. 이를 고부 농민봉기라 부른다.

고부 농민봉기는 시작에 불과했다. 새로 부임한 군수 박원명이 농민의 잘못을 묻지 않겠다고 회유하여 자진 해산했는데, 사건을 조사하러 온 안핵사 이용태가 봉기 참여자와 주모자를 색출하여 가혹하게 처벌한다. 민심과 동떨어진 수습책이었다. 이에 분노한 4천여 농민이 3월, 무장에서 봉기한 후 백산에 집결하여 전봉준을 대장으로 한 농민군 지휘부를 구성한다. 녹두장군 전봉준이 탄생한 것이다.

태인·부안 관아가 농민군의 손에 연이어 함락되자 전라감사 김문현은 전라감영군을 이끌고 출동, 4월 7일 정읍 황토현에서 농민군과 대적했지만 크게 패한다. 농민군이 승리한 것이다. 농민군이 싸워 이긴 최초의 전투, 황토현 전투다.

무장에서의 봉기 후 전봉준을 대장으로 한 농민군이 편성되자, 당황한 조정은 홍계훈에게 800여 명의 병력을 주고 양호초토사로 임명한다.

홍계훈의 중앙군은 4월 2일, 한양을 출발하여 4월 5일 전주에 입성한다. 이들은 서양의 야포와 회전식 기관총, 소총으로 무장한, 당대 조선 최정예부대였다. 전주에 도착한 이틀 후 전라도 감영군이 패배했다는 황토현의 비보가 날아든다.

홍계훈의 중앙군이 전주에 입성하자, 농민군은 전주성 공략을 뒤로 미룬 채 정읍, 무장, 영광, 함평으로 이동하면서 세력을 확대한다. 그리고 4월 23일, 농민군을 추격하던 중앙군과 맞닥뜨린 곳이 장성군 황룡면 월평리다.

농민군, 중앙군을 격퇴하다

장성에 도착한 농민군은 월평촌 삼봉에 진을 쳤다. 그리고 이틀 후인 23일, 이학승의 중앙군 선봉대가 장성에 도착한다. 황토현 전투 이후 전봉준은 중앙군과의 일대 접전은 피할 수 없다고 생각했다. 그래서 전략적 장소인 어떤 곳에서 중앙군에게 일대 타격을 입힌 후 전주를 점령하여 중앙군의 기세를 꺾는 작전을 쓴다. 그 전략적 장소가 전주로 통하는 지름길인 장성 황룡이다.

먼저 도착한 농민군은 삼봉을 중심으로 주요 거점에 농민군을 배치했다. 그뿐만이 아니었다. 서양의 기관총과 소총의 탄환을 막기 위해 수십 개의 대형 장태도 만들었다. 주력은 이틀 전 도착했지만, 전봉준은 별동대를 장성에 먼저 파견하여 농민군 배치를 위한 지형정찰, 장태 제작 등 치밀한 준비를 마친 상태였다. 장성 농민군이 합세하여 준비했음은 물론이다.

중앙군 선봉장 이학승은 삼봉과 마주하고 있는 황룡강 근처에 진을 치고, 농민군을 회유하는 서신을 보낸다. 그런데 이학승은 답신이 오기도 전에 월평 장터(지금의 황룡 장터)에서 점심을 먹고 있던 농민군을 향해 포격을 가했다. 전봉준 공초에는 이때 농민군 40~50여 명이 사망했다고 나온다.

선제공격을 당해 수십 명의 사상자를 낸 농민군은 곧바로 삼봉에 올

동학농민군승전기념탑에 새겨진 전투 장면의 일부

라 전투태세를 갖춘다. 관군 수가 수백 명뿐이고 지원부대가 없는 것을 확인한 전봉준은 곧바로 공격 명령을 내린다. 장성 황룡강 지형을 환하게 익혀 둔 1만여 명의 농민군은 장태를 굴리고 함성을 지르며 관군을 공격한다. 관군의 빗발치는 기관총과 소총 탄환은 농민군의 신무기 장태가 무력화시킨다. 기관총과 소총 사격에도 물러나지 않고 장태를 굴리며 진격해 오자, 인해전술에 당황한 관군은 퇴각명령을 내린다.

중앙군이 영광 쪽으로 퇴각하면서 마지막 접전이 이루어진 장소가 지금 동학농민군승전기념탑이 서 있는 신호리 뒷산 까치골 능선이다. 이곳 까치골에서 농민군은 선봉장 이학승을 비롯하여 5명을 죽인다. 농민군이 중앙군을 이긴 것이다. 대포 2문과 소총 100여 정, 수많은 탄환은 농민군이 얻은 전리품이었다.

장성 황룡 전투에서 중앙군을 격파한 농민군은 사기충천하여 전라감영이 있는 전주로 진격한다. 갈재를 넘는 농민군의 발걸음이 신바람을 낸 이유다.

동학 농민군의 신무기, 장태

동학 농민군이 장성 황룡 전투에서 대승을 거둘 수 있었던 이유 중하나는 적의 탄환을 막아 준 장태라는 신무기 때문이다. 장성의 동학 접주였던 이춘영도 "월평 접전의 승전은 오로지 장태를 사용함으로써 가져온 것이다"라고 말할 정도다.

황룡 전투에 장태가 사용되었음은 황현의
『매천야록』, 오지영의 『동학사』, 이병수의 『금
성정의록』, 이춘영의 『동학약사』 등 여러 기
록에 나온다. 그러나 어떤 모습인지, 크기는
어느 정도인지, 제작자는 누구인지에 대해서
는 서술이 조금씩 다르다.

동학농민군승전기념탑

장태의 모습에 대해 황현은 "두 개의 바퀴
를 달았으며 밖으로 창과 칼을 삐쭉하게 꽂
아 마치 고슴도치 같다"고 했고, 오지영은
"청죽(靑竹)으로 얽어 만들고 밑에 바퀴를 달
았는데 그 안에 농민군이 들어가 총을 쏘았
다"고 했다. 이병수와 이춘영은 "크고 둥글
게 만들어 그 안에 짚을 넣어 탄환을 막게

하여 농민군들이 굴리면서 그에 의지하여 총을 쏘며 돌격했다"고 했다.
바퀴가 달렸는지, 농민군이 장태 안에 들어가 총을 쏘았는지, 둥글게 만
들고 안에 짚을 넣었는지, 서술이 다소 다르다.

『매천야록』을 남긴 황현과 『동학사』를 남긴 오지영은 현장에 있지 않
았다. 이에 반해 장성 동학 접주였던 이춘영은 장태를 고안한 인물이다.
직접 제작하고 현장에 있었던 이춘영의 기록이 더 정확하다고 본다. 장
태는 바퀴가 달리지 않았으며, 안은 농민군 대신 짚을 넣어 만든 방어용
신무기였다.

크기는 어느 정도였을까? 크기에 대해서는 이춘영이 쓴 『동학약사』에
높이가 5척, 길이가 15척으로 나온다. 1척이 30.3센티미터이니, 높이는
1.5미터 정도이고, 좌우 길이는 4.5미터 정도 된다. 4.5미터 길이는 장태
뒤에 10여 명의 농민이 몸을 의지하기에 충분한 정도다.

황룡 전투에 사용된 장태의 수가 어느 정도인지는 정확히 알 수 없다.
장태에 관한 기록을 남긴 황현과 오지영은 개수를 언급하지 않은 반면,
이병수는 '여러 개'라고 했고, 이춘영은 일곱 개라고 했다.

그럼 장태의 제작자는 누구일까? 오지영은 장흥 접주로 장흥 석대들

전투를 이끈 이방언이라고 했다. 이방언이 지금껏 '장태 장군'으로 불린 이유다. 이에 반해 이춘영은 자신의 지시에 의해 장성 사람 최경호가 제작했다고 주장한다. 그러나 장태는 예부터 닭이 잠자는 둥지로, 둥그렇게 만들어 처마 끝에 매다는 닭집이다. 그것에 착안하여 크게 만들어 전쟁에 활용한 신무기다. 따라서 장태를 누가 제작했는지는 큰 의미가 없다고 본다. 더 중요한 것은 동학 농민군이 장태를 신무기로 고안하여 최정예 중앙군을 물리쳤다는 사실이다.

닭장을 신식무기인 기관총과 소총의 탄환을 막는 신무기로 바꾼 아이디어가 놀라울 뿐이다.

장성 황룡, 현장을 가다

동학 농민군이 홍계훈의 중앙군을 격파한 현장은 장성군 황룡면 월평리·신호리 일대. 농민군이 점심을 먹던 월평장은 지금도 5일장이 선다. 이름만 황룡장으로 바뀌었을 뿐이다. 당시 농민군이 점심을 먹던 장터는 황룡강을 따라 조금 더 내려가면 나오는 우시장 국밥집 밑 우시장 부근이었다고 한다. 우시장 국밥집의 국밥, 당시 농민군들이 점심으로 먹던 그 국밥은 아닐까? 장터의 흔적도, 국밥집도 당시 농민군의 모습을 떠올리게 한다.

1894년 4월 23일 중앙군의 대포 공격을 받은 농민군이 잠시 후퇴한 곳은 삼봉이었다. 후퇴 후 적정을 살핀 전봉준은 중앙군의 수가 생각보다 적자 공격 명령을 내렸고, 월평장에서 300여 미터 떨어진 황룡면사무소 근처에서 첫 전투가 시작된다.

농민군의 본진인 삼봉은 어디일까? 오늘 월평리 일대에 삼봉(산)이란 지명은 없다. 첫 전투지였던 황룡면사무소와 가까운 월선봉 자락 혹은 그 앞의 조그만 둔덕은 아닌지 추정만 해 볼 뿐이다.

장성 황룡중학교 앞 산자락에 동학농민군승전기념탑이 있고, 가까이에 중앙군 선봉장 이학승을 기린 순의비가 있다. 중앙군은 영광 쪽으로 퇴각하면서 신호리 뒷산 까치골 능선에서 마지막 접전을 벌인다. 이곳에서 이학승을 비롯한 중앙군 5명이 전사했고, 그 가까운 곳에 선봉장 이학승 순의비가 세워진다. 한때 순의비를 찾아가는 일은 힘이 들었다. 감나무밭 안에 있었고, 여름이면 풀과 감잎에 가려 잘 보이지 않았기 때문이다. 지금은 입구에 안내판이 서 있고 가는 길은 잘 닦여 있다. 장성의 유력 문중에서 돈을 염출하여 1897년 건립했는데, 당대 유생 면암 최익현이 비문을 쓴다. 이학승은 전사한 후 좌승지를 제수받는다. 순의비 이름이 증좌승지이공학승순의비가 된 이유다.

이학승 순의비

　이학승 순의비는 100여 년 동안 황룡 전투의 주인 노릇을 했다. 전투의 승리자인 농민군 대신 이학승이 주인이 될 수밖에 없었던 것은, 당시 이 땅의 주인이 가진 자인 양반들이었기 때문이다. 장성 유림이 돈을 대고, 최익현이 글을 쓴 이유다.

　1994년, 100주년을 맞아 동학농민운동은 역사적으로 재조명된다. 이제까지 반란으로 취급되던 동학농민운동은 대한민국 근대의 시작이며, 민족·민주 운동의 원동력으로 재평가된다. 광주·전남 동학농민혁명기념사업추진위원회가 결성되어 전라남도와 장성군의 지원을 받고 뜻있는 분들의 협찬을 얻어 1996년 동학농민군승전기념탑을 건립하고, 동학농민군승전기념공원을 조성한다. 기념전시관은 아직도 미완성이다.

　동학농민군승전기념탑은 농민군의 주무기였던 죽창 형상으로 만들어졌으며, 탑신의 높이가 30미터, 지름이 2.5미터나 되는 기념탑이다. 탑신이 시작되는 부분에는 장태를 굴리는 농민들이 조각되어 있는데, 장태 한가운데 '동학농민군승전기념탑'이라는 이름이 붙어 있다. 탑 전면에는 황룡 전투의 모습을 생생하게 묘사한 청동 부조물이 있고, 탑 좌·우면에는 동학 농민군의 4대 강령과 곽재구 시인의 시 〈조선의 눈동자〉가, 후면에는 장성 황룡 전투의 역사적 의의가 새겨져 있다.

　동학 농민군이 역사의 승리자가 되면서 이학승 순의비는 땅속에 처박

히는 수모를 당했지만, 농민군의 승전을 기리는 기념탑이 세워지면서 순의비도 왼쪽 감나무밭에 다시 세워진다.

30미터 높이의 동학농민군승전기념탑과 1.6미터 크기의 이학승 순의비는 오늘 웅장함과 초라함의 모습으로 함께 서 있다. 동학 농민군 후손들은 이학승 순의비를 일으켜 세워 농민군을 죽인 중앙군을 용서했지만, 농민군 승전기념탑과 이학승 순의비의 대조적인 모습은 오늘 동학농민운동에 대한 역사적 평가를 반영하고 있다.

농민군이 중앙군을 격퇴한 현장, 장성 황룡전적지는 1998년 사적 제406호로 지정되었다.

5.

동학농민군 최후의 격전지, 장흥 석대들

교과서에 실리지 않은 석대들 전적지

동학농민운동 관련 전적지 중 사적 제498호로 지정된 장흥 석대들 전적지는 정읍 황토현(사적 제295호)과 공주 우금치(사적 제387호), 장성 황룡촌(사적 제406호)과 더불어 4대 전적지다. 전라도 지방군을 격퇴한 황토현과 중앙군과 싸워 이긴 황룡촌, 일군에 쓰러진 우금치 전적지는 교과서에 실려 있고, 기념탑 사진도 나온다. 그러나 동학농민군 최후의 격전지인 장흥 석대들 전적지는 농민군 4대 전적지임에도 역사 교과서에 실려 있지 않다.

1894년 12월 4일(음력) 벽사역을 점령한 농민군은 12월 5일 장흥부 장녕성(장흥부성)을 함락했다. 장녕성이 함락되면서 장흥부사 박헌양과 장졸 96명을 비롯한 500여 명의 읍민이 죽임을 당한다. 장녕성 함락으로 의기충천한 농민군은 7일 강진현을, 10일에는 전라도 육군 지휘부였던 병영성마저 함락한다.

사기가 오른 농민군은 곧바로 행정과 군사의 요충지 나주로 진격할 계획을 세운다. 이때 전봉준·김개남·손화중 등 농민군 지도부가 차례로 체포되었다는 소식도, 농민군 주력을 연파한 일본군 후비 보병 제19대대

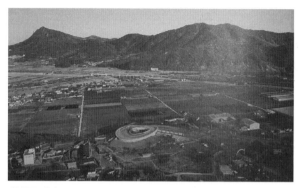
석대들 전경

와 조선토벌대가 나주를 거쳐 남진한다는 소식도 전해진다. 농민군은 전열을 재정비하기 위해 강진 병영성을 떠나 장흥 유치면 조양촌, 부산면 유앵동 등 산간 지역에 포진했다.

전주와 장성을 거쳐 내려온 관군과 일본군은 크게 세 방향, 즉 우선봉장 이두황이 이끈 관군은 순천, 좌선봉장 이규태의 관군은 나주·영암 그리고 나주의 일본군은 영암·능주 방향에서 진격해왔다.

12일부터 남문 밖에서 토벌군과 두 차례 전투가 있었다. 수십 명의 토벌대와 수천 농민군의 접전이지만, 농민군은 패배한다. 화력의 열세와 작전 미숙 때문이다. 잇단 패배로 농민군의 전열이 흔들리자, 농민군 지도부는 14일 정면 승부를 위해 고읍(현 관산읍) 방향에서 자울재를 넘어 석대들(장흥읍 남외리)을 가득 메우며 장흥부로 진격한다.

수적으로만 우세할 뿐, 농민군에게는 화승총과 죽창, 몽둥이가 전부였다. 이에 반해 조·일 토벌군은 신형 야포와 기관총, 1분에 열두 발을 발사할 수 있는 신형 소총으로 무장하고 있었다. 조·일 토벌군은 기다렸다는 듯 석대들을 가득 메운 3만 농민군을 향해 무차별 사격을 했다. 석대들은 화력이 승패를 결정짓는, 둔덕 하나 없는 허허벌판이었다. 전투는 장렬했지만 처참했다. 15일 낮 다시 정면 돌파를 시도했지만 결과는 마찬가지였다. 이틀간의 석대들 전투에서 통한의 패배를 당한 농민군은 천여 명이 넘는 사망자와 수많은 부상자를 남기고, 자울재를 넘어 퇴각해야 했다.

석대들의 영웅들

1894년 12월 14일과 15일, 천여 명이 훨씬 넘는 농민군이 새 세상을 꿈꾸며 조·일 토벌대와 맞서 싸우다 죽어간 현장에는 영웅들의 이야기도 함께 남아 있다. 농민군 최후의 항쟁지 석대들 전투를 이끈 대표적인 인물로는 남도장군 또는 장태장군이라 불린 이방언을 비롯한 구교철, 이사경, 김학삼, 이인환 대접주 등이 있다. 이들 대접주는 초상으로 그려져 지금 장흥동학농민혁명기념관에 걸려 있다.

그러나 석대들에 전설이 되어 남은 영웅들은 이들 대접주만은 아니었다. 열세 살 소년 장수 최동린과 500여 명의 농민군을 실어 나른 소년 뱃사공 윤성도도, 이름을 남기지 않은 농민군도 다 영웅이다.

『갑오동학농민혈사』에는 "최동린은 장흥군 대흥면(현 대덕면) 연지리에서 태어나 13세의 어린 나이에 대중을 지휘하여 본군 남문 밖 석대전에서 수많은 농민군을 총지휘하다가 전사하다"라고 기록되어 있다. 상대편 진압군의 기록인 『동학난기록』 하권에도 "1894년 12월에 일본군에게 체포되어 나주 일본군 진영으로 압송되어 12월 28일 처형되었다"는 기록이 보인다. 13세 소년을 동학군 토벌대 총사령부가 있던 나주 일본군 진영으로 압송해 갔다는 것은 최동린이 농학농민군의 리더이자 소년 장수였음을 보여준다.

석대들 전투에서 살아남은 500여 명의 농민군은 천관산 끝자락에서 바닷물이 빠지는 썰물에 갯벌이 드러나는 틈을 타 갯벌 건너 작은 섬인 회진면 덕도로 숨어든다. 뒤를 쫓은 관군과 일본군은 육지와 바다에서 덕도를 완전히 포위하고 당장이라도 상륙하여 공격할 태세였다. 이 절체절명의 순간에 야밤을 틈타 농민군 모두를 가까운 생일, 금일, 약산도로 실어나른 뱃사공이 바로 15세 소년 뱃사공 윤성도다. 500여 명의 동학군 생명을 구한 윤성도도 영웅이 아닐 수 없다.

말을 탄 여자 두령, 이소사

스물두 살의 젊은 여인으로 두령이 되어 장흥 석대들 전투의 선봉장이 된 인물도 있다. '한국의 잔다르크'라는 별명이 붙은 이소사가 그다. 소사(召史)는 한자 사전에 "성 뒤에 쓰여 '과부'의 뜻을 나타낸다"고 설명되어 있다. 체포되어 나주에 압송된 후 토벌군인 관군이 이소사를 간병할 남편을 수소문하고 있었음을 보면 결혼한 여인이었던 것 같다. 따라서 이소사는 이씨 부인 정도로 읽힌다. 그러나 그녀에 대한 기록은 많지 않다. 그래서 언제 어디서 태어났는지, 정확한 이름이 무엇인지조차 알려진 게 없다.

이소사에 관한 이야기는 토벌군 우선봉장 이두황이 남긴 「우선봉일기」나 일본의 토벌대 대장인 미나미 고시로(南小四郞)의 구술기록인 「동학당정토약기」와 일부 일본 신문에 단편적으로만 남아 있다.

이소사가 장흥성 전투에서 어떤 인물이었는지를 알려주는 것으로는 1895년 3월 5일자 일본 『고쿠민(國民) 신문』의 다음 기사가 참고된다.

"동학당에 여장부가 있다. 나이는 꽃다운 스물두 살로 용모는 빼어나기가 경성지색이고 이름은 이소사라고 한다. 오랫동안 동학도로 활동하였으며, 장흥부가 불타고 함락될 때 그는 말 위에서 지휘를 했다고 한다. 일찍이 꿈에 천신이 나타나 오래된 제기를 주었다고 하며, 동학도 모두가 존경하는 신녀가 되었다."

신문이 전하는 이소사는 말 타고 농민군을 지휘한 농민군 두령이며, 동학군이 존경하는 신녀였고, 농민군 사기를 올려주는 핵심인물이었다. 장흥부사 박헌양의 목을 친 자가 이소사라는 설도 있다.

동학교도들이 체포되면 주요 지휘관 외에는 2~3일 안에 즉결처분된다. 그러나 이소사는 관군인 토벌군에게 체포된 후 7~8일 동안 혹독한 고문을 받아 온몸의 살이 문드러져 겨우 목숨만 붙어 있었다. 그런 상태였음에도 동학농민군 토벌군 대장인 제19대대장 미나미 고시로는 장흥의 조선토벌군 우선봉장 이두황에게 이소사를 나주로 압송하라는 지시를 내린다. 그만큼 이소사는 주요 관심 인물이었다.

미나미 고시로의 구술 기록인 「동학당 정토약기」는 그에 대한 고문이 얼마나 악독했는지를 잘 보여준다. "…그 전부터 조선에서의 처벌이 매우 엄중하다고는 들었지만, 이 여자를 고문하는 것을 보고 놀랐다. 양쪽 허벅지 살을 모두 잘라내어, 그 한쪽은 아예 살을 벗겨내어 뼈만 남고 다른 한쪽은 피부와 살이 떨어져 나갈 것처럼 매달려 있었다. 그 여자가 압송되어 나주성에 도착했을 무렵에는 거의 송장

갑오동란 장졸 순절비

상태였다.… 상처 부위가 썩어 문드러져 악취가 코를 찌르고… 그 참담한 꼴은 무참함을 느끼게 했다." 동학군 최고지도자 전봉준·손화중·김개남에게도 이런 고문은 하지 않았다.

나주로 옮겨졌지만, 그녀는 엄청난 고문을 이겨내지 못한 채 숨을 거두고 만다. 장흥 동학 농민혁명 기념관에는 농민군의 선두에서 말 타고 보국안민 깃발을 든 이소사의 모습이 삽화로 제작되어 있다. 이소사의 삽화는 잉글랜드와 백년전쟁에서 조국을 구한 프랑스의 국민 영웅 잔다르크를 떠올리게 한다.

석대들을 품은 흔적

장흥 동학 농민혁명 기념관 옥상에 오르면 제암산, 사자산, 억불산에 둘러싸인 장흥 읍내도, 탐진강 좌우로 펼쳐진 석대들도 한눈에 들어온다. 기념관 바로 옆 대나무로 가득 찬 돌산이 농민군이 승리의 깃발을 꽂았던 석대산이다. 석대산 앞뜰이 석대들이란 이름을 얻을 수 있었던 근거다.

세월이 흘렀다 해도 석대들을 가득 메운 3만 농민군의 함성은, 역사는 결코 지워질 수 없다. 메아리가 되고 전설이 되어 남아 있고, 기록과 증언으로 남아 있고, 기리고 기억하기 위해 지은 사당과 기념탑, 기념관 **159**

동학농민혁명기념탑

으로 남아 있기 때문이다. 작가 송기숙에 의해 대하 역사소설 『녹두장군』으로도 남아 있다.

가장 먼저 건립된 기억장치는 '갑오동란 장졸 순절비'다. 동학농민군이 폭도였을 당시 수성 장졸들은 조선의 안녕을 지켜내다 전사한 사람이 된다. 그래서 충절을 지키기 위한 죽음, '순절(殉節)'이라는 이름이 붙은 비명(碑銘)이 된다. 1898년 전라어사 이승욱이 단을 쌓자, 이듬해인 1899년 송사 기우만이 지은 비문을 새긴 '광서 20년 갑오동란 장졸 순절비'가 세워진다. 순절비문의 '광서(光緒)'는 청나라 덕종 광서제의 연호로, 광서 20년은 석대들 전투가 있었던 1894년이다. 수성 장졸들의 순절비가 세워진 후 1928년 현재 위치인 장흥읍 예양리 78번지에 장흥부사 박헌양과 장졸 95인을 추모하기 위한 당(堂)을 세우고, 영회당(永懷堂)이라 이름 붙인다. 영회당 주변에는 영회당 건립에 도움을 준 김택규 군수를 기리는 불망비와 당시 장흥 성내 주민과 벽사 주민이 세운 벽사 찰방 김일원의 불망비도 함께 서 있다. 수성 장졸을 기리는 순절비와 영회당이 세워지고, 벽사 찰방 김일원의 불망비가 건립되면서 동학농민군과 그 후손들은 역사의 죄인이 되어 숨죽이며 살 수밖에 없었다.

역사적 사건에 대한 평가는 늘 시대에 따라 달라진다. 각 시대가 지향하는 가치에 따라 기준도 달라지기 때문이다. 동학농민운동이 봉건적 잔재의 청산을 주창한 근대화 운동이었고, 반(反)외세를 실천한 민족운동으로 평가되면서, 농민군을 기리는 기억장치도 만들어지게 된다. 1992년 석대들 허리춤에 소설 『녹두장군』의 작가 송기숙이 글을 짓고, 한글 서예의 대가인 평보 서희환이 글을 쓴 동학농민혁명기념탑이 그것이다. 2015년 기념탑 앞자락에 장흥 동학혁명기념관도 들어선다.

농민군을 기리는 동학농민혁명기념탑이 세워졌지만 죽인 자와 죽임을 당한 자는 역사의 평가만으로 감당할 수 없는 아픔을 품고 살 수밖에 없다. 1992년 세워진 동학혁명기념탑이 건립 12년이 지난 2004년에야 제막식을 연 이유이기도 했다.

농민군에 의해 함락된 장녕성은 흔적조차 없이 사라졌지만, 장흥부사가 근무했던 동헌터 자리(현재 장원아파트가 들어 서 있음)에 동헌터비가 있다. 동헌터비 옆에 수령 400년의 왕버들나무가 정말 멋지다. 130년 전 장녕성에서 벌어진 치열한 농민군과 수성군의 전투는 이제 잊혀지고 있지만, 당시의 현장을 지켜본 왕버들나무는 살아남아 당시 역사를 전해준다.

동학농민혁명기념탑 옆 공설운동장을 만들면서 1,165기의 연고 없는 시신이 발견되었다고 한다. 석대들에서 산화한 농민군의 시신임이 분명하다.

6.

한말 호남의병의 거괴, 김태원·김율 형제 의병장

형제가 의병장이 되다

1906년부터 1909년까지 전라도 의병들을 토벌한 기록인 『전남폭도사』를 보면, 일제는 우리 의병을 폭도나 비도(匪徒) 혹은 적으로, 의병장을 적장이나 수괴(首魁) 혹은 거괴(巨魁)로 표현한다. 『전남폭도사』는 1913년 일경 전라남도 경무과에서 작성한 기록인데, 1906년부터 1907년을 제1기, 1908년을 제2기, 1909년을 제3기로 분류한다. 그리고 시기별 거괴로 제1기에는 최익현·고광순·기삼연을, 제2기에는 김태원·김율을, 제3기에는 전해산·심남일·안규홍을 꼽는다. 일제가 제2기의 거괴로 꼽은 김태원(김준)과 김율은 형제다.

일제는 이들 형제를 동학당 이후 가장 용맹하고, 그 신출귀몰함이 난형난제(難兄難弟)라고 하면서 혀를 내둘렀다고 한다. 당시 사람들은 참봉이라 호칭되던 김태원이 인솔하는 의병부대를 '참봉진', 박사로 불리던 김율 의병부대를 '박사진'이라 불렀다.

1908년 일제가 거괴로 지목한 죽봉 김태원(金泰元, 1870~1908), 그는 1870년 나주시 문평면 북동리 상하마을(갈마지 마을)에서 태어난다. 을사늑약이 체결되고 비분강개하던 중 1907년 장성에서 기삼연이 거의(擧義)

했다는 소식에 의병을 규합하여 호남창의회맹소에 합류, 선봉장이 된다.

그해 9월, 고창 문수사 전투를 시작으로 법성포, 장성, 영광, 함평, 담양 등지에서 일군 토벌대와 치열한 전투를 벌인다. 특히 1908년 설날 담양 무동촌(현 담양군 남면 무동리)에서 '의병잡는 귀신'으로 소문난 요시다(吉田)가 이끈 광주수비대를 격파했고, 이어 2월 24일 장성 토천(土泉)에서 일군과 공방전을 벌여 대승을 거둔다. 무동촌 전투와 토천 전투는 한말 의병사의 쾌거다.

무동촌에서 광주수비대를 격파하던 날 호남창의회맹소 대장 기삼연이 순창에 은신 중 체포되자, 기삼연을 구하기 위해 30여 의병을 이끌고 광주 경양역까지 추격한다. 그러나 기삼연은 이미 광주경찰서로 호송된 뒤였다. 일본군은 김태원 부대가 기삼연을 탈옥시키려는 움직임을 눈치채고 다음 날 정식 재판 없이 광주천 서천교 밑 백사장에서 총살한다. 기삼연이 순국하자, 김태원은 의병장이 되어 동생 율(聿, 1881~1908)과 함께 독립부대인 호남의소를 이끈다.

일제는 김태원·김율 의병부대를 잡기 위해 제2 특설순사대를 편성하고, 광주수비대와 헌병을 총출동시킨다. 그런 가운데, 3월 29일 김율이 광주군 소지면 신기리(현 송정)에서 일본군에 붙잡혀 광주감옥에 수감되고, 형 태원도 광주 박산마을 뒤 어등산에서 거미줄처럼 쳐놓은 일제 밀정의 제보로 출동한 일본군에 의해 순국한다. 1908년 4월 25일, 서른아홉 나이였다. 다음 날 일제는 형 태원의 시신을 확인한 김율마저 총살한다. 이로써 김태원·김율 형제의 의병 활동은 끝나지만, 김태원의 부하 조경환, 오성술, 전해산 등이 독립부대를 결성하면서 1909년까지 계속된다.

한말 우국지사인 매천 황현은 "기발한 전략을 많이 이용하여 1년여 동안 수백의 일병(日兵)을 죽였으며, 부하를 엄히 다스려 백성에게 민폐를 끼치지 않았다"고 김태원 의병부대를 평가했다. 정부는 김태원과 아우 김율에게 건국훈장 독립장을 추서하여 두 형제의 충절을 기린다.

어등산에서 최후를 맞다

한말 남도는 최대 의병항쟁지였다. 그중 최대 격전지는 김태원 의병장이 일본군과 치열한 전투 끝에 23명의 부하와 함께 전사한 어등산이다. 어등산에서의 격전은 김태원 부대만이 아니었다. 김태원 의진의 선봉장이었다가 독립의군을 이끈 조경환 의병장 부대원 20여 명과 양동환 의병부대 10여 명도 어등산에서 전사한다. 형의 죽음을 확인하러 갔다가 총살당한 김율의 순국지도 어등산이다. 어등산은 김태원 의병장을 비롯, 50여 명 이상이 전사한 전국 최대 격전지 중 한 곳이다. 일제는 김태원 의병장을 총살했던 순간을 이렇게 기록했다.

박산동은 광주군 어등산록에 있는 한 마을로, 앞에는 황룡강이 흘러 적의 근거지로서는 자못 중요한 지점이었다. 수색대는, 석전(石田) 중위가 이끄는 기병대와 같이 오후 4시 30분경 목적지에 다다라 제1 수색대는 좌익으로부터, 제2 수색대는 우익, 석전 기병대는 우측 배면, 제3 수색대는 좌측 배면 등 사면을 포위하는 형세를 갖추고서 곧바로 맹렬한 사격을 교환하였는데, 오후 7시까지 적은 전부 궤산하였다. 이때 제3 수색대의 전방 약 300m 지점의 바위굴로부터 비교적 미복을 입은 폭도 1명이 도주하자, 이를 수괴로 인정한 수색대 일본인 순사 와좌(窪佐) 병위는 삼택(三澤) 기병 일등졸과 같이 비 오듯 쏟아지는 탄환을 무릅쓰고 급히 추격하여 생포하려 하였다. 그러나 교묘하게 도주하여 추격이 어려워지자 사격이 가능한 지점에서 곧바로 사격을 가하여 이를 죽였다. 적이 궤산한 후 시신을 검토했는데, 은색 두루마기와 흰색 비단 저고리를 착용하였고, 쌍안경 1개, 조선도 1개, 자석 1개, 화약통 1개, 서류 약간을 소지하였다. 피체(被逮)된 의병의 증언에 의하면 이 사람이 바로 적장 김태원으로 판명되었고, 그가 휴대한 쌍안경은 본년 2월 2일 무등산 전투에서 전사한 길전(吉田) 수비대의 군조(軍曹) 천만포건(川滿布建)이 휴대하다 빼앗긴 것으로, 이후 그는 항상 이 이기(利器)에 의하여 멀리서부터 일본군의 행동을 볼 수 있어서 진퇴를 교묘히 할 수 있어서 토벌대는 적지 않은 고충을 일찍부터 겪어오다가 이번에 그가 죽으면서 함께 이를 탈환할 수 있었다. (제2순사대에 관한 편책, 내부 경무국, 국사편찬위원회 소장, 1908)

당대 유학자 오준선은 『후석유고』에 이날 상황을 이렇게 기록했다.

"연초부터 '김태원 잡기 15일 작전'을 세 번이나 실시한 일본군 기병대와 제2 순사대가 이날 박산마을을 사방에서 포위하자, 이를 알아차린 의병장 김태원은 부하들에게 '나의 죽음은 의병을 일으킨 날 이미 결정하였다. 다만 적을 멸하지 못하고, 장차 왜놈 칼날에 죽게 되었으니 그것이 한이다. 함께 죽는 것은 유익함이 없으니 뒷일을 힘써 도모함이 옳다'며 부하들에게 피신을 명령한다. 그러나 '위기에 처한 대장을 홀로 남겨둘 수 없다'며 기어이 남겠다는 부하 김해도 등 23명은 끝까지 항전을 계속하다 모두 함께 순국하였다."

앞서 한 달 전 일본군에 체포되어 광주감옥에 갇혀 있던 김태원의 동생 김율 의병장은 관찰사가 신문하려 하자, "너는 왜놈의 앞잡이로서 감히 백성 앞에 나설 면목이 있느냐"라며 호통을 치는 등, 죽음을 앞두고도 독립정신을 굽히지 않았다. 김율 역시 형의 시신을 확인시킨 일본 군경에 의해 형의 순국 다음 날인 4월 26일 어등산에서 총살당한다. 그의 나이 스물일곱이다.

호남 제일의가(湖南第一義家)로 기려야

김태원의 처 낙안 오씨는 어린 남매를 키운 후 1919년 3월 1일 "나라가 망했으니 살아있을 이유가 없다"며 남편의 뒤를 이어 자결한다.

김태원 의병장의 아들 동술은 일제 경찰에 끌려가 심한 고문을 당하여 반신불구가 된다. 외동 따님은 이름을 바꾸어 신분을 숨긴 채 부산으로 시집간 뒤 소식이 끊긴다. 1975년 농성광장에 김태원 의병장 동상이 세워진다는 소식을 접한 부산의 외손자가 찾아와 손자 김갑제를 처음 만난다. 가슴 저린 통한의 가족사다.

김태원 의병장의 손자 갑제는 1980년 5월 민주항쟁의 한복판에 나선

의병들의 은신처, 어등산 토굴

다. 5월 26일 계엄군의 탱크 진입을 온몸으로 막기 위한 '죽음의 행진'에 참가한다. 홍남순 변호사의 간곡한 부탁을 받고 김성룡 신부와 광주를 탈출, 서울로 올라가 김수환 추기경에게 광주의 진실을 전한다. 할아버지의 뜨거운 피가 손자에게까지 이어진 것이다.

호남의병사의 권위자인 홍영기 순천대학교 교수는 "만고의 충절이다"며 "죽봉 김태원, 청봉 김율 일가는 마땅히 호남제일의가(湖南第一義家)로 기려야 한다"고 강조한다. 독립운동가이자 역사학자 민세 안재홍은 김태원 아들 동술에게 '정의로움을 태산과 같이 무겁게 생각하라'라는 뜻을 지닌 '의중태산(義重泰山)'이라는 휘호를 써 보낸다.

김태원·김율 현장을 찾다

김태원·김율 형제 의병장을 품고 있는 현장은 많다. 출생지인 나주 문평에는 생가터가, 나주 남산에는 죽봉김태원장군기적비와 김태원의 시를 새긴 시비가 건립되어 있다. 그리고 두 분의 순국지 어등산에는 그의 혼이 남아 있고, 광주 농성광장에는 김태원 의병장의 동상이 서 있다. 동상 앞길 죽봉로는 김태원 의병장을 기리는 도로다.

김태원·김율 형제 의병장이 태어난 곳은 전남 나주군 거평면 북동리 갈마지 마을이다. 거평면은 문평면으로 바뀌어 문평면 관할이지만, 나산읍내에서 더 가깝다. 형제 의병장이 태어나고 자란 당시 생가는 세월의 무게를 견디지 못하고 없어졌고, 지금 파란 양철 지붕은 뒤에 만든 집이니, 생가가 아닌 생가터만 남은 셈이다.

복원된 나주읍성의 남문인 남고문에서 나주중학교 쪽으로 난 샛길을 따라 올라가면 나주 시민공원으로 조성된 남산에 이른다. 남산에도 김

태원 의병장을 기리는 죽봉김태원장군기적비
와 형 태원이 동생 율에게 순국 한 달 전에 써
준 시를 새긴 친필 시비가 건립되어 있다.

시비에 새겨진 시의 제목은 '사랑하는 아우
에게 주다'라는 뜻의 '여사제심서(與舍弟心書)'다.
시의 내용은 다음과 같다.

"국가 안위가 경각에 달렸거늘(國家安危在頃
刻) 의기남아가 어찌 앉아 죽기를 기다리겠는
가(意氣男兒何待亡) 온 힘을 쏟아 충성을 다하는
것이 의에 마땅한 일이니(盡忠竭力義當事) 백성을
건지려는 뜻일 뿐, 명예를 위하는 것은 아니라

김태원 장군 동상(농성광장)

네(志濟蒼生不爲名). 전쟁은 죽으려는 것, 기꺼이 웃음을 머금고 지하에 가
는 것이 옳으리라(兵死地含笑入地可也). 무신(1908)년 2월 19일 형 준이 쓰다."

형은 이미 두 형제 앞에 죽음이 있을 뿐임을 잘 알고 있었다. 죽음을
알고 거병했지만, 죽음 앞에 두려움이 없을 수 없다. 형은 독립의진을
이끌고 있는 동생에게 "나라의 안위가 위기에 처해 있을 때 사나이는 전
장에서 나아가 나라를 위해 싸우다가 웃음을 머금고 죽는 것이 마땅한
일"이라고 격려를 보낸다. 뜨거움이 담긴 비장한 시다.

김태원 의병장의 순국지는 어등산이다. 1908년 4월 25일 23명의 부하
와 함께 치열한 접전 끝에 산화한다. 일제는 먼저 체포된 동생 김율로
하여금 형의 시신을 확인시킨 후 총살한다. 동생 김율이 산화한 곳도 어
등산인 셈이다. 김태원은 한때 그곳 어등산에 묻혔지만, 최대 의병 격전
지 어등산에서 형제 의병장의 흔적을 찾기는 쉽지 않다. 의병들의 은신
처인 토굴만 남아 당시 이야기를 전해 줄 뿐이다. 호남대학교 운동장 쪽
에 '어등산 한말 호남의병전적지'라 새긴 비가 서 있다.

죽봉대로가 시작되는 광주시 서구 농성광장에는 김태원 장군 동상
이 있다. 왼손에 총을 들고 두 눈 부릅뜬 채 바라보고 있는 곳은 장군이
순국한 어등산이다. 1975년 뜻있는 이들의 정성을 모아 처음 건립된 후,
1998년 오늘의 모습으로 재건립된다. 동상은 조각가 전병근의 작품이

김태원 의병장 기적비 및 친필 시비(나주 남산공원)

다. 동상 바로 밑에는 남도 의병사 최고 권위자인 홍영기 교수가 짓고 학
정 이돈홍의 글씨로 새긴 죽창 모습의 기념비가 함께 서 있다. 동상 기
단부에는 형 태원이 동생 율에게 준 편지가 새겨져 있는데, 명필이다.

　1908년 설날 벌어진 무등산 자락 전투 현장인 담양 무동촌에는 '김태
원의병장전적비'가 있고 담양초등학교 안암분교(지금은 폐교)에는 김태원
의병장 동상이 있다.

　척화비가 남아 있는 함평공원에는 오세창의 글을 새긴 고김준죽봉의
사충혼비(故金準竹峰義士忠魂碑)도 있다.

7.

남도 의병의 물꼬를 튼
호남창의회맹소 대장, 기삼연

장하도다 기삼연

1910년 무렵 전라도 일대에서는 "장하도다 기삼연, 제비 같다 전해산, 잘 싸운다 김죽봉, 잘도 죽인다 안담살이, 되나 못되나 박포대"라는 동요가 유행했다고 한다.

동요에 등장하는 인물은 어른은 물론 어린아이들까지도 우상으로 여긴 남도 의병장들이다. 이 중 맨 앞에 등장하는 기삼연은 1907년 장성 수연산에서 거병한 호남창의회맹소 대장으로, 한말 호남 의병의 큰 물꼬를 튼 대표적인 의병장이다. 김죽봉은 광주 농성광장에 동상이 세워진 김태원 의병장을, 안담살이는 평민 출신 의병장으로 교과서에 이름이 실린 보성 출신의 안규홍을, 박포대는 기삼연 의진의 부장 박도경을 가리킨다.

기삼연의 호남창의회맹소는 기삼연 사후 부장이었던 김태원, 심남일, 박도경 등이 남도 의병을 이끄는 독립의병 부대로 분화, 발전한다. 그리고 이들 의병부대의 활동 때문에 일제는 1909년 9월 1일부터 10월 25일까지 소위 '남한폭도대토벌작전'이라 이름 붙인 전라도 의병 대토벌 작전을 전개했고, 전라도는 한말 최대 의병 항쟁지가 된다. 광주·전남이 '의로움의 고장'이라 불리게 된 데는 이처럼 기삼연의 호남창의회맹소가 매우 중요한 역할을 했다.

기삼연은 1851년 장성군 황룡면 아곡리 하남마을에서 진사 기봉진의 4남으로 태어난다. 호는 성재(省齋)다. 일찍이 위정척사운동의 거두인 노사 기정진에게 글을 배웠는데, 문장뿐 아니라 병서에도 재주가 뛰어나 기정진의 사랑을 듬뿍 받았다고 한다. 기삼연은 기정진의 7촌 종질(조카)이고, 기정진의 손자 기우만의 삼종숙(三從叔)이기도 했다.

을미사변이 일어나고 단발령이 내려지자, 기우만은 1896년 2월 7일(음력) 장성향교에서 거병했다. 장성의병이 그것이다. 장성은 노사학파의 본 고장으로, 노사의 손자이며 제자인 기우만의 영향력이 컸다. 이때 기삼연은 백마를 타고 300여 의병을 모집했기 때문에 백마장군이라는 별칭을 얻는다.

나주로 행군한 장성의병은 앞서 2월 2일에 이학상을 의병장으로 거병한 나주의병과 함께 호남 각 읍치를 점거하고 북상하려는 개혁을 세운다. 그러나 전 학부대신 신기선이 사령관 이겸제와 관병 500을 이끌고 와 임금의 해산명령을 전하자, 나주의병에 이어 장성의병마저 해산하고 만다. 이에 기삼연은 "유생과는 함께 일할 수 없구나. 장수가 밖에 있을 때는 임금의 명령도 받지 아니하는 수가 있거늘, 하물며 강한 적의 협박을 받은 것으로 우리 임금의 본심이 아님에랴. 이 군사가 한번 파하면 우리 무리는 모두 왜놈이 될 뿐이다."라고 개탄한다.

1905년 러·일 전쟁에서 승리한 일제가 을사늑약을 강요한 후 외교권을 빼앗자, 기삼연은 후일을 도모하기 위해 대낮에도 산짐승이 나타나는 인적이 드문 수연산 기슭 송계마을로 이사한다.

호남창의 회맹소 대장이 되다

수연산에 은거한 기삼연은 날마다 상민 출신의 선머슴들과 술을 마시며 놀았다. 큰 뜻을 품은 선비가 저잣거리에서 술이나 마시며 폐인처럼 행세한 것은 일제의 감시를 따돌리려는 위장술이었다. 그는 '인통함원(忍

痛含冤)', 즉 원한을 품고 고통을 참으며 때를 기다리고 있었다. 수연산 자락으로 이사 후 그는 총을 사 모으고 화약과 실탄을 만들었다. 식량과 의복도 구했다. 종손 기형도는 총을 보탰고, 형 양연은 무쇠 덩어리를 구해주었으며, 전 군수 이용중은 군자금 900냥을 내놓기도 했다.

1907년 헤이그 밀사 사건 이후 고종황제가 퇴위하고 군대마저 해산되자, 기삼연은 장성 수연산 석수암(石水庵)에서 호남창의회맹소라는 의병부대를 결성하여 거병한다. 대장에 기삼연, 통령에 김용구, 선봉에 김준(김태원)이, 동요에 등장하는 박도경은 포대(砲隊)에 임명된다.

호남창의회맹소를 결성한 후 격문을 지어 사방에 돌려 백성의 협력을 촉구하며, 적에게 부역하는 자는 처단하고 그 재산은 몰수할 거라고 경고하기도 했다. 그리고 격문 끝에 평민이 일본인 한 사람을 죽이면 상금 100냥을 주고, 순검 일진회원이 일본인 한 사람을 죽이면 죄를 면해 주고, 두 사람을 죽이면 상금 100냥을 준다고 덧붙여 포고하였다.

호남창의회맹소의 활동은 1907년 9월, 고창 문수사 전투부터 시작된다. 1907년 12월에는 법성포를 공격, 순사주재소와 일본인 가옥을 불태운다. 세곡을 탈취한 후 백성에게 나누어주었고, 나머지는 군량미로 사용한다. 호남창의회맹소의 활동은 1908년 1월에도 계속된다. 담양, 장성, 함평 등 여러 읍과 광주의 일본인 농장을 습격했다. 헌병분견소, 세무서, 관청, 일진회원, 일본인 상점, 우편 취급소 등이 주 공격 대상이었다.

재판 없이 광주천에서 총살되다

호남창의회맹소의 기세가 날로 높아지자, 일본군 광주수비대는 폭도 토벌대를 편성하여 의병부대를 추격한다. 일군 토벌대에 쫓긴 기삼연은 1월 30일(양력) 300여 의병을 이끌고 담양 금성산성에 들어온다. 험준한 지세를 이용하여 휴식을 취할 계획이었다.

그러나 노숙하는 의병들이 큰비에 옷이 젖어 추위를 견디지 못하고 있을 때, 담양 주둔 일군의 기습을 받는다. 의병 30여 명이 전사하는 큰 피해를 입자, 기삼연 부대는 짙은 안개를 틈타 북문을 통해 탈출한다. **171**

호남창의영수 기삼연 선생
순국비(장성공원)

순창 복흥산으로 옮긴 기삼연은 설날을 맞아 의진을 일시 해산하고, 정월 보름에 다시 집결하려 했다. 그러나 설날 일본군에 체포되면서 기삼연의 계획은 물거품이 된다.

복흥산에서 의병을 해산한 기삼연은 구수동(九水洞)에 사는 6촌 동생 기구연의 집에 숨어들어 아침 설상을 받는다. 이때 일본군 수십 명이 들이닥쳐 기삼연을 찾으며 집주인을 해치려 했다. 기우만이 저술한 『호남의사열전』에는 당시 모습을 이렇게 언급한다.

"정월 초하룻날 아침 음식을 먹으려는데, 적 수십명이 들이닥쳐 수색하였다. 기 대장을 내놓으라며 집주인에게 총칼을 들이댔다. 돌연 성재는 창고에서 큰소리를 질렀다. 기 대장은 여기 있다. 주인이 무슨 죄냐?"

담양에서 광주로 압송되어 가는데 길에서 보는 이들이나 가마를 메고 가는 이들이 모두 눈물을 흘려 잘 가지 못했다고 한다. 1908년 2월 2일(양력) 설날이었다.

호남창의회맹소 선봉장 김태원이 담양 무동촌에서 일본 수비대 가와미츠 조장과 하야시 상등병을 죽이고 그 잔졸들을 추격하다 기삼연 대장이 체포되었다는 소식을 듣는다. 김태원 부대원들이 대장을 구하기 위해 경양역까지 쫓아오지만, 기삼연은 이미 경무서에 수감된 뒤였다. 일본군은 의병들이 기삼연을 구하기 위해 경무서를 습격할 수 있다고 생각하고, 이튿날인 2월 3일 광주천 서천교 밑 백사장에서 재판 없이 처형하고 만다.

경무서에 수감 당시 기삼연은 죽음을 직감하고 이런 절명시를 남긴다. "군사를 내어 이기지 못하고 먼저 죽으니(出師未捷先死)/ 일찍이 해를 삼킨 꿈은 또한 헛것인가(呑日曾年夢亦虛)"

기삼연이 일찍이 삼키려 했던 '해'는 '일본'이다. 그러나 그는 끝내 그 꿈을 이루지 못한 채 광주천에서 쓰러진다. 그가 처형당한 광주천 서천교 밑 백사장은 10년 뒤 '조선독립 만세' 소리로 가득 찬 광주 3·1운동의 발발지가 된다.

기삼연의 시신은 한동안 광주천 백사장에 방치되었다. 며칠 뒤 광주의 선비 안규용이 관을 갖추고 염한 후 서탑등(지금의 광주공원)에 매장하고 '호남의병장 기삼연'이라 쓴 목비를 세운다.

기삼연 의병장을 품은 현장을 찾다

호남창의회맹소 대장 기삼연(1851~1908) 의병장은 어디 묻혀 있을까? 지역사를 들여다본 지 이십여 년이 지났지만, 아직 그의 무덤을 찾은 적이 없다. 다행히 후손 되는 기호철 교수로부터 황룡면 아곡리 산 44번지에 위치한다는 소식을 듣고, 현장을 찾았다.

그의 무덤은 그가 태어난 아곡리 하남마을에 들어선 홍길동 테마파크에서 황룡강 쪽인 왼쪽으로 난 길을 따라 500여 미터쯤 가다 보면, 오른쪽 산자락에 있다. 무덤 앞에는 상석이 놓여 있고 돌로 무덤 주위를 둘렀다. 무덤 오른쪽에는 1974년 장성의 유학자 변시연이 글을 짓고 이병현이 글을 쓴 '호남창의영수성재기삼연선생지묘(湖南倡義領袖省齋奇參衍先生之墓)'라 새긴 묘비가 있다.

그러나 처음부터 기삼연 의병장의 시신이 이곳에 묻힌 것은 아니다. 1908년 2월 3일 재판 절차도 없이 광주천 백사장에서 일본군에 의해 총살된 후 묻힌 곳은 서탑등, 지금의 광주공원이다. 20여 년 후 조상들이 모셔진 장성 황룡면 관동리 21번지(보룡산)로 이장하지만, 산짐승이 자주 출몰하여 무덤을 훼손하곤 했다. 2009년 다시 옮긴 곳이 고향 마을 뒷산인 지금의 장소다. 통한의 순국, 그리고 두 번의 이장, 이제는 고향 하남마을을 내려다보며 마음 편히 잠들었으면 싶다.

장성공원에 오르면 장성읍이 한눈에 내려다보인다. 이곳에 기삼연 의병장을 기리는 제법 큰 규모의 순국비가 있다. 기단부와 오석(烏石)의 비신, 전통 한옥 문양 머릿돌을 갖춘 당당한 비다. 비신에는 '湖南倡義領袖奇參衍先生殉國碑(호남창의영수기삼연선생순국비)'라 새겼다. 의병장이 아닌 '선생'이란 표현이 다소 생경하다. 그러나 알고 보면 성재 기삼연은 의병 173

기삼연 의병장 무덤(황룡면 아곡리 산 44)

기삼연 의병장 순국지 표석(광주천변)

장 이전에 한학자였고, 유림이었다. 무덤 옆 묘비명에도 '선생'이라 쓰여 있다.

　기삼연이 일본군의 총에 맞고 순국한 광주천 서천교 밑 백사장. 이곳은 기삼연 의병장이 순국 10년 후인 1919년 다시 독립 만세 소리로 진동한다. 광주 3·1운동이 거의지(擧義地)였기 때문이다. 지금 광주천 부동교 옆에 기삼연의병장의 순국지임을 알리는 표석이 광주 3·1운동 표석과 함께 서 있는 이유다. 10년 단위로 일어난 두 사건은 광주·전남이 항일·독립의 역사에 어떤 역할을 한 곳인지 잘 보여준다.

　장성 수연산 석수암도 꼭 기억해야 한다. 기삼연은 1896년 봉기 실패 후 이곳 수연산에 은거하며 때를 기다린다. 그리고 1907년 9월(음력), 석수암에서 기삼연을 대장으로 한 '호남창의회맹소'가 결성된다. 석수암은 실질적인 최초의 남도 의병 결성지였던 것이다. 그러나 수연산 석수암은 찾아보는 것조차 쉽지 않다. 대한민국 장교를 양성하는 상무대 관할구역으로 군 당국의 허락이 필요한 군사지역이기 때문이다. 나도 현장을 찾았지만, 출입금지 푯말 앞에 현장을 확인할 수 없었다.

지금 수연산에 석수암이라는 암자는 없다. 의병 토벌 당시 일제에 의해 불살라졌고, 이후 복원되었다가 한국전쟁 때 다시 불타버렸기 때문이다. 터만 남아 있는 이유다.

역사는 꼭 보존하고 기억해야 할 것이 있다. 오늘 광주·전남인의 정체성이 된 호남창의회맹소의 결성지 석수암도 그중 하나다. 표석을 세우고 석수암을 복원하자. 이는 남도를 '정의로움'의 고장으로 자부하며 살아가는 우리의 의무다.

8.

문불여장성의 주인공,
노사 기정진

조선 성리학의 6대가

철학자이자 고려대학교 초대 총장을 역임한 현상윤(1893~1950)은 그의 명저 『조선유학사』에서 조선 시대 유학자 중 대표적 인물로 퇴계 이황, 율곡 이이, 화담 서경덕과 그 뒤를 이은 녹문 임성주, 노사 기정진, 한주 이진상 등 여섯 분을 꼽았다. 그러면서 서세동점의 위기를 맞은 조선 왕조의 마지막 무렵 성리학을 마무리한 진정한 세 분의 성리학자로는 노사 기정진과 화서 이항로, 한주 이진상을 들었다. 이항로는 경기도 출신이고 기정진은 전라도 출신이며, 이진상은 경상도 출신이다. 이항로는 기정진보다 6년 연상이고, 기정진은 이진상보다 20년 연상이다.

조선 성리학의 6대가로 칭송받는 노사 기정진(奇正鎭, 1798~1879), 그는 1798년 전북 순창군 복흥면 조동(구수동)에서 태어나 장성에서 자란다. 본관은 행주, 호는 노사(蘆沙)다.

기정진은 천재였다. 큰 선생 아래서 글을 배운 적도 없는데, 4~5세에 이미 글을 해독하고 지을 줄 아는 아이였다. 그의 천재성은 7세 때 지은 '하늘을 읊음(詠天)'에서 들여다볼 수 있다. '사람들의 선악(善惡)에 따라 빠르게 보답한다네(隨人善惡報施速)'라는 글이 어떻게 7세 아동에게서 나올 수 있겠는가. 하늘은 인간의 선과 악에 따라 지체없이 상을 내리고 벌을 준다는 뜻이니, 7세에 이미 세상 이치를 터득했다고 여기지 않을 수 없다.

부친의 유언으로 34세 나이에 진사과에 장원하지만, 끝내 과거시험은 응시하지 않는다. 40여 차례나 나라의 부름을 받지만, 45세에 전설사(典設司) 별제에 6일 동안 근무한 것이 벼슬의 전부였다. 가난에서 벗어나도록 60세에 고향 근처의 무장 현감 벼슬이 내리지만 거절한다. 그가 한평생을 바친 것은 후진 양성과 학문 연구다.

고산서원 고산사에는 노사 기정진을 비롯하여 그의 제자 김석구, 정재규, 정의림, 기우만, 조성가, 이최선, 김녹휴, 조의곤 등 9명이 배향되어 있다. 1960년 간행된 『노사선생연원록』을 보면 노사에게 친히 글을 배운 제자가 600명이나 되고, 그들 제자의 제자까지 합하면 6천 명이 넘는다. 노사와 이들을 노사학파라 부르는데, 그중 고산사에 배향된 8명이 수제자인 셈이다.

노사 학문의 정수는 누가 뭐래도 높은 수준의 성리학이다. 46세에 『납량사의』, 48세에 『정자설』, 56세에 『이통설』 그리고 81세에 그가 평생 연구한 이기론을 정리한 『외필』을 저술한다. 『납량사의』와 『외필』은 그의 이(理)에 대한 철학사상의 핵심 저서다. 그는 인간을 포함한 우주만물을 생성·변화하게 하는 근원적 실재로서 기의 발동과 운행은 오직 이의 명령에 의한 것이라고 설명한다. 기보다는 이를 절대시한 유리론(唯理論)의 주창이다.

「임술의책」과 「병인소」를 쓰다

임술년(1862)에 진주를 필두로 전국 각지에서 민란이 일어나자, 그 폐해를 바로잡을 것을 역설한 상소를 올린다. 이것이 「임술의책」이다. 그는 「임술의책」에서 "민중 봉기를 일으킨 백성들은 어미의 젖을 잃고 우는 어린아이와 같다"면서 임술농민항쟁의 원인을 삼정 문란으로 규정하고, 그 폐해를 바로잡을 5가지 개혁안을 제시한다. 지금 고산서원 입구에는 임술의책을 요약해서 새긴 비가 있다.

프랑스가 강화도를 침입한 병인양요(1866)가 일어나자 민족자존을 지키기 위해 상소를 올린다. 외침에 대한 방비책으로 쓴 6개 조항의 상소문인 「병인소」가 그것이다. 당시 대세는 외적과 싸우지 말고 화의해야 한다는 것이었다. 이러한 주장에 노사는 결사반대한다. 전쟁을 위해 군비강화책을 열거한 후 나라 안에서는 정치를 제대로 하고, 나라 밖 외적은 반드시 물리쳐야 한다는 척사론을 편다. 노사의 주장이 받아들여져 외적과 싸워 물리쳤고, 노사에게는 공조판서라는 관직이 내려지기도 했다. 바로 그 상소가 기정진의 이름을 전국에 알린 상소고, 최초로 척사위정의 이론을 온 국민에게 알린 글이다.

이 상소는 이후 한말 위정척사 사상의 이론적 기초가 된다. 같은 시기 화서 이항로도 위정척사의 상소를 올리는데, 노사의 상소가 두 달이 빨랐다. 지금 장성군 동화면 남산리 그의 무덤 앞에 위정척사기념탑이 세워진 이유다.

임술의책과 병인소는 노사 기정진이 공리공담에만 머물렀던 성리학자가 아니라 철학의 이론을 정책으로 다듬어 제시한 실천적 학자임을 잘 보여준다. '행동하는 양심'인 것이다. 그의 손자 기우만과 종손 기삼연도 온 몸을 던져 일제에 항거한 한말의병장이다.

현장을 찾다

장성에서 초·장년 시절 노사의 흔적 찾기는 쉽지 않다. 순창군 복흥면 동산리, 일명 조동마을에서 태어난 후 18세 때 양친을 잃고, 고향 장성 아치실로 돌아오지만 오래 정착하지 못하고 인근의 맥동, 매곡, 탁곡, 여의동 등지를 전전하며 장년기를 보냈기 때문이다.

기정진이 가장 오래 거주하며 제자를 기르고 저술 활동에 전념한 곳은 하사리(지금의 장성군 황룡면 장산리)다. 65세 이후 13여 년을 정착했는데, 이때 '노사'라는 호를 짓는다. 호 노사는 '노령산 아래 하사리에서 살아가는 사람'이라는 뜻이다. 하사리에 거처할 때인 1875년 4월, 대원군을

고산서원 전경

탄핵하다 제주도로 귀양 간 후 풀려난 최익현이 노사를 찾았다. 그리고 1869년 어느 날 15세 신동이던 매천 황현이 하사리로 노사를 찾아온다. 황현은 그의 저서 『매천야록』의 맨 끝부분에 자신의 일생을 간략히 기술하면서 "15세에 노사 선생을 찾아뵈었더니 기특한 소년이라고 칭찬해 주었다"라는 내용을 자랑스럽게 적었다. 하지만 오늘 하사리에는 노사와 관련된 어떤 흔적도 남아 있지 않다.

노사 기정진을 만나려면 그가 78세 되던 1875년 겨울부터 생을 마치던 1879년 12월까지 담대헌(澹對軒)이라는 강학소를 짓고 제자를 가르친 장성군 진원면 고산리를 찾아야 한다. 당시 강학소였던 담대헌 건물이 덩실하게 솟아있고, 그와 그 제자들을 기리는 고산서원이 있기 때문이다.

고산서원에는 노사와 그의 8대 제자들을 모신 고산사(高山祠)가 있는데, 사당에는 노사의 신위만 있을 뿐 영정은 없다. 60이 넘자 문인 오상봉이 초상화를 그리자고 청하지만, 얼굴이 추하다는 이유로 고사한다. 그 뒤 김석구 등 제자들이 재차 청하였지만 노사는 극구 사양하며, "주검은 기(氣)와 함께 소멸하는데 무엇 때문에 다시 모습을 세상에 남길 것인가"라며 거부한다. 유리론자(唯理論者)답다. 영정이 없는 이유다.

고산서원 강당 담대헌 마루에 오르면 툭 터진 남쪽으로 무등산이 아스라이 보인다. 그곳에 노사의 부모님 무덤이 있다. 노년에 성묘하기도 어려워 불효막심한 자신을 책하던 무렵 그곳으로 이사와 부모님 묘소를 담담하게 바라볼 수 있어 담대헌이란 이름을 걸었다고 한다. 이곳 담대

노사 기정진 선생 무덤

헌에도 유명인들의 발길이 끊임없이 이어진다. 조·일수호조규(강화도조약)를 결사반대하다 흑산도로 유배 간 최익현이 해배되자, 1879년 3월 또 담대헌을 찾는다. 노사가 죽기 열 달 전이다. 노사가 세상을 뜬 뒤에는 손자 기우만이 담대헌의 주인이 되어 중암 김평묵과 영재 이건창 등 당시 내로라하는 학자들을 맞이한다.

고산서원에 노사의 학문이 남아 있다면, 그의 무덤에는 혼이 남아 있다. 노사의 혼이 남아 있는 무덤은 장성군 동화면 남산리 황산 마을 뒷산에 있다. 뒷산에 오르면 가장 먼저 마주치는 것이 전국 유림이 성금을 모아 세운 노사 선생 신도비다. 정말 크고 우람하다. 평소 노사를 흠모하여 두 번이나 찾은 면암 최익현이 글을 짓고, 서예가 여초 김응현이 글씨를 썼다.

조금 더 올라가면 소나무 숲에 노사의 무덤이 있다. 그런데 무덤 앞에 위정척사기념탑이 서 있다. 이미 언급한 것처럼 1876년 프랑스 군대가 강화도를 침범할 때 위정척사 논리를 설파한 병인소를 올리는데, 이항로의 상소보다 두 달이 빠른 전국 최초였기 때문이다.

노사의 무덤 주위 소나무가 정말 멋있다. 날씬한 호위병 같다. 무덤은 호빵을 엎어 높은 듯 봉분이 낮아 평장(平葬)한 모습처럼 보여 특이하다. 무덤 앞에는 두 개의 비가 있다. 왼쪽에는 '조선노사기선생지묘 증정부인 울산김씨부좌'라고 새긴 묘비가 있다. 오른쪽에는 노사의 제자 중 영남

노사 기정진 선생 무덤 앞 위정척사기념탑

출신으로 큰 명성을 떨친 정재규가 지은 묘갈명을 새긴 비가 있다. 함께 잠들어 있는 울산김씨는 하서 김인후의 후손이다. 제자 정재규는 묘갈명에 "하늘이 우리의 도를 도와 선생을 낳으셔, 정기를 모아 진실로 대성하셨네(天相斯道 正氣之會 展也大成)"라고 쓴다. 노사 기정진의 높은 학문의 완성을 기리고 찬양하고 있다. 제자의 스승 사랑이 장엄하고 아름답다.

9.
한말 화순 출신
양회일 의병장과 쌍산의소

거의 자금을 마련하다

1907년 화순에서 의병을 일으킨 의병장 양회일(梁會一, 1856~1908)은 화순 능주에 유배 온 조광조의 시신을 거둔 양팽손의 후손으로, 본관은 제주이며 자는 해심(海心), 호는 행사(杏史)다. 1856년 화순 능주에서 태어난 후 1883년 이양면 쌍봉마을로 이사한다.

가세가 넉넉했던 그는 20대 초반, 서울을 오가며 과거를 준비했다. 그러나 1894년 갑오개혁으로 과거제도가 폐지되자, 벼슬길을 접고 농사를 지으며 찾아오는 학동들에게 글을 가르친다.

1904년에는 향약을 운영하는 도약장(都約長) 직임을 맡는다. 당시 각처에서 일어나는 도적으로부터 마을을 지키는 방도대(防盜隊)를 조직하기도 했다. 1904~1905년에는 도둑들이 떼를 지어 일어났다. 도둑 수십 명이 양회일의 집에 들이닥치자, 동네 사람들은 모두 달아나 피했다. 이때 양회일은 "지금 민생이 도탄에 빠져 생계를 의탁할 길이 없다. 너희도 춥고 굶주림을 이기지 못해 서로 몰려다니며 도둑질을 하겠지만, 어찌 그것이 너희의 본심이겠는가?"라고 타이른 후 뜰 앞에다 큰 자리를 깔고 밥을 지어 먹이고 베 몇 필을 내어주니, 도둑들이 감격하여 돌아갔다는 일화도 전해진다.

1905년, 양회일은 을사늑약이 체결되어 외교권을 빼앗기자 의병을 일으켜 왜적을 토벌할 마음을 굳힌다. 마음을 굳혔지만 노부모가 마음에 걸렸다. 이를 알아차린 부친 양재욱은 "동생이 있고 아들이 있으니 오직 의로움으로 왕사(王事)에 진력할 뿐, 늙은 나 때문에 걱정하지 말라"고 아들의 길을 열어준다. 부친의 뜻을 읽은 양회일은 1906년 가산을 정리하여 3천 냥의 거의(擧義) 자금을 마련한다.

쌍산의소를 결성하다

1907년, 양회일은 보성 복내면과 화순 이양면을 가르는 계당산 증동마을에 의병 본부를 차린다. 쌍산의소(雙山義所)다. 화순은 물론 보성과 정읍, 남원과 구례 등지에서 2백여 명의 의병이 모여들자 부대를 편성했다. 부장에는 신재의, 선봉장에는 이광선, 중군장에는 임창모, 후군장에는 노웅현, 도포장에는 유화국, 총무에는 양열묵이 임명된다. 그리고 1907년 3월 9일, 양회일은 '서고군중문(誓告軍中文)'을 발표하여 동지들이 합심하여 이완용 등 을사5적을 섬멸하고 이토 히로부미(伊藤博文)를 죽여 국가의 수치를 갚기 위해 서로 지켜야 할 바 5조를 발표한 후 거병한다.

양회일이 이끈 쌍산의소의 의병들은 4월 22일 능주 관아와 주재소를 점령하는 전과를 올린다. 이어 화순을 점령한다.

다음 목표는 전라남도 도청소재지 광주였다. 광주로 진격하려면 너릿재를 넘어야 했다. 일본군과 총격전이 벌어졌지만, 날이 어두워지면서 후퇴할 수밖에 없었다. 의병들은 동복 도마치 고개 아래 민가에서 숙박 중에 일본군의 공격을 받는다. 모두 죽기를 각오하고 싸웠지만, 신식 무기로 무장한 일본군을 당해낼 수 없었다.

양회일은 선봉장 이광선에게 "샛길로 빠져나가 후일을 기약하라"라고 명령한 후 일본군에게 외친다. "나를 죽여라, 내가 맹주다. 다른 사람은 죽이지 말라." 일본군은 양회일을 사로잡기 위해 총성을 멈추었고, 중군장 임창모를 비롯한 5명의 부장들이 양회일을 에워쌌다.

쌍산의소 막사 터

　이 전투에서 화순 출신 정세현이 운명했고, 양회일을 비롯한 임창모, 안찬재, 유태경, 선태환, 이백래(이윤선), 김대현 등은 체포된다. 이 중 김대현은 고문을 이기지 못하고 옥중에서 순국한다.

　양회일은 1907년 7월, 재판을 받는다. 재판장에서 그는 당당하게 거사의 뜻을 밝힌다. 그가 남긴 『행사실기』에는 이렇게 기록되어 있다. "너희는 승냥이와 이리보다 못한 놈들이다. 국모를 시해하고 임금을 협박한 죄는 용서할 수 없다. 너희는 한 하늘에서 함께 살 수 없는 불구대천의 적이다. 내가 이토 히로부미의 목을 베고 5적을 토벌하여 원수를 갚고자 했는데, 의는 크고 병사가 적어 이런 처지에 이르렀다. 비록 절의만으로 일어났지만 장차 지혜와 용기 있는 용사들이 많이 나와 치욕을 갚을 것이다."

　양회일은 광주지방법원에서 15년 유배형을 받고 목포 앞의 섬, 지도에 유배된다. 1907년 순종의 즉위 은사로 풀려나지만, 일제는 1908년 5월 이백래가 주도한 호남 창의소에 가담했다는 이유로 그를 다시 체포한다. 강진 헌병대로 끌려간 양회일은 다음 달 장흥 헌병대로 이관된 후 밥 한 톨까지 거부하며 항거하다 곡기를 끊은 지 일주일 만에 "너희가 천하의 의사를 다 죽일 수는 없을 것이다"라는 말을 남긴 채 세상을 뜬다. 1908년 6월 24일(음력)이다. 1990년, 정부는 그에게 애국장을 추서한다.

쌍산의소 현장을 찾다

한말 전라도는 최대 의병항쟁지였다. 1909년의 경우 전투 횟수의 47.2%가, 참여 의병의 60%가 전라도서 일어났고 전라도 사람이 참여했다. 한말 전라도 의병의 거점이 남도 땅 곳곳에 남아 있는 이유다. 그중 하나가 화순군 이양면 증리, 계당산 자락에 위치한 쌍산의소다. 예부터 계당산 일대는 쌍산, 쌍봉 또는 쌍치라 불렸다. 양회일 의병의 의진을 쌍산의소라 부른 이유다.

양회일 의병부대의 훈련장과 막사 터가 있던 쌍산의소를 찾아가는 길은 쉽지 않다. 철감선사 승탑을 품고 있는 절 쌍봉사 건너편 계당산 깊숙한 곳에 자리잡고 있을 뿐 아니라, 들어가는 길이 좁고 패어 있어 차를 타고 들어가기조차 쉽지 않기 때문이다. 쌍산의소를 찾아가는 길은 두 갈래다. 하나는 쌍봉사 입구 앞에서 쌍산의소 의병 발의지와 무기 제작터가 있는 증동마을을 통해 가는 길이고, 또 하나는 쌍봉사 입구에서 화순 방향으로 조금 오르다 오른쪽 산자락 길을 따라가는 길이다. 의병 발의지가 있는 증동마을과 막사 터는 계당산 자락 앞뒤로 위치하는데, 조그마한 임도로 연결되어 있다.

4킬로미터를 달리자 화순은 물론 보성·정읍·남원·구례·순창 등지에서 물려둔 의병들을 수용하기 위한 막사 터와 훈련장이 나온다. 막사 터 표석과 안내판이 있다. 0.5~1미터 높이의 돌담 흔적과 원형 또는 사각형의 크고 작은 석축 막사 터 20여 기가 남아 있다. 막사로 이용된 석축 바깥으로는 기다란 석축이 수백 미터 잇대어 있다. 일종의 막사와 훈련장을 보호하는 의병성으로, 적군의 기습에 대비하기 위한 것이었다. 막사 터 입구에는 만세바위라 불리는 두 개의 너럭바위가 있다. 훈련 중 의병들이 올라가 만세를 불렀다 해서 붙은 이름이라고 한다. 바로 곁에 지석천의 시원(始原)인 개울물이 흐른다. 의병들은 이 물로 목을 축이고, 주린 배를 채웠으며, 취사에도 사용했으니 생명수인 셈이다.

쌍산의소는 이와 같은 입지 때문에 남도의 후기 의병을 주도했던 안규홍·임창모·안찬재 등의 의병부대들도 늘 이용하던 장소였다. 물론 한국

쌍산의소 의병 발의지(이양면 증리 증동마을 60)

전쟁 당시 빨치산의 아지트이기도 했다.

　임도를 따라 고개를 넘어가면 양회일이 최초로 거병을 모의했던 의병 마을인 증동마을이 나온다. 당시 마을 주민은 의병들을 위해 식량을 제공하고, 막사를 지을 때 필요한 돌을 날랐다. 지금 마을은 5가구도 채 남지 않은 조그마한 산촌이지만, 1907년 이곳은 의병들로 북적대던 마을이었다. 마을 주차장 곁에는 의병마을답게 의병들의 혼을 기리는 쌍산의병사(雙山義兵祠)라는 사당이 건립되어 있다. 사당 뒤로 돌아가면 양회일이 1906년 12월경 거병을 결의했던 임노복의 집이 복원되어 있다.

　여기서 데크로 잘 다듬어진 길을 따라 300여 미터를 돌아가면 무기를 제작하던 장소인 대장간 터가 나온다. 대장간 터 북쪽 최상부에는 높이 1미터 길이 7미터의 석축 흔적이 남아 있는데, 제철 공정을 지휘하던 건물지로 추정된다. 주변에는 쇠물덩어리(슬래그)가 여기저기 널려 있어, 200여 의병이 무장한 화승총이나 천보총의 탄환을 만들었음을 알 수 있다. 이곳 대장간 터에서 500여 미터 떨어진 왼편 날개자락에는 무기를 만드는 데 쓰인 유황을 보관했던 유황굴도 있다. 현재는 굴 내부가 무너져 확인할 수 없지만, 이곳에 유황을 쌓아놓고 무기 제조할 때 꺼내어 사용했다고 한다.

　이처럼 계당산 자락과 증동마을 일대에는 의병 모의지를 포함, 무기를 제작하던 대장간과 유황굴, 의병들의 훈련장과 막사터 등이 보존되어 있

3부

양회일 의병장 순의기념비

다. 의병들의 막사와 훈련장, 무기를 제작한 대장간이 함께 있는 곳은 매우 드물다. 2007년 쌍산의소 일대가 사적 485호로 지정된 이유다.

쌍산의소를 이끈 대장 양회일의 흔적은 또 있다. 그가 살았던 화순군 이양면 쌍봉마을 입구에는 2002년 건립된 의병장 행사 양선생 회일 순의기념비(義兵將杏史梁先生會一殉義紀念碑)가 있는데, 태극기가 새겨져 있어 뭉클하다. 순의기념비 옆에는 학포 양팽손 신도비와 1948년 건립된 행사 양공 회일 순의비(杏史梁公會一殉義碑)가 함께 서 있다.

그의 순의비가 서 있는 앞산에 그의 무덤이 있는데, 묘비석에는 '대한 순국 의사 행사 양공지묘(大韓殉國義士杏史梁公之墓)'라고 새겨져 있다. 여흥 민씨와 파평 윤씨 등 두 부인과 함께 잠들어 있는데, 응달이어서인지 무덤 봉분이 무너지고 풀이 나지 않아 마음이 무겁다.

10.

축예지계의 전략을 제시한 의병장
녹천 고광순

창평 유천리에서 태어나다

호남은 임진의병에 이어 한말 최대 의병 항쟁지였다. 전라도는 1908년 일본군과 전투 횟수의 25%와 의병 수의 24.7%를, 1909년에는 전투 횟수의 47.2%와 의병 수의 60%를 차지하였다. 따라서 전라도는 의병의 발길이 미치지 않은 곳이 없었다. 이 시기 가장 돋보이는 활동을 한 분이 전라도 의병의 선구자로 불리는 녹천 고광순이다.

일제하 호남 8대 의병장으로 불린 녹천 고광순(高光洵, 1848~1907)은 1848년 창평현 현내면 유천리(담양군 창평면 유천리)에서 고정상과 광산 김씨의 셋째 아들로 태어난다. 창평은 임진왜란 당시 부친 고경명과 거병한 후 금산전투에서 순절한 학봉 고인후(高因厚, 1561~1592)의 처가였다. 인후가 순국하자 그의 다섯 아들은 창평 외가에 맡겨진다. 창평 고씨라 불린 인후의 후손들이 창평에서 터를 잡게 되었고, 인후의 사손(祀孫, 조상의 제사를 맡아 받드는 자손)인 고광순이 가국지수(家國之讐, 집안과 나라의 원수)를 외치며 창평에서 거병할 수 있었던 이유였다.

고광순은 어려서부터 재주가 출중했고 행동은 신중했다. 그가 외조부로부터 학문을 익히던 중 종가의 양자로 가게 되자, 외조부는 "외손 네

명 중 제일 똑똑이를 빼앗겼다"며 아쉬워
했다고 한다.

그가 어떤 성품을 지닌 인물이었는지
는 다음 일화가 잘 보여준다. 그는 과거
에 응시하기 위해 서울로 상경한다. 이때
척신이자 시관인 민응식이 고광순과 만
나 인물됨을 살핀 후 수석으로 선발하겠
다고 약속한다. 그런데 관서에 살던 사람
이 돈 백만 냥을 뇌물로 바치자 고광순은
낙방하고 만다. 뇌물을 바치지 않았기 때
문이다. 고광순은 민응식을 향해 "대감이
돈 백만 냥으로 선비를 조롱한다는 말이

녹천 고광순 의병장 초상화

요, 참으로 일전(一錢) 가치도 없소"라며 부패한 시관(試官) 민응식을 꾸짖
고 낙향한다. 그가 평생 과거를 포기한 이유다.

호남 의병의 출발을 알리다

고광순은 임진왜란 때 순국한 의병장 고경명·고종후·고인후 3부자의
후예답게 가풍의 영향을 받아 어려서부터 절의가 남달리 투철했다. 48
세 되던 1895년 명성황후 시해 사건(을미사변)이 일어나자, 그는 국왕에게
상소를 올려 "국사를 그르친 괴수를 죽여 국법을 밝히고 나라를 망치는
왜적을 빨리 물리쳐 원수를 갚아야 한다"고 하면서 을미사변의 원흉들
을 단죄할 것을 통렬하게 주장한다. 이어 단발령이 내려지자 장성의 기
우만·기삼연과 함께 장성의병을 일으킨다. 호남 최초의 의병이지만, 싸
움 한번 해보지 못하고 해산된다.

1906년 면암 최익현이 전 낙안군수 임병찬과 함께 태인의 무성서원에
서 거병하자 녹천은 울분을 참지 못하고 백낙구 등과 구례에서 의병을
일으킨다. 이 무렵 녹천은 고종으로부터 비밀리에 의병 봉기를 촉구하는
애통조(哀痛詔)를 받고 토적복수(討賊復讐)를 맹세하고 있던 때였다.

고광순 부대가 사용한 의병기 '불원복기'

녹천은 1907년 2월 남원 향리 양한규와 연합하여 남원을 공격하기로 약속하고, 1월 창평 소재 저산(猪山)의 전주 이씨 제각(祭閣)에서 의진을 결성한다. 당시 고광순 의진을 주도한 인물이 고제량, 고광수, 고광훈, 고광문 등 창평면 유천리의 고씨들이다. 하지만 고광순 의진이 남원에 도착하기 전 양한규 의진이 먼저 일어났다가 패퇴함으로써 남원을 점령하려던 계획은 물거품이 되고 만다. 이후 고광순의 창평의진은 창평·능주·동복 등지를 전전하며 일제를 괴롭힌다. 일제는 고광순을 '호남 의병의 선구자' 혹은 '고충신'이라 불렀지만 눈엣가시였다.

1907년 9월, 고광순은 화력과 훈련 면에서 압도적인 일제 군경과 맞서 싸우는 방식을 탈피하기 위해 축예지계(蓄銳之計)라는 새로운 전략을 세운다. 장기 항전에 대비하여 일정 기간 예기(銳氣, 날카롭고 굳세며 적극적인 기세)를 기른 후 전쟁을 불사한다는 전략이다. 이를 위해 고광순이 찾아낸 최적의 의병 기지는 연곡사가 위치한 피아골이다.

연곡사에서 순국하다

고광순은 의진을 이끌고 남원에서 곡성·광양·구례를 거쳐 지리산 피아골로 들어간다. 그리고 본영으로 삼은 연곡사 입구에 국권을 상징하던 태극기에 '불원복(不遠復)'이라 적은 이른바 불원복기를 세워두고 의병들의 용기를 북돋운다. 불원복은 주역 복괘(復卦)에서 '소멸했던 양기가 머지않아 회복된다'는 뜻으로, 머지않아 나라를 되찾을 수 있다는 신념을 표상한 것이다.

고광순이 지리산을 근거지 삼아 경남의 안의·하동·함양 등지로 활동 지역을 넓혀가자, 일제는 경남 진해만에 있던 중포병대까지 동원하여 진압에 혈안이 된다. 1907년 10월 16일 새벽, 일제는 광주에서 1개 중대, 진해만에 있던 중포병대 소속의 1개 소대, 진주경찰서 소속 순경 등을 총동원하여 연곡사를 포위, 사격을 개시했다. 당시 고광순 의병 부대의 주력은 고광수와 윤영기가 거느리고 화개를 공격하기 위해 연곡사 본영을 벗어난 뒤였다. 고광순의 창평의진은 진력을 다해 응사했으나 중과부적이었다. 최후의 순간이 다가오자 고광순은 "한번 죽어 나라에 보답하는 것은 평소 마음을 정한 바다. 너희는 나를 위해 염려하지 말고 각자 도모하라"라고 말한 후 장렬하게 전사한다. 이때 녹천의 나이 60세였다. 임란 때 금산전투에서 전사한 고경명의 나이도 60세였다. 315년 간격으로 조상과 후손이 똑같은 나이에 의병으로 나섰다가 일본군과의 전투에서 순절한 것이다.

이 전투에서 고광순 이하 25명의 의병이 죽고 다수가 부상당한다. 일제는 전투가 끝난 뒤 연곡사와 문수암을 소각한 후 철수한다. 하지만 피아골에서 군부(軍簿)와 불원복기를 들고 피신한 고광순의 부장이던 광훈과 광문 등은 흩어진 병사들을 수습하여 구례·남원·곡성, 무등산 등지에서 항쟁을 계속했다.

일제는 연곡사를 남김없이 불태워버린다. 고광순과 고제량의 시신은 불타기 직전, 절 인근에 사는 임준홍이라는 농부가 거두어 승려들의 채소밭으로 옮겨 솔가지로 덮어 놓는다. 간신히 탈출한 고광훈이 4일이 지난 다음 상포(초상 때 쓰는 포목)를 준비해 연곡사를 찾아 오열을 삼키며 시신을 거두어 절 부근에 임시 봉분을 만든다. 그 초라한 봉분에 사람을 동원해서 흙을 더해 부은 분이 매천 황현(黃玹, 1855~1910)이다.

고광순은 순절한 다음 해인 1908년 4월, 문중의 결정에 따라 월봉산 기슭에 있는 의열공 고인후의 묘소 오른쪽에 안장된다. 그의 시신이 통과하는 고을마다 사람들이 바라보고 줄지어 서서 애석해하며 눈물을 뿌렸고, 제문을 지어 술잔을 올리기 위해 곳곳에서 영거(관을 실은 수레)를 멈추게 하여 운구 시간이 예상보다 많이 걸렸다. 고향 땅에 도착한 날에는 인근 고을에서 찾아와 재배하고 통곡한 사람들로 인산인해를 이룬다. 녹천에 대한 지역민의 뜨거운 사랑이다. 2012년 대전 현충원으로 이장하였네.

매천 황현, 추모시를 짓다

절명시 4수를 남기고 목숨을 끊은 당대 최고의 우국지사 매천 황현과 녹천 고광순의 관계도 아름답다. 황현보다 7년 연배인 고광순이 황현을 처음 만난 것은 동학농민전쟁이 발발하던 1894년, 황현이 거처하던 구례군 간전면 만수동에서였다. 고광순의 약전(略傳)을 쓴 매천은 그의 첫 인상을 "늠름했으며, 좌절하지 않은 기상이 있었다"고 서술했다.

두 번째는 간접 만남이다. 지리산 피아골 연곡사로 근거지를 옮긴 고광순은 사람을 보내 더 많은 의병을 모을 수 있도록 심금을 울리는 격문을 하나 써 달라는 청을 한다. 이에 황현은 "오늘날의 일은 격문이 필요하지 않으니 오직 노력하여 재차 후회하는 일이 없게 하라"며 완곡하게 거절한다. 그 거절이 마음에 걸린 황현은 그날 밤 격문을 썼지만, 고광순이 다시 오지 않아 건네주지 못했다. 그런데 얼마 지나지 않아 연곡사에서 고광순이 전사했다는 소식을 듣고 단순에 달려가 무덤을 만들어 주고 그의 순절을 애도하는 다음의 추모시를 남긴다.

연곡의 수많은 봉우리마다 숲은 울창한데/ 평생 나라 위해 숨어 싸우다 목숨을 바쳤도다.

전마(戰馬)는 흩어져 논두렁에 누워있고/ 까마귀 떼만 숲 사이로 날아와 앉는구나.

나같이 글만 아는 선비 무엇에 쓸 것인가/ 이름난 가문의 명성 따를 길 없네

고광순 의병장 순절비(구례 연곡사)

　홀로 서쪽을 바라보며 뜨거운 눈물 흘리니/ 새 무덤 옆에 국화가 향기를
품어 올리네.

　고광순은 사후 황현뿐만 아니라 뭇사람의 기림을 받는다. 1958년, 구
례군민은 힘을 모아 연곡사에 순절비를 세웠고, 1962년 정부는 건국훈
장 독립장을 추서한다. 그리고 2009년 불탄 그의 생가터에 그와 창평의
진을 기리는 포의사(褒義祠)가 건립된다.

11.

해남 대흥사 심적암 전투와 황준성

황준성(黃俊聖, 1879~1910)은 대한제국 국군 참령(參領)이었다. 국권 피탈 과정에서 이루어진 군대 해산에 반대한 후 완도와 해남 일대에서 의병을 일으켜 저항하다 순국한 인물이다.

참령은 계급 체계상 현재의 소령에 해당하지만, 당시는 대대장으로 3품 품계였고, 장군으로 불렸다. 지금의 소령과는 비교할 수 없는 고급 군인이었다고 볼 수 있다. 대한제국의 황궁과 황실을 지켰던 박승환 시위대 1연대 1대대장이 군대 해산에 반대하고 자결했는데, 당시 계급이 참령이다. 참령 이상으로 의병장이 된 분은 만주에서 활동하다 대한민국 임시정부 국무총리를 지낸 이동휘와 황준성 두 사람뿐이다. 이동휘는 군대 해산 당시 참령으로 강화진위대 대장이었다.

연합의진 대장으로 추대

『순종실록』 융희 2년(1908) 2월 10일 자에 "탈옥하려 한 황준성을 유배 10년에 처한다"는 내용이 있지만, 이동휘나 박승환과 달리 황준성을 기억하는 사람은 거의 없다.

황준성은 전북 진안군 남면 오정리(백운면 오정리) 출신이지만, 남아 있는 자료가 없어 그 가계를 정확하게 알지 못한다. 그의 출생연도마저도 제각각이다. 국가보훈처 공훈록에는 1880년생으로, 백과사전에는 미상으로, 각종 자료에는 1878년생이나 1879년생으로 나오기도 한다.

황준성은 군대 해산 직후 전북 익산에서 윤현보·이봉오·추기엽 등과 의병을 일으켰지만 체포·투옥된다. 당시 최고법원인 평리원(1899~1907년 존재)은 그에게 내란죄를 적용하여 유배 10년을 선고한다. 그가 완도군 군내면 죽청리(완도읍 죽청리)로 유배 와서 남도와 인연을 맺은 이유다. 죽청리에는 완도향교가 있었다. 유배 중인 그는 향교에서 아이들을 가르치며 국권 회복만을 기다리고 있었다. 이때 향교에서 가르친 제자 중 한 명이 후일 대흥사 주지 박영희, 즉 응송 스님이다.

황준성이 완도향교에서 아이들을 가르치고 있던 1908년 이봉오·추기엽(참위 출신) 등이 전주지방재판소에서 1년 유배형을 받고 완도군 군외면 황진리에 유배 온다. 황준성은 이듬해인 1909년 6월 유배지를 탈출하여 의병항쟁에 나선다.

당시 완도 지역에는 김성택(강성택) 의병장이 수십 명 의병과 함께 고금도·청산도와 해남 일대에서 활동하고 있었다. 황준성이 과거 신분을 잊고 김성택 의병 부대에서 활동하자, 김성택은 그에게 의진 대장을 맡아줄 것을 간청한다. 게다가 유배형이 끝난 후 남도 곳곳에서 활약하던 추기엽 의병장이 완도로 돌아와 자신의 의진을 이끌어달라고 요청했고, 인근 지역에서 활약하던 황두일 의병장도 의진을 이끌고 와 맡아달라고 부탁한다. 공훈전자사료관의 「폭도에 관한 제표」를 보면 추기엽과 황두일은 각각 당시 40여 명의 의병을 이끌고 있었다.

1909년 7월 7일 황준성을 대장으로 추대하고 김성택·추기엽·황두일 부대가 연합한 황준성 연합의진이 결성된다. 그 결성지가 정유재란 당시 이순신의 생명을 구한 해남군 북평면 이진 마을이다. 이진 마을은 황두일 의병장의 고향이기도 하다.

연합의진의 대장이 된 황준성은 다음날인 7월 8일, 미황사 및 대둔사(대흥사) 부근에 병력을 배치한 후 연합의진이 본부로 정한 심적암(深寂庵)으로 향한다. 그날 황준성 부대는 일진회 회원 박원재와 일본 헌병의 밀정인 진태진을 해남군 현산면 초평리에서 처단하여 일제 앞잡이 노릇하던 무리에게 경종을 울린다.

일방적 패배, 심적암 전투

7월 8일 저녁 식사는 푸짐했다. 해남군 현산면 읍호리 이참판 댁에서 소 한 마리와 백미 두 섬을 보내왔기 때문이다. 그런데 그날 저녁 일본 헌병대는 황준성이 인솔하는 150여 명의 의병진이 해남 대둔사 심적암에 주둔하고 있다는 보고를 접한다. 의병들의 동태를 비밀리에 살피던 밀정의 밀고가 들어간 것이다.

해남 수비대장 요시하라(吉原) 대위는 병력 21명과 경찰관 3명 및 헌병 4명과 연합토벌대를 편성, 심적암을 급습한다. 7월 9일 새벽 4시 30분, 의병들이 잠에서 깨어나기도 전에 연합토벌대는 사격을 개시했고, 전투는 2시간 30분 만에 연합토벌군의 일방적인 승리로 끝난다.

당시 심적암에서 잠들어 있던 의병 68명 중 24명이 사망하고, 8명이 포로로 잡힌다. 화승총 47정과 군도 5개도 빼앗긴다. 황준성 의병진의 참패였다. 황준성은 제자 박영희와 탈출에 성공하여 위기는 모면했지만, 의병 수습이 여의치 않았다. 그런 데다가 일제가 대대적인 병력을 동원하여 전라도 의병을 초토화하고 있었다. 소위 '남한폭도대토벌작전'이다. 더 이상 의병진을 유지하기 어렵다고 판단한 황준성은 의진을 해산한다. 다리에 총상을 입은 박영희에게는 후일을 도모하기 위해 대둔사에 들러 머리를 깎고 몸을 숨기라 명한다.

일제는 황준성 대장의 소재지를 파악하기 위해 밀정으로부터 받은 정보를 바탕으로 체포된 의병들에게 심한 고문을 했다. 그는 더 이상 부하들에게 고통을 줄 수 없다고 결심하고 해남 경찰서에 자진 출두한다. 1909년 12월 7일이다.

황준성은 이듬해인 1910년 2월 26일 광주지방재판소 목포지부에서 교수형을 선고받는다. 대구공소원과 고등법원에 항소, 상고했지만 결과는 바뀌지 않았다. 그해 대구 감옥에서 교수형으로 순국했는데, 그때 그의 나이 32세였다.

당시 17세였던 소년 의병 박영희는 이름을 학규, 위 등으로 바꿔 다른 지역 사찰에 숨어지내다 1911년 대둔사로 출가한다. 그는 만주로 건너가 신흥무관학교를 졸업한 후 조국 광복에 헌신했다. 그가 대둔사 응송(應松) 큰스님이다. 응송 스님은 의병활동과 독립운동을 인정받아 1990년 건국훈장 애국장을 받았지만, 1930년대의 친일 행적이 밝혀지면서 2010년 서훈이 취소된다.

심적암 의병 위령탑(대흥사 입구)

황준성의 부장이었던 추기엽은 1909년 7월 18일 부하들에게 피살당한다. 심적암 전투의 패배에 대한 책임을 물었던 것이다.

이진 마을 출신 황두일은 어떻게 되었을까? 현장을 탈출한 뒤 최후까지 저항했지만, 결국 일제의 남한폭도대토벌작전 기간에 체포되고 만다. 호남 의병을 제압한 일제는 1910년 『남한폭도대토벌기념사진첩(南韓暴徒大討伐記念寫眞帖)』을 발행했는데, 당시 붙잡힌 대표적인 호남 의병장인 안규홍·심남일 등 16명의 단체 사진이 폭도거괴(暴徒巨魁)라는 이름으로 실려있다. 이 16명의 사진에 황두일도 있다. 수형인 명부를 보면 황두일은 10년형을 선고받았지만, 이후 행적은 확인되지 않았다.

황준성은 독신으로 후사가 없어 재판기록 외에는 거의 알려진 것이 없다. 제자 응송 스님의 노력으로 1986년 건국훈장 독립장에 추서된다. 훈장과 훈장증은 한동안 응송 스님이 보관했고, 스님마저 세상을 뜨자 그의 양자 박정부가 보관하고 있다. 전해줄 후손마저 찾지 못하고 있기 때문이다. 1910년 대구 감옥에서 숨진 그의 시신이 묻힌 장소도 알지 못한다. 아직도 그의 영혼은 구천을 떠돌고 있다.

심적암에서 순국한 24명 의병의 시신은 현무교 부근, 지금의 대흥사 매표소 뒤편에 집단 매장되었다고 한다. 황준성이 이끈 연합의병 68명이 주둔했던 전투지 심적암은 도솔봉 자락 관음암 위쪽에 터만 남아 있

197

심적암 전투지   심적암 현장의 우물터

다. 현장에는 항일 의병투쟁 최후 격전지 '대흥사 심적암지'라는 제목의
간단한 안내판이 서 있어 심적암 전투의 현장이었음을 증언한다.

심적암은 1909년 7월 9일 의병들의 격전지만은 아니었다. 1933년 8월
11일, 전남운동협의회 대표 황동윤·김홍배·오문현·이기홍 등이 모여 비밀
회합을 한 역사적인 장소이기도 하다. 안내판에는 이에 관한 내용은 없
다. 언제 심적암이 사라졌는지는 확인할 수 없지만, 1933년 이후인 것만
은 분명하다.

심적암이 있었음을 알려주는 흔적은 허물어진 축대와 돌로 만든 샘터
가 전부다.

4부

1.
절명시로 민족의 자존을 일깨운 선비, 매천 황현

매천의 초상화, 그 자체가 역사

절명시 4수를 남기고 자결한 매천 황현(黃玹, 1855~1910), 그가 어떤 인물인지는 그의 얼굴만으로 충분하다. 얼굴은 그가 살아온 역사를 말해주기 때문이다.

황현의 제자 김상국은 「매천 선생 묘지명」에서 황현의 외모를 이렇게 묘사한다. "체구는 작으나 정갈하고, 이마는 넓어 얼굴의 3분의 2를 차지하고, 눈은 틀어진 듯하나 번개 치듯 빛나며, 사람을 볼 때 안광이 하늘에 비치고, 수염은 용과 같이 가볍고 시원스럽게 펼쳐진 듯하였다." 김상국이 쓴 묘지명은 매천의 외모를 표현하고 있지만, 그의 정신세계를 헤아리게 해 준다.

황현의 인물 사진 두 장도 남아 전한다. 삶을 마감하기 직전인 1909년, 소공동 대한문 앞에서 해강 김규경이 운영하는 사진관 천연당에서 찍은 것이다. 한 장에는 테두리 오른쪽에 친필로 '매천 55세 소영(梅泉五十五歲小影)'이라 쓰여 있고, 다른 한 장에는 '매천거사 55세 소영'과 함께 인생을 돌아본 그의 자작시가 있다. 시의 마지막 구절 "그대에게 묻노니, 어찌 평생 가슴 속에 불만만 쌓았는가?"에는 비판적 선비로서의 회한이 담겨 있어 가슴이 찡해 온다.

황현의 사진에 남겨진 자작시나 김상국이 묘사한 외모를 그대로 표현한 것이 당대 최고 화가 채용신이 그린 초상화다. 채용신은 고종과 면암 최익현의 초상화를 그린 화가로 유명하다. 그는 1911년 5월, 황현의 사진을 보고 갓 대신 정자관을 씌워 그린다. 채용신의 황현 초상화는 세상과 타협하지 못한 곧은 성품과, 나라 잃은 울분을 참지 못하고 자결할 수밖에 없었던 선비의 절개를 잘 표현한 수작(秀作)이다.

벼슬에 꿈을 접다

조선의 마지막 선비, 이건창·김택영과 함께 구한말 삼재(三才)라 불린 광양 출신 매천 황현이 어떤 분인지 궁금하다.

황현은 1855년(철종 6), 전남 광양시 봉강면 서석마을에서 황시묵과 풍천노씨의 맏아들로 태어난다. 본관은 장수, 자는 운경이며 호는 잘 알려진 것처럼 매천이다. 세종대의 명재상 황희와 임진왜란 당시 제2차 진주성 전투에서 순절한 충청병사 황진 등이 그의 선조다. 11세 되던 해에 구례로 유학하여 왕석보의 문하가 된다. 왕석보는 광주학생독립운동 직전 결성된 비밀결사 성진회의 핵심 인물 왕재일의 증조부다.

어릴 때부터 총명하고 학문에 대한 열정이 넘쳤으며, 특히 시와 문장에 능통했다. 17세 때 순천영(順天營)의 백일장에 응시하여 호남 전역에 이름을 떨친다. 1875년(고종 12), 서울에 올라와 이건창에게 시를 추천받아 당시 문장가이며 명사인 강위·김택영·정만조 등과 교유한다. 특히 이건창과 김택영은 스승과 친구 사이로 평생 버팀목이 된다. 29세 되던 1883년 별시 문과 초시에 1등으로 뽑히지만, 시험관이 그를 시골 출신이라 하여 2등으로 내려놓자 복시를 포기하고 귀향한다.

1886년 구례군 간전면 수평리 만수동 마을로 이사한 후 학문에만 전념하다 아버지의 뜻에 못 이겨 34세 되던 1888년 식년시 소과인 생원시에 응시, 1등으로 뽑혀 성균관 생원이 된다. 그러나 갑신정변 이후 민씨정권의 무능과 부패에 환멸을 느껴 정치인을 '귀신같은 나라의 정신 나

매천 사진과 초상화(우측)

간 사람(鬼國狂人)'이라 질타하고 벼슬의 꿈을 접는다.

한양과 절연한 그는 1890년 만수동에 "넉넉하지는 않지만 그런대로 편안히 지낼 만하다"라는 뜻의 서재 구안실(苟安室)과 삿갓 모양의 정자 일립정(一笠亭)을 짓는다. 선비의 절의를 상징하는 매화나무를 심고, 매화 나무 곁에 조그마한 우물을 만들고 매천(梅泉)이라 이름 붙인다. 황현은 그 매천을 자신의 호로 삼는다.

구안실에서 3천여 권의 서적에 파묻혀 두문불출하며 학문 연구와 저술, 후진 양성에 전념한다. 이때 쓴 책이 유명한 『매천야록』, 『동비기략』 등이다. 1천여 수의 시를 쓴 곳도 만수동이다.

근대 호양학교를 설립하다

황현이 평생 붙잡은 학문은 공맹(孔孟)의 도다. 그러나 황현이 살았던 시절 큰 흐름은 신학문이었다. "하늘이 변하지 않듯 도 또한 변하지 않는다"고 본 매천도 신학문의 실용적 가치를 인정한다. 이는 제자 김상국이 쓴 매천의 「묘지명」에 나오는 "내 나이 너보다 많으나 서양의 후생하고 나라를 이롭게 하는 방법을 배워 쇠한 우리나라의 시국을 구하는 데 한 도움을 주지 못한 것이 유감이다"라는 말에 잘 묻어난다.

이러한 매천의 입장이 반영되어 실천된 것이 그가 순국하기 2년 전인

황현의 호가 된 매천(구례군 간전면)

1908년 광의면 지천리에 건립한 호양학교(壺陽學校)다. 매천은 스승 왕석보의 후학 및 지천리의 유지들과 함께 발기인으로 참여했으며, 그의 제자 박태현, 왕수환 등은 교원이었다.

사립학교 운영은 결코 쉽지 않았다. 일제의 방해와 탄압도 문제지만, 더 어려운 현실은 교원들의 월급 등 재정난이었다. 호양학교 설립과 운영을 위한 재정은 지천리 주민의 전답과 현금 등 출연에 의지했지만 한계가 있었다. 이에 매천은 의연금 모금을 위해 '사립호양학교 모연소(募捐疏)'라는 글을 쓴다. "생각건대, 호양학교 건립의 노고는 진실로 백척간두에서 한 걸음 앞으로 나아가는 것과 같습니다. 외부로부터의 방해를 물리치매 이미 온갖 재난의 고역을 겪었고, 경영에 힘을 다 바쳤으나… 옥을 쪼다 그친 듯 어린이들을 가르칠 방도가 없으니 안타깝고, 교원들에게 급여를 못 주게 되니 선생 노릇할 자가 누가 있겠습니까?" 그의 모연소는 체면을 벗어던진 절박한 호소였다. 황현이 순국한 후 호양학교는 일제의 감시와 탄압, 재정난으로 어려움을 겪다 1920년 문을 닫고 만다.

절명시 4수와 유언을 남기다

황현인 순국하기 직전 남긴 절명시 중 제4수는 다음과 같다.

"내 일찍이 나라를 지탱하는데 조그만 공도 없었으니/ 오직 인(仁)을 이룸이요 충(忠)은 아니로다/ 겨우 윤곡(尹穀)을 따를 수 있음에 그칠 뿐/ 때를 당하여 진동(陳東)을 따르지 못함을 부끄러워하노라"

시에 나오는 윤곡과 진동은 송나라 사람이다. 윤곡은 거란 군대가 담주성을 포위하자 자결했고, 진동은 국정을 문란케 한 간신들을 탄핵하다 참형 당한 인물이다. 윤곡과 진동, 둘은 죽음의 방법이 다를 뿐, 쓰러져 가는 나라에 목숨을 던진 절의의 대표로 후세에 회자되는 인물이다.

그로부터 800여 년 후인 1910년 9월 10일(양력) 황현은 절명시 4수와 더불어 다음의 유언을 남기고 자결한다. 나라의 주권을 빼앗긴 10여 일 만이다.

"내가 죽어 의를 지켜야 할 까닭은 없으나 국가에서 선비를 키워온 지 5백 년에 나라가 망하는 날을 당하여 한 사람도 책임을 지고 죽는 사람이 없다. 어찌 가슴 아프지 아니한가. 나는 위로 황천에서 받은 올바른 마음씨를 저버린 적이 없고, 아래로는 평생 읽던 좋은 글을 저버리지 아니하려 길이 잠들려 하니 통쾌하지 아니한가. 너희는 내가 죽는 것을 지나치게 슬퍼하지 말라."

관리가 되어 녹을 먹지 않은 황현의 입장에서 보면 그는 조선 왕조가 멸망했다고 해서 반드시 죽어야 할 의무는 없었다. 그러나 그는 500년 동안 선비를 우대하고 양성했던 나라에서 망국의 슬픔을 가슴에 안고 나라를 위해 목숨을 바친 애국지사가 한 사람도 없음을 통탄한다. 그리고 자신이나마 선비의 도리를 다하기 위해 의연히 죽음의 길을 택한다.

매천이 순국하자 당시 경남일보 주필 장지연은 1910년 10월 11일 '사조(詞藻)' 난에 매천의 순절 소식과 절명시 4수를 싣는다. 매천의 순절이 알려지자 만해 한용운은 곡황매천(哭黃梅泉)이라는 만시(輓詩)를 짓는다.

1962년 대한민국 정부는 죽음으로 민족의 자존을 일깨운 매천에게 건국훈장 독립장을 추서한다. 그리고 그해 그가 순국했던 광의면 월곡 마을에 그를 기리는 매천사가 설립된다.

그가 태어난 광양에는 '매천헌'이라는 편액을 단 그의 생가가 복원되어 있고, 매천 역사공원에는 그의 묘소가 잘 다듬어져 있다. 1886년부터 1902년까지의 거처지였던 구례 간전면의 구안실에는 그의 호가 된 **205**

생가 매천헌(광양시 봉강면)

샘 매천이 최근 복원되었다. 그가 1902년부터 마지막을 보낸 구례 월곡
마을에는 그를 기리는 사당 매천사가 있고, 사랑채였던 순국의 방 대월
헌(待月軒)이 복원되어 있다. 오동나무 아래서 동학농민운동에 관한『오하
기문(梧下記聞)』을 썼다는 오동나무는 지금도 남아 매천의 마지막 모습을
전해 준다.
　구례 읍내 서시천 공원에는 왕재일과 함께 그의 동상이 있다. 황현은
오늘 구례를 상징하는 인물이니 그의 동상은 당연하다.

2.

한국광복군 제5지대장,
나주 출신 나월환

광주·전남 출신 광복군

1940년 9월 17일, 대한민국 임시정부의 마지막 정착지 쓰촨성(四川省) 충칭(重慶)에서 대한민국 임시정부 산하의 한국광복군이 창설된다. 한국광복군은 한말 의병과 만주지역에서 활동한 독립군의 전통을 계승한 무장 조직이고, 1946년 5월 복원선언을 발표하고 해산할 때까지 중국 일대에서 활동했다.

6년여 동안 존재했던 한국광복군의 규모가 어느 정도였는지는 정확하게 알 수 없다. 다만, 1945년 4월 임시정부 군무부장이 김구에게 올린 보고서를 보면 총사령부와 3개 지대의 장교 및 사병은 총 514명(중국군 장교 65명 포함)이고, 이중 광주·전남 출신은 42명이다.

42명의 광주·전남 출신 광복군은 조국 광복을 위해 다양한 활동을 전개했다. 나주 출신 광복군 지대장 나월환이 이끈 제5지대는 광복군 초창기 4개 지대 중 가장 많은 병력을 확보한 주력부대였다.

광복군 제1지대 소속의 담양 출신 김용재와 제2지대 소속의 나주 출신 최창희는 초모사업에서 활동했고, 순천 출신 조경한은 총사령부 정훈처가 창간한 광복군 기관지 《광복》의 간행을 주도했으며, 광주 출신의

나월환

제3지대 소속 박상기는 기관지 《빛》의 편집을 했다. 나주 출신 나동규와 보성 출신 최봉진은 영국군 동남아전구 총사령부가 있었던 인도 전선에 참가했고, 제2지대 소속의 강진 출신 박금동은 OSS 훈련을 받고 국내진공작전을 준비한 대원이다. 고흥 출신 유한휘는 총사령부 경위대에 배속되어 특수 임무를 수행하기도 했다. 그러나 잊어서는 안 될 광복군이 또 있다. 나주 출신인 여자 광복군 임소녀(1908~1971)가 그다. 나주 출신 광복군으로는 이미 언급한 나월환과 나동규, 최창희, 임소녀 외에도 김종호, 박성화, 이준수 등이 있다.

광주·전남 출신 광복군 42명 중 나주 출신은 제5지대장 나월환 포함 7명으로 가장 많다. 그리고 위에서 살핀 것처럼 단연 돋보이는 활동을 전개했다.

한국청년전지공작대 대장, 나월환

광주·전남 출신 광복군 중 가장 높은 지위에 오른 분은 나월환 장군이다. 광복군 총사령부 밑에 4개 지대가 있었고, 초반 50여 명이 채 되지 않던 광복군 편제에 나월환이 200여 명의 한국청년전지공작대 대원을 이끌고 합류했으니, 당시 광복군에서 그의 위치가 짐작된다.

나월환(羅月煥, 1912~1942)은 전라남도 나주시 왕곡면 송죽리에서 나종성의 4남 3녀 중 막내로 태어난다. 금성 나씨의 시조인 고려 개국공신 금성부원군 나총례의 31세손이다. 1922년 나주시 왕곡면 양산리에 개교한 양산보통학교에 입학, 1928년 졸업 후 일본으로 건너간다. 나월환은 세이쇼중학교(城成中學校)와 아오야마학원(靑山學院)에 입학한 후 수감 중인 박열을 면회하고 아나키즘 성향을 갖춘 한인 학생들과 사귀며 독립운동에 참여한다.

이후 그는 중국으로 건너간다. 그런데 그가 중국으로 건너가는 과정이 극적이다. 도쿄에서 웅변대회가 열려 많은 유명 인사가 참관했는데, 그중에는 장제스의 친위대장 전대균도 있었다. 전대균은 나월환의 연설을 감명 깊게 듣고 장차 큰 인재가 될 재목이라고 판단했다. 그는 나월환을 설득해 1931년 9월 상하이로 데려간다.

중국으로 건너온 나월환은 양여주 등 혈기왕성한 30여 명의 아나키스트들과 남화한인청년연맹에 가입했다. 남화한인청년

나월환 동상(나주 시민공원)

연맹은 1932년 5월 김구의 주선에 따라 다른 청년연맹들과 연대해 서간단(鋤奸團)을 결성하여 일제에 빌붙은 민족반역자들을 처단했다.

1934년 2월, 중앙육군군관학교 낙양분교에 한인특별반이 설립되자 나월환은 일본에서 인연을 맺은 장제스의 전위대장 전대균의 도움으로 졸업 후 중국 헌병 장교가 된다.

1937년, 나월환의 형 나일환이 사업차 중국에 들러 난징의 동생을 찾아왔다. 며칠 후 나일환이 귀국길에 오르자, 나월환은 상하이 부두까지 나와 형을 배웅한다. 이때 일본 영사관 형사대가 급습해 그를 체포했다. 나월환은 산둥성 칭다오에서 출항한 배에서 바다로 뛰어들어 탈출에 성공한 뒤 난징에 돌아왔고, 이후 탁월한 용기와 대담함을 갖췄다는 칭찬을 받는다. 그리고 중앙육군군관학교 교수 배지를 달고 다닐 수 있는 특별대우를 받는다.

1939년 10월, 나월환은 군관학교 출신 박기성 등과 함께 중국 군대를 떠나 독자적으로 한국청년전지공작대를 결성하여 대장에 취임했다. 한국청년전지공작대는 중국중앙군관학교를 졸업한 장교 12명이 중심이 되어 중국 군사기관에 복무했거나 상하이, 만주 등지에서 독립운동하던 청년지사 30여 명이 모여 조직했는데, 공작대원 중에는 김구의 장남 김

인과 조소앙의 장남 조시제도 있었다.

1940년 말, 시안과 충칭에서 한인들이 조직한 항일무장단체로는 조선의용대와 한국광복군, 한국청년전지공작대가 있었다. 조선의용대와 한국광복군은 한국청년전지공작대의 왕성한 활동을 보고 그들을 자신들 편에 끌어들이려 애썼다.

한국광복군 제5지대장 나월환

나월환은 한국광복군을 선택했다. 1941년 1월 1일 신년 단배식이 끝난 뒤, 나월환은 한국청년전지공작대 전원을 이끌고 한국광복군에 합류한다. 한국청년전지공작대원 200여 명은 한국광복군 제5지대로 편성되었고, 공작대장 나월환은 제5지대장에 임명된다. 당시 광복군 병력은 수십 명에 불과했다. 이는 당시 나월환이 이끈 제5지대가 초기 한국광복군의 주력이었음을 보여준다.

광복군 제5지대는 시안에 본부를 두고 총사령부를 호위하며 장병들을 훈련시켰다. 그리고 한편으로는 하남·화북성(河南·華北省) 등지로 가서 초모, 선전 및 첩보 활동을 했다. 1941년 5월에는 시안에서 군민 위안 및 일선 장병 위문품 모집 공연을 했는데, 그는 이 대회 주임으로 〈국경의 밤〉, 〈한국의 1용사〉, 〈아리랑〉 등을 공연하게 하여 크게 호평을 받았다.

1942년 3월 1일, 나월환은 3·1운동 기념식을 마친 뒤 제5지대 본부에서 호종남(胡宗南) 부대가 제공한 영화관람권을 대원들에게 나눠주다 실종된 며칠 후 제5지대 본부에서 얼마 떨어지지 않은 연호공원 우물 속에서 시신으로 발견된다. 노선 갈등으로 불만을 품은 부하 박동운에게 피살된 것이다. 31세의 한창 일할 나이인데, 어처구니없는 죽음이었다. 2006년 나주시민공원에 건립된 그의 동상에는 "하늘도 땅도 동지 모두가 울었다"라고 그의 죽음을 추모하는 글이 새겨져 있다.

총을 쏜 박동운은 사형 선고를 받았고, 배후 조종자 이하유·김동수는 무기징역형에 처해졌으며, 이해평, 이도순, 고여순은 15년형, 김송죽(김천성), 김용주는 2년 형을 선고받는 등 제5지대는 엄청난 소용돌이에 휩싸

나월환 묘소(대전 현충원)

인다. 1942년 4월 1일 조선의용대가 한국광복군에 합류했을 때 조선의 용대는 제1지대로, 그리고 제5지대는 기존 제1지대, 제2지대와 통합하여 제2지대로 재편된다.

광복 후 김구 주석 등 임시정부 일행이 서울에 왔을 때, 나월환의 유해도 화장되어 유골함에 넣어진 채 국내로 들어온다. 그의 유해는 곧바로 태고사에 옮겨져 그곳에서 49제를 지낸 뒤 나월환의 아버지 나종성에게 전해졌고, 나종성은 가야산 중턱에 나월환을 묻는다.

가야산 중턱에 자리잡은 나월환의 무덤은 한동안 볼품없이 방치되다가 1986년 금성 나씨 문중에서 나주시 문평면 오룡리 복룡마을 선산으로 이장했고, 2003년 대전 현충원으로 또 옮겨졌다.

나월환은 한국광복군 제5지대장으로 당당하게 부활했다. 1963년 대한민국 정부는 그에게 건국훈장 독립장을 추서했고, 2014년 '9월의 독립운동가'로 선정한다. 무덤은 대전 현충원으로 이장되어 안식을 찾았고, 2006년 나주 시민들은 그를 기억하고 기리기 위해 나주금성산 시민공원에 권총을 든 그의 동상을 세운다.

남도는 독립운동의 보고이자 비밀금고

흔히 남도 정신은 '정의로움', '항일', '독립', '민주화'라는 말로 회자된다. 어느 지역보다 당시의 시대정신인 이런 가치들을 앞장서 실천한 흔적들이 조금 더 두껍게 축적된 결과일 것이다.

최근까지만 해도 광주·전남은 임진왜란과 한말 의병 활동을 통한 항일과, 5·18 민주항쟁으로 상징되는 반독재 민주화운동을 앞장서 실천한 민주화운동지로만 인식되었다. 그러나 최근 연구 성과가 더해지면서 광주·전남은 독립운동의 중심지이며 독립운동자금의 비밀금고였음도 밝혀지고 있다.

국가보훈처는 2018년 일제강점기 수형인명부에 대한 전국 시(군)·읍·면 전수 조사를 하여 독립운동 관련 수형자 5,323명을 확인했다. 이들 5,323명은 보안법·소요·대정8년 제령7호·치안유지법 등을 위반한 자를 통계 낸 수치다. 일제가 제정한 이 법이 독립운동자들을 때려잡은 악법임은 두말할 필요가 없다. 이중 다소 낯선 '대정 8년 제령 7호'란 3·1만세운동으로 심각한 타격을 입은 일본이 한 달 보름 만인 4월 15일 독립운동자들을 탄압하기 위해 만든 법령으로, 기존 보안법보다 5배의 가중처벌을 규정한 악법 중의 악법이다.

그런데 보훈처가 발표한 5,323명 중 광주·전남 출신 인물이 1,985명으로 가장 많다. 참고로 타 시도를 보면 대전·충남이 1,205명, 인천·경기가 456명, 대구·경북이 404명, 제주 214명, 부산·경남이 198명이다. 광주·전남의 1,985명은 독립운동으로 감옥살이를 한 전체 인원의 37.3%를 차지한다. 광주·전남을 독립운동의 보고라고 부르는 이유다.

광주·전남인들은 독립운동 자금 모금에도 적극적으로 참여했다. 2019년 4월 전남대학교 김재기 교수는 광주·전남인들이 임시정부의 독립운동 자금 모금에 조직적으로 참여한 조선총독부 경무국 문서를 분석한 자료를 공개했다. '전라남도에서 가정부(假政府, 임시정부) 조선독립군 자금 모집원 검거'라는 제목으로 작성되어 일본 외무성까지 보고된 이 문서에는 북간도 신흥무관학교 한문 교사인 신덕영이 최양옥 등과 함께 광주

3·1운동 주도자 이윤호·노석정 등을 비밀리에 만나 독립운동 자금을 모금했다는 사실이 적시되어 있다. 조선민족대동단 단원들인 이들은 일제의 감시를 피하고자 농림주식회사를 설립하여 회원을 모집하고 불입금을 독립운동 자금으로 모았다. 전라도에서 40여 명이 참여해 약 8천 원을 모았는데, 현재 가치로 5억여 원으로 추정된다. 김 교수는 독립운동 모금에 앞장선 광주·전남을 임시정부의 비밀금고라고 불렀다.

임진왜란 당시 전국 조세의 절반 정도를 충당했던 전라도 때문에 전쟁에 승리할 수 있었던 역사를 또 계승하여 실천한 것이다.

3.

대한민국 임시정부 전라도 대표,
일강 김철

전라도 대표 임시의정원 의원에 선출되다

나비 축제로 유명한 함평에 상하이 임시정부청사가 건립되어 있다. 왜 상하이 임시정부청사가 함평에 건립되어 있을까?

1919년 4월, 상하이에 대한민국 임시정부를 수립하기 위한 초대 임시 의정원이 구성된다. 임시의정원 29명 중 전라도 대표로는 유일하게 함평 출신의 김철이 선출된다. 일강 김철, 그는 평생을 임시정부와 함께한 전 남 출신의 독립운동가다. 김철이 태어나고 자란 함평군 신광면 함정리에 그의 사당·기념관과 함께 임시정부청사가 건립된 이유다. 전라도 유일의 임시정부 의정원 의원이 된 김철이 어떤 분인지는 1931년 6월 6일자 《조 선일보》의 김철 관련 기사가 도움이 된다.

"'십여 년간 해외 풍상에 얼마나 고생이 많으신지?'라고 상하이 파견 전무길 기자가 묻자, 그는 '뭘요. 해내·외 할 것 있습니까. 피차 일반이지 요'라고 답한다. 기자는 그를 '훨씬한 체구에 사색적으로 깨끗하게 생긴', '언제나 친절하고 성의 있는 분'이라고 쓰고 있다."

멋쟁이 김철의 모습을 보는 것 같다. 김철이 어떤 분인지 더 궁금해진다.

일강(一江) 김철(金澈, 1886~1934), 그는 함평군 신광면 함정리 609번지에

김철 동상

서 부친 김동진과 모친 전주 이씨의 4남 1녀 중 3남으로 태어난다. 1908
년 영광 광흥학교에 입학하여 중학 과정을 마치고, 1912년 경성의 법부
법관양성소인 경성법률전수학교를 졸업한 후 일본 메이지대학에 진학한
다. 졸업 후 고향으로 돌아와 가장 먼저 한 일이 노비들에게 토지를 나
누어주고 각자 집으로 돌려보낸 일이다.

일제가 식민통치에 협력하라는 회유와 협박을 하자, 김철은 1917년
조국의 독립에 헌신하기 위해 식민지 망명객들이 모여 있던 상하이로
망명한다. 상하이에 도착한 김철은 1918년 민족자결주의가 제창되자 곧
바로 여운형, 장덕수, 선우혁, 조동오, 한진교 등과 함께 신한청년당을
결성한다.

김철은 신한청년당의 부주무로 기관지 《신한청년》을 발간한다. 신한
청년당은 1919년 김규식을 파리강화회의에 대표로 보냈고, 김철은 국내
로 잠입하여 천석꾼의 가산을 처분하여 독립자금 만 원을 마련한다. 한
편, 천도교 교주 손병희를 만나 3만 원의 독립자금 지원을 약속받고 3·1
거사를 협의한 후 상하이로 돌아온다.

3·1운동이 발발하자 신한청년당원들과 함께 상하이 보창로 프랑스 조
계지 내에 모여 대한독립임시사무소를 설치하고, 대한민국 임시정부 수

립 작업에 참여한다. 그리고 1919년 4월 10일 열린 제1회 임시의정원 회의에서 전라도 대표 자격으로 임시의정원 의원에 선출된다. 임시정부에서 본격적인 활동이 시작된 것이다.

임시정부 국무위원이 되다

김철은 1919년 4월 30일 열린 제2회 임시의정원 회의에서 재무위원 겸 법무위원으로 선임되었고, 8월에는 초대 교통차장에 임명된다. 총장 내정자 문창범이 취임하지 않자, 총장직까지 겸하게 된다. 교통국은 국내와의 연락, 정보수집, 국내 동포와 일제의 동향을 파악 보고함으로써 임정의 활동 방침을 결정하는 데 중요한 역할을 담당한 부서였다.

1920년 1월, 김구 등과 의용단을 발기한 후 선전위원회 위원장 안창호를 도와 선전업무에 종사하기도 했다. 1922년, 임시정부의 진로를 협의하기 위한 국민대표회의가 열렸을 때 시사책진회를 만들어 임시의정원과 국민대표회의 간의 갈등 해결에 기여했다.

1924년 5월 임시정부 국무원 회계검사국 검사장에, 1926년 12월 김구(국무령) 내각의 국무위원에 임명되었고, 1927년 8월에는 이동녕 내각에서 군무장에 임명된다. 군무장은 지금으로 치면 국방부장관에 해당한다. 1930년 12월, 김철은 군무장에 재임용된다. 이때 김구는 재무장, 삼균주의 주창자 조소앙은 외무장이었다. 군무장 김철은 임정의 무장활동을 관장하면서 김구가 조직한 한인애국단에 가입하여 활동을 지원한다. 김철 등의 지원으로 1932년 1월 이봉창은 일본 도쿄에서 일왕에게 폭탄을 투척했으며, 그해 4월 윤봉길은 상하이 훙커우 공원에서 상하이 주둔 일군 사령관인 시라카와 대장을 폭사시킨다. 이 두 의거는 침체에 빠져 있던 임정의 독립운동에 큰 활력이 된다.

이 사건 이후 일제의 추격이 급박해지자 김철은 김구와 함께 미국인 피치 목사 집에 잠시 머무른 후 항저우로 피신, 항저우 청태 제2여사 32호실에 머무른다. 이어 1932년 5월, 항저우에 당도한 임정 간부들은 김철의 거처에 임시정부판공처를 개설하고 국무회의를 개최하여 재무장에 김철, 군무장에 김구를 임명한다. 김철과 김구의 역할을 서로 맞바꾼 것이다. 1934년 1월 양기탁 내각에서 무임소장에 임명되었고, 같은 해 4월에는 국무원 비서장에 선출된다. 국무원 비서장은 김철이 맡은 임시정부 마지막 직책이다.

항저우 공원묘지에 묻히다

1934년, 임시정부에서 동분서주하던 그가 갑자기 급성 폐렴으로 쓰러진 후 항저우의 광자병원에서 숨을 거둔다. 1934년 6월 29일, 그의 나이 48세였다. 유족으로는 상하이에서 재혼한 최혜순과 미경·혜경 두 딸이 있다. 김철의 장례식은 양기탁, 이시영, 조완구 등 임정 요인들의 애도 속에 대한민국 임시정부장으로 치러지고 남송의 충신 악비의 사당인 악비묘 뒷산 공동묘지에 묻힌다. 그러나 지금 공동묘지는 아파트 단지로 변해 묘소의 위치마저 확인할 수 없다. 묘소를 찾지 못한 고향 사람들은 함평 구봉산 기슭에 세운 숭모비 아래에 아파트 단지 흙을 가져와 합토했다. 혼을 가져온 셈이다

김철은 평생을 조국의 독립에 바쳤다. 독립에 대한 그의 열의는 1921년 1월 1일자 《독립신문》에 실린 다음 글로 요약된다. "神斧鬼誅 春秋大義 日昇月恒 河山重整(신부귀주 춘추대의 일승월긍 하산중정)" 해석하면 이렇다. "신의 도끼로 귀신을 주살하는 것이 춘추의 대의다. 해가 뜨고 달이 두루 비추니 강과 산이 모두 정연하다." 도끼로 주살하려던 귀신이 일제임은 두말할 필요도 없다.

김철의 영향을 받아 조카 김석과 사촌 아우 김덕근이 또 상하이를 찾는다. 김석은 다시 귀국하여 독립자금을 모금하다 1928년 체포되어 2년간 수감된다. 석방 후 다시 상하이로 갔다가 1933년 다시 체포된 후 국내로 압송되어 5년의 옥고를 또 치른다. 김석은 광복 후 광주청년단장과 건국준비위원회 산하 치안대장을 맡기도 했다. 정부는 1968년 김석에게 건국훈장 독립장을, 김덕근에게는 1990년 건국훈장 애족장을 추서했다.

조국의 독립을 위해 모든 것을 바친 일강 김철, 그의 독립정신을 기리

안창호 등 국무위원들과 함께 찍은 사진(뒷줄 맨 왼쪽)

기 위해 정부는 1962년 건국훈장 독립장을 수여했고, 그의 고향 구봉산 기슭에 숭모비와 동상을 건립한다. 그리고 2003년 6월, 일강 김철 선생 기념관이 문을 연다. 상하이 임시정부청사 독립역사관과 함께였다.

김철 생가를 찾다

함평에서 영광으로 가는 23번 도로를 타고 가다 보면 좌측에 일강 김철 기념관 표지판이 보인다. 김철이 태어나고 자란 전남 함평군 신광면 함정리 구봉마을이다. 구봉마을 표지석 오른쪽으로 방향을 틀자 일강 김철 선생 기념관 표지석도 있다.

김철 생가터는 세 구역으로 나뉘어 있다. 임시정부청사 및 안중근 동상이 있는 왼쪽 구역과 김철의 사당과 기념관 및 동상이 있는 오른쪽 구역, 청사 뒤 김철과 두 부인이 함께 묻힌 묘역이다.

2002년 건립된 동상 속 김철은 오른손을 펴들고 왼손에는 외투를 걸친 양복 차림의 멋쟁이다. 동상 옆이 연수관이고 그 맞은편이 김철 기념관이다. 기념관은 아담하고 소박하다. 기념관에 들어서면 그의 대형사진과 함께 1920년 1월 10일 《독립신문》에 실린 글 '신년의 감상'이 새겨져 있다.

기념관은 출생과 성장, 임시정부와 김철, 한인애국단과 김철, 서거와 추모 등이 판넬로 제작되어 있어, 김철의 생애를 잘 설명해준다. 기념관 전시물 중 눈길을 끄는 것은 '대한민국임시정부 국무원'이란 제목을 단 대한민국 원년(1919) 10월 11일자가 새겨진 사진인데, 안창호 등과 찍은 것이다. 1919년 10월이면 초대 교통차장 시절인데, 국무위원 중 가장 키가 큰 쾌남이다.

의열문을 지나면 그의 영정을 모신 사당 구봉사(九峯祠)다. 김구 선생이 쓴 '獨立精神(독립정신)'이란 글자 뒤로 김철 영정이 위패를 대신하고 있다.

왼쪽 임시정부청사가 재현된 건물 앞에는 오른손을 불끈 쥔, '안중근 장군'이라는 이름이 붙은 안중근 의사 동상이 있다. 전국 15개 안중근 의사 동상 중 의사 대신 장군 호칭이 붙은 유일한 동상이다. 동상 앞 표지석에는 "대한민국 제18대 국회의원 153명이 '대한의군참모중장' 안중근 장군의 직위를 '대한의군참모대장 안중근 장군'으로 특진시켰다."라고 쓰여 있다.

1908년 안중근이 연해주 크라스키노(연추)에서 의병장으로 활동할 때의 공식 직함은 동의회 우영장이었다. 대한의군 참모중장은 안중근 의사가 재판을 받으면서 밝힌 가공의 직책이고, 이때 참모중장의 중장은 현 대한민국 군인 계급인 별 셋 중장을 가리키지도 않는다. 그런데 18대 국회의원들이 중장을 별 셋으로 이해하고 별 넷인 대장으로 승진시켰고, 동상 이름도 대한의군 대장 안중근 장군으로 부르고 있어 조금 당황스럽다.

안중근 의사 동상 뒤 건물은 상하이 임시정부청사를 그대로 재현한 임시정부청사 독립역사관이다. 재현된 청사에는 '1920년대 상하이', '일제의 만행과 고문', '함평이 품은 임시정부'라는 주제의 세 전시공간이 마련되어 있다. 3층의 붉은 벽돌집 형태, 회의실과 빛바랜 태극기, 김구 선생 등 임시정부 요원 집무실, 이봉창·윤봉길 등 애국지사들이 썼던 임시 숙소, 책상 크기며 계단 폭까지 실제 청사와 흡사하다. 삐걱거리는 나무 계단과 창문 등도 그대로 복원했고 전구, 숟가락, 재떨이 등도 중국 고건축업체로부터 수집해서 재현해 놓았다.

김씨부인이 목을 맨 단심송

임시정부청사 독립역사관 왼쪽으로 돌아가면 멋진 노송이 서 있다. 그런데 아뿔싸! 그 노송은 김철 선생의 첫째 부인 김해 김씨가 목을 매고 숨진 '순절 소나무' 또는 '단심송(丹心松)'이라 불리는 소나무다. 1917년 중국 상하이로 망명한 김철은 "나는 조국 독립을 위해 기꺼이 이 한 몸 조국에 바쳤으니 더 이상 찾지도 기대하지도 말고, 부인께서는 앞날을 알아서 처신하시오."라는 편지를 보낸다. 당시 부인에 대한 일제의 감시가 심해지자, 부인 김씨는 "부군이신 선생께서 가족 걱정 없이 오로지 독립운동에 전념토록 하기 위해서는 죽는 길밖에 없다"라고 결심한다. 그리고 이곳 소나무에 목을 맨다. 독립운동가의 가족이 감당해야 하는 아픈 역사가 단심송에 묻어 있는 것이다.

단심송 바로 곁에 두 부인(김해 김씨, 수성 최씨)과 함께 묻힌 김철의 묘다. 물론 김철의 묘는 시신 대신 항저우 공동무덤에서 파온 흙 한 줌이 전부다. 두 부인과 함께 김철의 혼과 정신이 잠들어 있는 곳이다. 무덤을 두른 둘레돌에 '愛國愛族(애국애족)' 네 글자가 새겨져 있다.

전라도 유일의 초대 임시정부 의정원 의원 일강 김철 선생은 죽어서도 조국과 민족을 뜨겁게 사랑한 독립운동가였다.

4.
백범 김구가 두 번 찾은
보성 쇠실마을

김구, 쇠실 마을을 찾다

임시정부 주석 백범 김구 선생은 살아생전 전남 보성 쇠실 마을을 두 번이나 찾는다. 보성에서도 오지인 쇠실 마을을 두 번이나 찾았던 특별한 인연을 알기 위해서는 2017년 개봉된 영화 〈대장 김창수〉의 소재가 된 치하포 사건을 알아야 한다.

1896년 3월, 김구는 황해도 안악군 치하포 여관에서 일본군이 분명한데 한복을 입고 조선인 행세를 하는 사람을 만난다. 흰 두루마기 사이로 칼집도 보였다. 김구는 이 자가 "국모를 시해한 미우라 고로(三浦梧樓)가 아닐까. 그가 아니라면 공범일 것이다."라고 판단한다. 김구는 "내가 저 한 놈을 죽여서라도 우리 국모를 죽인 원수를 갚고, 국가의 치욕을 씻어보리라"라며 그를 처단한다. 김구가 명성황후를 시해한 일본군으로 단정하고 살해한 자는 일본 육군 중위 쓰치다 조스케(土田讓亮)였다. 김구는 "국모의 원수를 갚을 목적으로 이 왜놈을 죽였노라. 해주 백운동 김창수"라고 타살 포고문과 함께 자신의 거주지와 성명을 써 놓고 고향으로 돌아온다. 그는 3개월 후 체포되어 해주감옥에 수감되었다가 인천감옥으로 이감된다. 당시 김구의 나이 스물한 살이었다.

백범 김구 은거 기념관

　일본영사 대리 하기와라 슈이치(萩原守一)는 9월 12일 대명률의 인명모
살인죄(人命謀殺人罪)로 참형할 것을 주장했지만, 법부에서는 형을 연기하
라는 전보를 인천감리서에 보낸다. 그리고 10월 23일, 법부는 김구에 대
한 교수형을 국왕에게 건의한다. 그러나 고종은 김구의 죄명이 국모보수
(國母報讐)라고 적힌 쪽지를 보고 사형 집행을 중지하는 어명을 내린다. 어
명은 3일 전 개통된 전화를 통해 인천감리서로 전달된다. 문명의 이기로
가설된 전화가 목숨을 살린 것이다. 훗날 김구는 『백범일지』에서 "만약
전화 개통이 사흘만 지체됐어도 나는 스물한 살 나이로 형장의 이슬이
돼 사라지고 말았을 운명이었다"라고 썼다.

　국모의 원수를 죽인 김구는 인천감옥에서 유명인사가 되었고, 김구의
의로운 행동을 흠모하며 격려를 보내는 이들이 많았다. 병마우후를 지
낸 강화도 사람 김주경도 그중 한 분이다. 김주경은 사재를 털어 백방으
로 구명에 나선다. 구명이 여의치 않자 더 큰 일을 위해 탈출을 권유하
는 편지를 쓴다. 김구는 이듬해인 1898년 3월 19일 인천감옥을 탈출한
다. 김구가 탈옥하자, 일제는 부친 김순영을 수감시킨다.

　인천감옥을 탈옥한 후 김구는 서울, 수원, 오산을 거쳐 광주, 함평, 강
진, 해남, 장흥 등을 돌아 보성 쇠실마을에 숨어든다. 쇠실마을과 첫 인
연을 맺게 된 연유다. 『백범일지』에도 "종씨(宗氏) 김광언 등 집에서 40여
일을 쉬었다"라고 기록하고 있다.

김구는 안동 김씨다. 안동 김씨였던 해주 출신 김구가 어떻게 안동 김씨 집성촌인 보성 쇠실마을을 찾아갔을까? 김구는 쇠실마을에 들어오기 직전, 강진 내동마을 김창묵의 집에서 하룻밤을 묵는다. 김창묵도 안동 김씨였다. 김창묵은 "강진은 사방이 트여 은신처로 적합하지 않으니 안동 김씨 집성촌인 보성 쇠실마을로 가는 게 좋겠다"라고 권유한다.

쇠실마을을 찾자, 일면식도 없는 청년 김구를 동네 사람들은 따뜻하게 맞아 준다. 그리고 달포 간 김광언의 집에 머문다. 40여 일 동안 김광언 등과 더불어 학문과 시국을 논하고, 중국 역사가 아닌 우리 역사를 공부하며 민족정기를 일깨운다. 동네 분들도 정성을 다해 대했다.

그래서였을까? 김구와 쇠실마을 주민들은 매우 힘든 이별을 한다. 마을 주민인 선계근씨 모친인 안씨 부인은 자수를 새긴 필낭(筆囊, 붓과 벼루 등을 넣는 주머니)을 김구에게 선물로 주었고, 김구는 자신이 애지중지 읽던 역사서 『동국사기(東國史記)』의 책 속표지에 '이별난(離別難)'이라는 석별의 시를 쓰고, 김두호라는 가명으로 사인한 후 김광언에게 건넨다.

"이별은 어렵고도 어려워라/ 이별은 힘들어도 꽃은 피었네/ 꽃가지 하나 꺾어서 절반으로 나누어/ 반은 종가에 남기고 반은 가지고 떠나리/ 이 세상 사노라면 언젠가는 만나련만/ 이 강산을 버리고 가려니 이 또한 어렵구나/ 네 친구와 더불어 한 달 남짓 노닐다가/ 석별의 정을 어찌하지 못하고 그저 떠나네"

23세 청년 백범의 한시 수준을 가늠케 해주는 수작이다. 행간에는 다시 만남을 기약하는 약속도 숨어 있다. 실제로 김구는 떠나면서 "내가 죽지 않으면 연락을 하겠다"라는 언약을 남기고 떠난다.

김구, 다시 쇠실마을을 찾다

1898년, 김구는 쇠실마을을 떠난 뒤 여기저기 숨어 지낸다. 한때는 마곡사 승려가 되기도 했다. 이후 치열하게 국권회복운동을 전개하다 1919년 상하이 임시정부에 투신한다. 1932년 윤봉길 의사의 홍커우 의거 배후가 김구임이 알려지면서, 임시정부를 대표하는 인물이 된다.

김광언 집에서 48년 전을 회고하는 김구

임시정부 경무국장을 시작으로 내무총장, 국무령, 내무장, 재무장을 거쳐 1940년 3월부터 대한민국 임시정부 주석에 오른다. 그리고 오매불망 기다리던 해방을 맞는다. 미 군정으로부터 임시정부로 인정받지 못한 채 1945년 11월 3일 입국했지만, 임시정부 주석을 맞이하는 국민의 환영은 대단했다.

1946년 9월, 백범은 대한민국 임시정부 주석 신분으로 삼남 지방을 찾는다. 치하포 사건 당시 도망자 신분이던 자신을 숨겨주고 도와준 분들에게 고마움을 전하기 위해서였다. 40여 일 머무른 보성 쇠실마을도 그중 하나였다. 당시의 감격적인 답방 모습은 김구의 음성이 담긴 『백범일지』가 제격이다.

"보성군 득량면 득량리(쇠실마을―필자 주)는 48년 전 망명할 때 수삼 개월(40여 일의 오류―필자 주)이나 머물렀던 곳이다. 그곳은 나의 동족들이 일군 동족 부락인데, 동족들은 물론이고 인근 지방 동포들의 환영 역시 성황을 이루었다. 입구의 도로를 수리하고 솔문을 세웠으며, 환영나온 남녀 동포들이 도열하여 나를 맞이하는지라 걸어서 동네로 들어갔다. 내가 48년 전 유숙하며 글을 보던 고 김광언 씨의 가옥은 옛날 그대로의 모습으로 나를 환영하니, 불귀의 객이 된 김광언 씨에 대한 감회를 금할 수 없었다."

백범이 다시 방문한다는 소식을 들은 보성군민들은 보성역에서 쇠실마을까지 빨간 카펫 대신 깨끗한 황토를 깔았고, 마을 사람들은 마을 입구에 파리 개선문보다 멋진 소나무 대문(솔문)을 세워 환영했다. 1946년 9월 22일, 두 번째 답방 모습이다.

백범은 김광언의 집 마루에 앉아 48년 전을 회상하며, 당시 따뜻했던 마을 사람들의 정에 감사를 표한다. 그런데 안타까움도 있었다. 김구가 은거했던 집은 그대로인데, 집주인 김광언은 이미 고인이 되었다. 김구를 어린 나이에 보았다는 종족 김판남 씨는 김구가 주고 간 『동국사기』를 내보인다. 『동국사기』를 본 김구의 눈가가 촉촉이 젖는다.

필낭을 준 안씨 부인과는 보성읍에서 재회한다. 안씨 부인이 전 가족을 거느리고 마중 나오자, 김구는 이들과의 만남을 "감격에 넘치었다"라고 『백범일지』에 소회를 남긴다. 48년 전 필낭의 추억이 백범 김구를 감격하게 만든 것이다.

쇠실마을을 찾다

김구 선생의 은거지 보성 쇠실마을, 뒷산은 대룡산이고 앞산은 반섬산이다. 그 두 산 사이로 난 길이 목포에서 영암·보성을 거쳐 순천으로 가는 국도 2호선이다. 보성과 예당 사이에 쇠실 쉼터가 있는데, 그 근처가 쇠실마을이다.

쇠실마을로 들어가려면 국도 2호선 밑 터널(토끼굴)을 지나야 한다. 터널 입구 왼쪽에는 '쇠실마을' 표석이, 오른쪽에는 '백범 김구 선생 은거기념관' 표지판이 서 있다. 터널은 차량 한 대가 겨우 드나들 수 있는 크기인데, 버스를 타고 들어갈 때마다 통과할 수 있을지 가슴 졸이곤 한다. 바깥세상과 통하는 유일한 통로, 토끼굴을 지나면 마을 앞에 버스 주차장이 있고, 여기서부터는 걸어서 올라가야 한다.

좁은 골목길을 따라 올라가면 김구 선생의 은거지였던 김광언의 집이 나온다. 대문 앞 오른쪽에는 '백범 김구 선생께서 은거하신 집'이라 새긴 표지석이 있고, 왼쪽에는 '백범 김구 선생 은거가'라고 쓴 안내판이 있다.

문은 언제나 열려 있어 김광언의 집을 들여다볼 수 있다. 지금 집은

김광언 집 입구에 세워진 김구 은거
표지석

김구가 머물렀던 당시 모습은 아니다. 사진 속 집은 5칸 초가집인데, 지금은 기와집으로 바뀌었다. 5칸 집은 김광언이 마을의 중심인물임을 말해준다. 이 집에서 김구는 1898년 40여 일을 머물렀고, 1946년 9월 마루에 걸터앉아 마을 사람들과 당시를 회고하며 정담을 나눈 것이다. 김광언의 집은 김구 선생이 두 번이나 다녀가면서 역사의 현장이 된다. 김광언의 집과 마루는 짧은 인연마저도 소중하게 여기는 김구의 따뜻함이 녹아 있는 장소로 오랫동안 기억될 것 같다.

김광언의 집 왼쪽에는 쇠실마을과의 소중한 인연을 기리기 위해 2006년 건립된 백범 김구 은거 기념관이 있다. 3칸 맞배지붕 건물인데, 내가 본 가장 아담하고 소박한 기념관이다. 기념관은 김구 선생이 걸어온 독립운동의 길, 김구 선생과 보성 쇠실마을, 김구 선생이 우리에게 남긴 것 등 쇠실마을과 맺은 소중한 인연이 잘 정리되어 있다. 덤으로 보성 출신 독립운동가들도 소개되어 있고, 구석에는 김구 선생의 휘호 6점도 걸려 있다. '白丁凡夫(백정범부)', 爭頭爭足(쟁두쟁족)'도 그중 하나다. '백정범부'에는 가장 낮은 계층인 백정과 평범한 범부들의 애국심이 자신 정도는 되어야 완전한 독립국민이 되겠다는 바람이 담겨 있다. 머리 즉 우두머리가 되려고 싸우지 말고, 발이 되기를 다투라는 '쟁두쟁족'은 "열심히 발 노릇하다 보면 하기 싫어도 밀려서 우두머리가 된다"는 의미인데, 쟁족을 강조한 말이다.

기념관 마당 왼쪽에는 2006년 건립된 백범 김구 선생 은거 추모비가 있고, 왼쪽에는 김구가 떠날 때 남긴 '이별난(離別難)'을 새긴 비도 있다. 한시인데 번역문도 함께 새겨 읽기가 편하다. '이별난'은 23세 김구의 한학 실력이 어느 정도인지를 잘 보여 준다.

기념관 오른쪽으로 돌아가면 뒷산에 올라 운동한 후 내려와 목을 적신 우물이 있다. 우물가에는 하얀 두루마기를 입고 오른손에 모자, 왼손에 지팡이를 든 김구가 서 있다. 할아버지 김구가 아닌 '23세 김창수'의 모습이 더 사실에 부합할 것 같은데, 그래도 정겹다.

우물이 있는 곳은 마을 제일 위쪽이다. 마을은 대룡산(445미터)의 웅장한 산세에 빙 둘러싸인 분지 형태다. 완전히 단절된 심산유곡, 김구가 숨어지내기는 안성맞춤의 동네였다는 생각이 절로 든다. 마을로 들어오는 유일한 길도 좁은 샛길이었을 것이다.

쇠실마을 가까이 국도변에 있는 쇠실 쉼터에도 1990년 건립된 김구 은거 추모비가 서 있다.

5.

의열 투쟁의 출발,
유리개걸지사 기산도

의열투쟁의 출발, 기산도

1905년 11월 17일, 일제는 을사오적을 앞세워 대한제국의 외교권을 강탈하기 위해 이른바 을사늑약을 체결한다. 이 소식이 알려지자, 11월 20일 장지연은 《황성신문》에 '시일야방성대곡(是日也放聲大哭)'이라는 논설을 써 울분을 토로했고, 11월 30일에는 전 탁지부대신 민영환이 자결로 항거한다.

을사오적 중 한 명이 대한제국의 국방 책임자 군부대신 이근택이다. 이근택의 매국 행위에 대해서는 그의 노비조차 분노했다. 조약이 체결되던 날, 퇴궐하여 집으로 돌아온 이근택은 집안사람들을 불러놓고 궁중에서 신조약을 늑약하던 일을 설명하면서 "내 다행히 죽음을 면하게 되었다"고 말한다. 이 말을 부엌에서 들은 계집종이 식칼을 가지고 나와 꾸짖는 이야기가 황현의 『매천야록』에 나오고, '이름 없는 비녀(婢女, 여종)'라는 제목으로 한때는 국어교과서에 실리기도 했다.

이근택의 처치는 장성 출신 기산도의 몫이 된다. 1906년 2월 16일 자정 무렵, 기산도는 이근철, 이범석과 함께 계동 마루턱 이근택의 집 담을 뛰어넘는다. 이들은 이근택의 침실을 급습한 뒤 이근택의 머리와 왼쪽 어깨, 오른쪽 팔과 등 10여 곳을 난자했다. 이근택과 그의 첩의 울부짖음을 듣고 하인을 비롯하여 경호 병사와 순검, 일제 헌병이 급히 달려왔지만, 기산도 일행은 이미 남쪽 밧줄을 타고 탈출한 뒤였다.

이근택 암살 사건은 곧바로 《대한매일신보》에 '李氏逢刺(이씨봉자)'라는 제목하에 다음과 같이 대서특필되었다.

"군부대신 이근택씨가 재작일 하오 12시경 그의 별실과 함께 막 옷을 벗고 취침하려 할 즘에 갑자기 양복을 입은 신원을 알 수 없는 3인이 칼을 들고 돌입하여 가슴과 등 여러 곳을 난자하여 중상을 입고 바닥에 혼절한바, 그의 집 청지기 김가가 내실에 시끄러운 소리를 듣고 괴이히 여겨 탐문하고자 하니 갑자기 양복 입은 3명이 안에서 급히 나와 놀라 '누구냐' 하고 물은즉 이들이 역시 칼로 김가를 타격하여 귀와 어깨에 부상을 입히고 곧바로 도망갔다. 이군대(李軍大, 이근택 군부대신)는 한성병원에서 치료 중이나 부상이 극중하여 위험이 팔구분(八九分, 십중팔구)이라더라."

기산도 등의 거사는 이근택이 한성병원에서 살아나면서 실패로 끝났지만, 사건은 조정을 경악케 했다. 특히 을사오적 등 매국노들에게는 큰 충격이었다. 이 사건 이후 을사오적들은 불안에 떨었으며, 혹시 있을지도 모르는 암살을 모면하기 위해 경호를 더욱더 강화한다. 이완용·박제순·이지용·권중현 등 오적의 집에는 두 배나 많은 병사가 배치되어 총을 메고 지켰다.

취조 중에 기산도는 "너희 5적을 죽이려는 것이 어찌 나 한 사람뿐이겠느냐? 너를 죽이려던 것이 서툴러 탄로 나게 된 것만이 한스럽다"라며 당당했다.

떠돌이 거지지사로 불리다

기산도가 옥에서 풀려난 것은 1908년 2월 중순경이다. 옥에서 풀려난 후 가장 먼저 찾은 곳은 광주였다. 호남창의회맹소 대장 기삼연이 1월 2일(음력) 광주천에서 일제 경찰에 의해 처형되었다는 소식을 들었기 때문이다. 기삼연은 기산도의 종조부다. 기삼연이 순국하자 광주의 선비 안 **229**

기산도 의사

규용이 관을 갖추고 시신을 수습하여 서탑등 (현 광주공원)에 장례지냈는데, 장례 직후 쯤 내려온 것 같다.

이후 기산도의 활동은 연해주 일대에서 확인된다. 안중근 의사 의거 직전 "블라디보스토크로 망명하여 안중근과 왕래하고 있다" 라고 한 일제의 보고서도 있다. 1909년 안중근 의거 직후 얼마 되지 않아 고국으로 돌아온 그는, 방랑 끝에 고흥군 도화면 당오리 당곤 마을에 몸을 숨긴다. 이후 1919년, 고종의 승하 소식을 듣고 상경하여 3·1운동에 참여한 후 중국 상하이에 임시정부가 수립되자 비밀자금을 모집, 송금하는 일을 한다. 서울에 머무르는 동안 임시정부 특파원으로 파견되어 군자금을 모금하고 있던 함평 출신 김철을 만나, 전라도 의무금 요구 특파위원에 임명된다. 기산도는 1919년 5월부터 7월 하순까지 영광, 장성, 광양, 순천, 곡성, 구례, 임실, 남원 등 전라도 일대에서 500원이 넘는 독립자금을 모은다. 장성 월평리 사람 김요선은 자신의 소를 팔아 자금을 대기도 했다. 그러던 중 기산도는 10월 21일 장성군 황룡면 관지리에서 체포되고, 3년 형을 선고받는다.

다시 투옥된 기산도는 가혹한 고문을 당한다. 매질에 의한 상처로 짓무른 그의 정강이에서 구더기가 우글거릴 정도였다. 기산도는 마지막 순간 입을 열지 않기 위해 혀를 깨문다. 동지를 지키기 위해서였다.

형기를 마치고 출옥했지만, 말도 할 수 없고 한쪽 다리를 완전히 저는 불구자가 된다. 한쪽 다리로 전국을 방랑하다 1928년 12월 4일 장흥의 차디찬 객창(客窓)에서 숨을 거둔다. 그의 나이 51세였다. 그는 마지막 숨을 거둘 때 '유리개걸지사기산도지묘(流離丐乞之士 奇山度之墓)'라는 나무비 하나만 세워 달라는 유언을 남긴다. '유리개걸지사'는 '떠돌이 걸인 선비'라는 뜻이다. 을사오적의 간담을 서늘하게 했던 기산도 의사의 최후가 너무도 안타깝다.

기산도의 혼이 잠든 현장, 고흥 당오리를 찾다

을사오적 중에서도 '국민 밉상'은 군부대신 이근택이다. 조선 주둔군 사령관 하세가와와 의형제를 맺고, 일제 추밀원장으로 한국 침략 원흉인 이토 히로부미의 양아들이 되어 거들먹거렸기 때문이다. 이근택도 국민 밉상임을 잘 알고 있었던 듯, 침실 주변에 군인 6명과 순검 4명을 배치하여 경호했고, 일제 헌병대 및 순사분파소와 비상 전화선을 연결해놓고 있었다. 이런 철통같은 이근택의 담을 뛰어넘어 안방에 침투하여 이천만 백성의 체증을 뻥 뚫어준 자객이 장성 출신의 기산도다.

그러나 오늘 기산도를 기억하는 사람은 많지 않다. 기산도(奇山度, 1869~1928)는 1869년 장성군 황룡면 아곡리에서 태어난다. 본관은 행주, 호는 의재(毅齋)다. 호남창의회맹소 대장인 성재 기삼연의 종손이며, 기우만 의병의 참모를 지낸 재(宰)의 맏아들이다. 지리산 연곡사에서 순국한 의병장 녹천 고광순은 장인이다. 할아버지가 호남창의회맹소 대장 기삼연이고, 장인은 일제가 호남의병의 수괴 중 한 분으로 꼽은 녹천 고광순이니, 기산도가 어떤 분위기에서 성장한 인물인지 짐작할 수 있겠다.

그가 태어난 장성 아곡리에는 그를 떠올릴 수 있는 흔적 하나 없다. 아곡리는 기산도만 태어난 마을이 아니다. 백비의 주인공인 아곡 박수량과 호남창의회맹소 대장 성재 기삼연이 태어난 청렴과 의열의 탯자리이기도 하다. 그런데 이걸 다 걷어차고 홍길동 테마파크라니, 다소 황당하다.

기산도 열사를 아곡리가 아닌 밀양에서 만났다. 밀양은 의열단을 창설한 약산 김원봉과 석정 윤세주의 고향으로, 대한민국 독립운동사에서 '의열(義烈)'의 상징지다. 윤세주가 태어난 집터에는 의열 기념탑이, 김원봉이 태어난 집터에는 의열 기념관이 건립되어 있다. 그런데 의열 기념관의 의열투쟁 주요 연표에서 첫 출발을 장식한 분이 이근택의 격살을 기도했던 기산도였다. 그랬다. 장성 출신의 기산도는 한국 의열투쟁의 선구였다. 이후 나철·오기호 등이 을사오적 암살단을 조직하여 오적 암살을 기도했고, 전명운·장인환은 대한제국 외교 고문 스티븐스를, 안중근

애국지사 기산도의 묘(서울 현충원)

'유리개걸지사'라 새긴 기산도 유언비
(고흥군 도화면)

은 이토를 격살한다.

이근택의 격살을 기도한 장성 출신의 기산도는 의열투쟁의 맨 앞을 차지한 분이다. 남도 역사를 들여다보면서 평생 살아온 나도 그 점을 놓치고 있었으니, 기산도가 의열 투쟁의 선구였음을 아는 남도인은 얼마나 될까? 그의 출생지 장성 아곡리에는 그를 기리는 기념물 하나 없으니, 그가 남도인에게 잊힌 것은 어쩌면 당연한지도 모른다. 우리가 기억에서 그를 몰아낸 것이다. 부끄럽다.

기산도를 만날 수 있는 또 다른 장소는 그가 이근택 저격 후 10여 년간 숨어 지낸 고흥군 도화면 당오리 당곤마을이다. 이 마을 입구 도로변에는 의사를 기리는 추모비가 서 있고, 추모비 앞에는 '유리개걸지사(流離丐乞之士)'라 새긴 유언비가 새겨진 돌비가 있다. 무덤 앞에 나무비를 세워달라고 했는데, 돌에 새겨져 있어 그나마 다행이다.

그의 시신은 장흥에 일시 묻혔다가 뒷날 양자 기노식 씨에 의해 고흥으로 옮겨진다. 1963년, 정부는 그 업적을 기려 건국훈장 독립장을 수여했고, 고흥에 있던 그의 유해가 1967년 국립묘지(현충원) 애국선열 묘역에 묻힌다.

의열 독립운동사의 출발이 된 장성 출신의 기산도, 그러나 그의 흔적은 고흥에 남은 추모비와 묘비 하나가 전부다.

6.

한말 근대교육의 선구자,
춘강 고정주

규장각 직각을 박차고 낙향하다

임진왜란 당시 담양에서 거병했던 학봉 고인후(1561~1592)가 부친 제봉 고경명과 함께 금산전투에서 순절한다. 그리고 학봉의 5남매(4남 1녀)가 맡겨진 곳이 외가였던 창평이다. 외조부모는 사고무친의 외손들을 따뜻하게 보살핀다. 학봉의 후손이 창평에 세거하게 된 이유다.

1905년 을사늑약으로 대한제국은 외교 주권을 상실한다. 잃어버린 국권을 회복하기 위해서는 교육을 통해 힘을 길러야 한다는 자강론이 등장했다. 사회진화론에 바탕을 둔 애국계몽운동이다. 이에 반해 일본과 투쟁을 통해 국권을 되찾아야 한다는 목소리도 있었다. 무장투쟁론이다. 이들은 화승총으로 무장하고 일어섰다. 바로 한말 의병이다.

학봉의 후손들도 잃어버린 주권을 되찾고자 목숨을 걸었다. 학봉 11대 사손(祀孫, 봉사손)이던 녹천 고광순(1848~1907)은 '불원복(不遠復)' 세 글자가 새겨진 태극기를 가슴에 품고 가국지수(家國之讐)의 깃발을 든다. 의병장이 된 것이다. 하지만 학봉의 10세손인 춘강 고정주(高鼎柱, 1863~1933)는 녹천 고광순과는 생각이 달랐다. "화승총 몇 정으로 어떻게 일제와 맞설 수 있겠는가"라며 영학숙에 이어 창흥의숙을 건립, 인재를 키운다.

고정주 흉상(창평초교)

자강론이다.

1907년 남원성 출정을 앞둔 녹천이 은밀히 춘강을 찾는다. "이 난세에 자손 하나는 선대의 유업을 이어야 하지 않겠는가?"라고 하자 춘강은 "광(곳간) 고리를 끌러(열어)두겠소"라고 답한다. 춘강은 의병투쟁에 동참하지는 않았지만, 그 취지를 이해하고 협조했다. 주권 회복을 위한 참여 방식은 서로 달랐지만 조국과 민족에 대한 뜨거운 충(忠, 사랑)은 같았다.

자강론자 고정주, 그는 철종 14년(1863) 담양군 창평면 삼천리에서 고제두와 전주 이씨 사이에 태어나 5세 때 큰아버지 고제승의 양자로 들어간다. 1891년 문과에 급제한 후 승문원 부정자로 관직을 시작했다. 고종은 "고경명이 그대의 몇 대 선조인가?"라고 묻고는 선물을 내리기도 했다.

1905년 규장각 직각 겸 황자전독에 임명되었으며, 이어 비서감승, 승정원 승지의 후신, 정3품 당상관)이 된다. 규장각 직각은 오늘 국립도서관장쯤에 해당한다. 그래서 사람들은 고정주를 고직각이라고 불렀다. 직각의 임무는 규장각에 보관된 각종 서적과 왕실 문서들을 관리하는 일이고, 황자전독은 왕자에게 각종 경전을 가르치는 자리였으니 의친왕 이강(1877~1955)의 스승인 셈이다. 마지막 관직이 비서감승이니 지금으로 보면 청와대 비서실에 근무한 셈이다.

이해에 을사늑약이 체결되자 이를 반대하는 상소를 올린다. 상소의 요지는 이렇다. "조약을 맺은 부신들은 매국적입니다. 나라 사람들이 모두 죽이라고 하는데 죽일 수 없다면 나라에 형정(刑政)이 있다고 할 수 있겠습니까? 폐하께서 종사를 위해 죽겠다는 뜻을 견고히 지켜, 강제로 조인된 조약을 인준하지 않고 조인한 적들을 엄한 규율로 다스리고, 그들에게 붙은 놈들을 모두 배척하고, 시무를 알고 절의가 높은 자들은 관직에 임명하길 바랍니다."

상소가 받아들여지지
않자 그는 관직을 내려놓
고 창평으로 낙향한다. 그
리고 시작한 것이 교육 운
동이다. 주권을 잃었지만
나라를 되찾을 실력을 키
우려면 인재 양성이 중요
하다고 믿은 것이다.

영학숙이 문을 연 상월정(창평)

영학숙을 건립하다

1906년 4월 춘강은 월봉산 자락 상월정(上月亭)에 영학숙(英學塾)을 설립
한다. 사위 김성수와 아들 광준에게 영어를 가르치기 위해서였다. 학숙
의 이름 영학숙의 '영'은 아예 영어(英語)의 앞글자다. 당시 본격적인 학문
을 하려면 상하이나 도쿄로 유학해야 했고, 그러자면 국내에서 영어의
기초를 어느 정도는 쌓아두어야 한다고 생각했다. 영학숙을 설립한 후
이표라는 사람을 서울에서 특별 초청했는데, 그는 영어와 일어, 한문과
산술에 능통한 교사였다.

개원 초기의 학생은 둘째 아들 고광준과 사위 인촌 김성수 두 사람이
었다. 전북 고창 출신인 인촌은 13세이던 1903년, 다섯 살 많은 고정주
의 딸 고광석과 결혼한다. 김성수는 후일 일본 와세다 대학을 졸업하고
귀국 후 경성방직 및 《동아일보》를 설립했으며, 보성전문학교(고려대학교
전신)을 인수하여 교장이 된다. 대한민국 제2대 부통령을 지내기도 했다.

호남 최초로 세워진 영어 학교는 곧장 소문이 난다. 근동에서 유능한
젊은 청년들이 모여든다. 고하 송진우(1890~1945)도 그중 한 명이다. 송진
우가 영학숙에 입학할 수 있었던 것은 부친 송훈과 고정주가 절친한 사
이였기 때문이기도 했다. 일찍이 송진우는 호남창의회맹소 대장이 된 의
병장 기삼연의 제자였다. 1896년 장성에서 거병이 실패하자 담양 송씨
문중의 식객이 되었고, 6세이던 송진우를 4년간 가르친다. 고하(古下)라 235

는 그의 호도 기삼연이 지어준다. 고비산 밑에서 낳았으니 고비산처럼 꿋꿋하게 살라는 뜻에서였다. 송진우는 이후 《동아일보》 사장을 역임한다. 이어 장성 출신 김시중, 영암 출신 현준호가 입학한다. 김시중은 후일 장성에서 신간회 활동 및 노동운동에 헌신했고, 현준호는 호남은행을 설립하는 등 큰 기업인이 된다. 마지막 학생은 장성 출신 김인수다.

영학숙은 1년 만에 문을 닫았고 6명의 학생에 그쳤지만, 김성수·송진우·현준호·김시중 등은 한국 근·현대사의 거목이 된다. 딱 1년 개설된 영학숙이 한국 근·현대 교육사에서 묵직한 위치를 차지할 수 있었던 이유다.

창흥의숙 교장이 되다

영학숙은 1908년 근대적인 커리큘럼을 갖춘 창흥의숙(昌興義塾)으로 발전한다. 창흥의숙은 처음에는 창평 객사 용주관(龍注館) 건물을 수리하여 사용했다. 개교 당시 수업연한은 4년이었고, 각 마을에서 매년 1명씩 추천받은 학생만 입학했다. 초기 10여 명의 학생만이 입학했던 이유다. 1911년 창평공립보통학교로 교명이 바뀌었으며, 1919년부터는 여학생의 입학이 허용되어 처음으로 3명의 여학생이 입학한다. 1923년 6년제로 수업연한이 연장된다. 지금의 창평초등학교다.

춘강이 창흥의숙을 열었을 당시에는 학생이 부족했다. 학교에 오려면 단발해야 했기에 부모들이 이를 꺼려 자녀들을 학교에 보내려 하지 않았기 때문이다. 고광순이 주도한 창평의병에 참여하다 순절한 집안의 경우 단발한다는 것은 쉽게 용납할 수 없었다. 창흥의숙은 수업료를 받지 않았고, 점심도 무료로 제공했다. 교장이 된 만석꾼 춘강이 모든 비용을 부담했기 때문이다.

만여 명 가까운 졸업생을 배출한 창평초등학교 출신의 인재도 즐비하다. 영학숙 출신인 김성수, 송진우와 창흥의숙 출신인 김병로만이 아니었다. 《동아일보》 사장을 지낸 고재욱, 보건사회부 장관을 지낸 고재필, 대법관을 지낸 고재호, 서울대학교 부총장을 지낸 고윤석, 헌법재판소 판사를 지낸 고중석, 무등양말 창 업자 고일석은 춘강 고정주의 친척들이 다. 이중 고일석은 창평고등학교와 창평 중학교를 설립한다. 인재 양성의 전통이 이어진 것이다. 창평초교 출신으로 이름 을 떨친 분은 고씨들만이 아니다. 국무 총리를 지낸 이한기, 서울대 공대 학장 을 지낸 이승기, 고창고보 창설자 양태 승 등도 다 창평초교 출신이다. 만주에 서 활동하다 국내로 잠입해 친일파 암

창흥의숙 기념비(창평초등학교)

살 기도로 체포된 후 10년형을 선고받은 이병욱과 옥중에서 옥사한 이 병묵 형제도, 이회창 전 총리의 외삼촌으로 국회의원을 지낸 김홍용·문 용·성용 3형제도 다 창평초교 출신이다. 이런 인재들이 시골인 창평에서 배출될 수 있었던 것은 춘강 고정주가 교육에 쏟아부은 정성 때문이다. 그를 기리는 흉상이 창평초등학교 100년 역사관에 건립된 이유다.

춘강 고정주가 태어난 창평 삼지내 마을은 2007년 우리나라 최초로 슬로우시티에 지정된 마을로, 공해 없는 자연 속에서 느림의 삶을 추구 하는 관광객이 자주 찾는 관광 명소다. 그 마을 한가운데 우뚝 솟은 솟 을대문 집이 있다. 고정주의 집이다. 그런데 문이 잠겨 있어 안으로 들어 갈 수 없다. 궁궐 같은 본채 건물은 폐허의 모습으로 흉가처럼 남아 있 다. 보기에도 민망하다.

그가 세운 창흥의숙은 오늘 창평초등학교다. 학교 건물 앞에는 1980 년 세운 '昌興義塾(창흥의숙)' 기념비가 있고, 학교 건물 본관 벽면의 '창평 초등학교가 만들어지기까지'라는 게시판에 춘강의 흉상 사진과 함께 업 적이 새겨져 있다. 역사관에는 개교 100주년을 맞아 그의 흉상이 있다.

그가 처음 영학숙을 열었던 상월정은 월봉산 자락에 위치한 용운저 수지에서 1킬로미터 떨어진 곳에 있다.

7.

항일운동의 성지,
해남 북평면 이진마을

항일운동의 성지, 이진마을

해남군 북평면에 위치한 이진마을은 완도군과 바다를 사이에 두고 마주하고 있다. 마을 서쪽에는 달마산(470미터)이, 북쪽으로는 대흥사를 품은 두륜산이 보인다. 그래서 조선 시대에는 제주도와 내륙을 연결하는 포구로 이용되었다.

제주도와 뭍을 연결하던 교통의 요지 이진마을은 한때 300호가 넘었다고 한다. 시골 마을 300호면 대단한 규모의 동네다. "북평면 면장할래? 이진마을 이장할래?"하면 "이진마을 이장한다"는 우스갯소리까지 있었다고 하니, 교역과 해산물을 통한 이진마을의 경제력이 대단했음을 알 수 있다.

이진마을은 군사의 요충지이기도 했다. 선조 21년(1598) 이곳 이진에 진이 설치된 이유다. 인조 5년(1627)에는 종4품인 만호가 주둔하는 만호진으로 승격된다. 그리고 인조 26년(1648) 이진진성을 쌓는다. 성은 남쪽과 북쪽의 높은 구릉지를 이용해 쌓았고, 중앙이 낮은 분지형으로 마을을 에워싸고 있다. 성안에 마을이 있는 것이다. 마을 안 서문 입구에 수군 만호비가 있고 성벽과 옹성 등이 남아 있다.

수군만호비(이진마을 내)

이진마을은 군사와 교통의 요충지만은 아니었다. 정유재란 당시 토사곽란(급성위장병)이 난 이순신이 주민들의 노력으로 건강을 되찾은 곳이기도 하다. 그뿐만 아니라 이진마을은 한말 대흥사 심적암 전투를 치른 황준성 의병부대의 결성지였으며, 일제강점기에는 이진학원(일명 동광학원)과 김홍배 등이 중심이 된 전국 최대의 항일조직인 전남운동협의회의 거점이었다.

이순신을 살린 마을

칠천량 해전으로 원균이 이끈 조선 수군이 박살나자 선조는 백의종군 중인 이순신을 다시 3도수군통제사로 임명한다. 이순신이 3도수군통제사를 임명받자마자 수군을 재건하기 위해 찾은 곳은 남도땅이다. 구례, 곡성, 순천, 보성을 지나면서 식량을 얻고 군대를 모은다. 그리고 장흥 회령포(회진)에서 12척의 판옥선을 인계받고 군사들과 함께 죽기를 맹세한 이순신이 강진 마량을 거쳐 명량으로 가는 도중에 들른 곳이 이진마을이다. 1597년 8월 20일(음력), 명량대첩이 있기 한 달쯤 전이다.

오랜만에 배에 올라서인지 이순신은 머리가 심하게 아프고 구역질까지 하며 몸을 가누기 어려운 상태가 된다. 『난중일기』에는 "곽란이 나서 심하게 아팠다". "곽란이 심해 일어나 움직일 수도 없었다". "배에 머물 수 없어 육지에 내렸다"라고 서술되어 있다. 병세가 심해지자, 8월 23일 이순신은 배에서 내려 이진마을로 들어선다. 이순신 장군이 마을에 들어서자, 주민들은 너나 할 것 없이 몸에 좋다는 것들을 가져와 이순신을 봉양했고, 그 덕분인지 몸이 거짓말처럼 낫는다. 이진마을 주민들이 이순신을 살린 것이다. 주민들의 도움으로 몸을 회복한 이순신이 나흘 만인 24일 이진마을을 떠나 해남 어란포구에 이르렀고, 그리고 20여 일 만에 명량대첩(9.16)의 승리를 이끌어냈다.

황준성 연합의진 결성지

이진마을은 한말 의병활동과 관련해서도 매우 중요한 곳이다. 1905년 을사늑약에 이어 1907년 대한제국 군대가 강제 해산되자, 전국에서 의병활동이 활발하게 전개된다. 1908~1909년의 의병활동은 전라도가 중심지였고, 그 중심지 중의 하나가 북평면 이진마을이었다.

한말 최대 의병 항쟁지인 전라도 의병을 진압하기 위해 일제는 1909년 9월부터 10월까지 대대적인 병력을 동원한다. 소위 '남한폭도대토벌작전'이 그것이다. 그 여파로 전라도 의병활동의 근거지는 남해안 지역으로 내려오게 되고, 마지막에는 해남 두륜산 일대가 중심지가 된다. 1909년 해남 두륜산을 중심으로 전개되던 의병활동은 각기 독립적인 부대를 형성하여 전개되고 있었는데, 이진마을 출신 황두일도 40여 명에 이르는 의병부대를 이끌고 있었다.

남한폭도대토벌작전이 시작되기 직전인 1909년 7월 7일, 황두일은 군대 해산 당시 참령(參領)으로 군대 해산에 반대한 후 의병을 일으켰다가 완도로 유배 왔던 황준성을 의병장으로 추대하고 연합의진을 결성한다. 그 연합 의병의 결성 장소가 이진마을이다.

황두일 의병이 중심이 된 연합 의병은 7월 9일 새벽 두륜산 심적암에서 들이닥친 장흥수비대 요시하라(吉原) 토벌대에게 큰 패배를 당하고 만다. 밀정의 밀고 때문이다. 최후까지 저항하던 황두일은 남한폭도대토벌작전으로 체포된다. 대한제국을 식민지화하는 데 가장 걸림돌이었던 전라도의병을 제압한 일제는 1910년 『남한폭도대토벌기념사진첩』을 발행했는데, 당시 붙잡힌 의병장 16명의 사진이 폭도거괴(暴徒巨魁)라는 이름으로 실려 있다. 이 사진에 의병장 황두일도 포함되어, 최후까지 장렬하게 저항한 호남의병장 중 한 명이었음을 알 수 있다.

전남운동협의회의 태동지

이진마을의 항일운동은 1933년 결성된 전남운동협의회 활동으로 이어진다. 이진마을에서 예비모임 후 결성된 전남운동협의회는 농민조합을 결성하여 계급의식을 고취하고 항일운동을 전개하기 위해 조직된 비밀 단체로, 1930년대 최대 규모였다.

1933년 5월 이진마을 출신 김홍배를 중심으로 농민운동을 대중적으로 지도할 기관이 필요하다는 목적에 의해 조직이 결성되었고, 이후 해남군과 완도, 장흥, 강진, 진도, 목포, 보성, 순천, 여수 등 전라남도 9개 군에 걸쳐 조직된다. 해남에는 북평면과 산이면, 현산면에 각각 지부를 두고 있었다. 활동이 노출된 후 9개 군에서 500명이 넘는 관련자가 일제 경찰에 검거되고, 이 중 57명이 치안유지법과 출판법 위반으로 광주지방법원 목포지청에 송치되어 49명이 재판을 받았다. 당시 동아·조선일보가 호외를 발행하는 등 전국을 떠들썩하게 만든 사건이다. 이를 전남운동협의회 사건이라 부른다.

이러한 전남운동협의회가 이진마을에서 시작될 수 있었던 것은 동광학원과 사회주의 독립운동가 김홍배가 있었기 때문이다. 1925년, 이진마을 출신 강기동·김대홍 등은 사설학원인 동광학원을 설립하여 완도의 항일운동가들을 강사로 초청, 이진마을과 북평면 지역 청년들의 항일의식을 고취시켰다.

동광학원을 중심으로 항일의식을 배워 간 이진마을에 1932년 일본으로 유학 갔던 김홍배가 돌아오면서, 마을 단위 농민이 중심이 된 상부조직으로 전남운동협의회가 결성된다. 김홍배는 이진마을 지주 김행준의 둘째 아들로 태어난다. 1930년 경성의 사립 경신학교를 졸업하고 일본 와세다 대학 재학 중 노동절 선전 삐라 살포 사건으로 퇴학당한다. 1932년 이진마을로 돌아온 이유다. 그리고 완도의 황동윤과 이기홍, 북평면 오산마을의 오문현 등과 전남운동협의회를 조직한다.

전남운동협의회 사건으로 재판을 받은 49명 중 해남 출신은 김홍배 등 10명이다. 이중 이진마을 출신 김아기·김암우·문둔동 등이 동광학원 **241**

이진마을 전경   이진마을 표석

출신이고, 완도 출신 차태희는 동광학원 교사였다. 동광학원이 항일독립운동의 핵심 창고였음을 알 수 있다.

김홍배를 포함, 재판받은 49명 중 5명이 이진마을 출신이다. 이는 한말 황두일 의병장과 더불어 이진마을을 항일운동의 성지라 부르는 이유다.

이진마을 청년들이 항일 독립운동에 앞장설 수 있었던 힘은 무엇이었을까? 역사적으로 이진마을은 왜적을 막아 냈던 수군진이 있던 곳, 이순신을 살려낸 곳이라는 자부심과 동광학원에서의 항일 교육, 한말 황준성 연합의진의 결성지라는 역사의식도 한몫했다고 생각된다.

이진마을이 항일 독립운동사에서 어떤 역할을 했는지는 《조선중앙일보》(1935년 7월 10일자)에 '해남 청년 노력으로 집단농장을 건설'이라는 제목을 단 다음 기사를 통해서도 확인된다. "전남 해남군 북평면 이진리는 전남도에서도 좌익운동이 맹렬한 곳이며, 재작년 노농협의회 검거 당시에도 50여 명의 청년을 검거한 일이 있었으며, 아직도 예심에 다수 청년이 들어가 있는바…" 한마디로 좌익운동이 맹렬한 곳이며 노농협의회 사건으로 50여 명의 청년이 검거된 마을이라는 것이다.

8.

신간회 이후 최대 규모 항일 조직, 전남운동협의회

동아일보, 연일 대서특필

1933년 5월 14일 전남 해남군 북평면 성도암(成道庵)에서 사회주의 계열의 항일 독립운동가들에 의해 전남운동협의회(全南運動協議會)라는 농민 조직이 결성된다. 하지만 전남운동협의회는 1년도 채 버티지 못하고 해체된다. 1934년, 강진군 병영주재소 방화사건으로 강진의 윤가현이 체포되면서 조직의 실체가 드러났기 때문이다.

1934년 2월, 전남경찰부 고등과 특별고등계 주임 노주봉의 지휘로 각 군의 경찰서가 모두 동원되어 해남·완도·장흥·강진·영암 등으로 수사가 확대된다. 그 결과 해남을 비롯한 9개 군에서 6개월 동안 558명이 검거되고, 57명이 치안유지법과 출판법 위반으로 기소되었으며, 49명이 재판을 받는다. 당시 《조선일보》는 호외를 뿌렸고, 《동아일보》는 연일 '공산주의 대비밀결사 전남운동협의회' 등의 제목을 달고 대서특필한다. 이 사건을 '전남운동협의회 사건'이라 부른다.

이 사건을 이해하려면 전남운동협의회가 결성될 수 있었던 시대적 배경을 이해해야 한다. 1925년 창립된 조선공산당은 무려 네 차례나 일경의 무자비한 탄압을 받고 지도부가 와해된다. 이에 지도부 재건을 놓고 인텔리 중심의 지도부를 노동자·농민 속에 뿌리를 둔 활동가로 바꾸자는 새로운 방침이 제기되고 많은 젊은 운동가들이 공장과 농촌으로 들어간다. 그리고 제시된 대안이 노동자·농민 중심의 당 건설이다. 사회주의 계열 항일 투사들이 농민과 노동자가 있는 농촌으로, 공장으로 들어간 이유다.

그 결과 1930년대 초반 해남·완도·강진 등에서 '농민 조직화 및 대중투쟁의 전개'라는 목표 아래 독립운동가들은 농민운동을 전개했고, 이를 묶는 상부 조직으로 전남운동협의회가 조직된 것이다. 전남운동협의회는 농촌 마을을 조직의 기본 토대로 삼고 농민반, 청년반, 소년반을 결성하고 면과 군 단위 조직을 건설했으며, 전체 조직을 지도하는 상부 조직은 철저하게 비밀에 부친다. 해남과 완도에서 출발했지만, 최종 목표는 전국적인 항일조직체의 결성이었다.

전남운동협의회 결성지, 해남군 북평면 성도암

전남운동협의회의 핵심 인물은 해남 출신의 김홍배와 오문현, 완도 출신의 황동윤과 이기홍 등이다. 김홍배와 황동윤 등은 1933년 1월 10일과 28일, 해남군 북평면 이진마을 최상준의 집에서 두 차례 모임을 갖고 두 군의 농민운동을 지도하고 통제할 기구 설치 등에 관해 협의한다.

그리고 김홍배, 황동윤, 오문현 등 3인이 1933년 5월 14일, 해남군 북평면 동해리 성도암에서 전남운동협의회를 조직하고, 협의회 밑에 사무부, 조사부, 선전 및 구원부를 둔다. 오문현이 의장에, 김홍배가 서기에 선출된다. 황동윤이 조사부를, 김홍배가 사무부를, 오문현이 조직부를 맡았고, 당일 참석하지 않은 이기홍은 선전 및 구원부를 맡는다. 기관지로는 《농민투쟁》을 발간했다.

1933년 8월 11일, 황동윤·김홍배·오문현·이기홍은 해남 대흥사 심적암 부근에서 모임을 갖고 운동 대상을 농민으로 한정했다. 그리고 지도기관으로 해남·완도 등 각 군에 걸쳐 적색농민조합을 결성하고, 마을별로 2~5명 단위의 농민반, 청년반, 소년반 결성을 결의한다. 농촌 현실에 맞

전남운동협의회 핵심 인물(《매일신보》 1934년 9월 10일자)

게 노동자를 제외한 것이다. 전남운동협의회라는 지도부 명칭도 농민조합건설준비위원회로 바꾼다.

이후 전남운동협의회는 강진·영암·장흥으로 확대된다. 전남 5개 군 53개 지역에 농민반이 조직되고, 농민야학·노동야학 등 28개소가 설치되어 문맹 퇴치와 함께 사회주의 사상을 교육했다.

전남운동협의회는 각 군의 지회 단위로 소작쟁의 활동을 지원하고 농민들의 비참한 실태, 자본가와 지주의 횡포 및 착취 행위를 풍자하는 소인극(素人劇, 아마추어 연극)을 공연했다. 소인극을 통해 지주와 소작인 관계의 계급적 모순을 인식시킨 것이다. 전남운동협의회의 핵심 인물 이기홍이 고향인 완도군 고금면 청룡리에서 70~80여 명이 모인 가운데 공연한 소인극 〈어느 농민〉의 내용은 다음과 같다. "악랄하고 엉큼한 지주가 가난한 소작인의 딸을 탐내고 빚을 독촉하는가 하면 소작권을 박탈하겠다고 위협한다. 견디다 못한 소작농의 딸은 지주와 혼례를 치른다. 바로 그 순간, 소작인의 딸을 사랑하던 동지적 입장의 소작인 아들이 감쪽같이 딸을 납치하여, 둘은 행복해진다."

우연한 사건으로 발각

1927년 신간회 결성 이후 최대 조직이던 전남운동협의회가 발각된 것은 의외의 사건 때문이다.

1933년 12월 어느 날, 강진군 군동면의 유명 술집에 청년 12명이 모 **245**

전남운동협의회 사건 관련 500여 명 검거를 보도한 《동아일보》(1934년 6월 13일자)

였다. 망년회였다. 같은 시간 옆 방에서는 강진 유지들과 강진경찰서 고등계 형사 윤금죽 등이 술을 마시고 있었다. 그런데 유지들과 함께 있던 아가씨가 자꾸만 청년들의 방을 드나들자, 화가 난 윤금죽이 아가씨 손에 수갑을 채우려 했다. 이를 본 청년들이 달려들어 싸움이 일어났고, 청년들에게 맞은 윤금죽이 비밀조직이 있는 것 같다고 전남경찰부에 보고한다.

당시 강진경찰서는 '병영주재소 방화사건'의 범인을 색출하느라 혈안이 되어 있었고, 전남경찰부는 전남지역에서 전남노농협의회라는 조직이 적발되어 117명이 검거된 상태여서 긴장하고 있던 참이었다.

이 사건을 보고 받은 전남경찰부가 강진에 내려와 청년들의 집을 압수 수색했는데, 그중 다섯 명의 집에서 마르크스 레닌 관련 서적이 발견되었고, 그 책의 주인이 윤가현임이 밝혀진다. 1934년 1월 22일 전남운동협의회 강진 지역 책임자 윤가현이 체포되고, 연이어 배후 인물로 이기홍이 체포된다. 뭔가 심상치 않은 조직의 냄새를 맡은 일제는 2월 27일 전남경찰부 고등과 특별고등계 주임 노주봉의 지휘하에 지역 경찰서와 연계하여 대대적인 조직원 검거에 들어간다. 검거 기간만 무려 6개월, 558명이 검거되고 57명이 기소된 후 49명이 재판을 받게 된다.

광주지방법원 목포지청은 전남운동협의회 핵심 간부였던 황동윤과 김홍배에게는 3년을, 오문현과 이기홍에게는 2.6년형을 선고한다. 재판을 받은 49명은 대부분 완도·해남·강진·장흥·영암군 등 5개 군 출신이었다. 1929년 일어난 광주학생독립운동 당시 참여한 후 졸업했거나 퇴학당한 분들도 5명이나 되었다. 완도 출신 이기홍과 영암 출신 최규문은 광주고보 퇴학생이며, 성진회 핵심 멤버로 장흥 농민운동에 참여했던 왕재일은 광주고보 졸업생이다. 완도 출신 문승수는 광주농업학교 졸업생이고, 완도 출신 황상남은 전남사범학교 독서회 회원이었다. 이는 광주학생독립운동 당시 주역으로 활동하다 퇴학당한 다수가 고향에 내려가 사회주의 계열 농민운동에 헌신했음을 잘 보여주는 사례다.

전남운동협의회 결성지 성도암
(해남군 북평면)

직업이 경찰인 분도 있었다. 해남군 산이면 상공리 출신 오홍탁이 그다. 당시 그는 강진경찰서 순사였다. 해남공립 농업실습학교 재학 중 사회주의를 공부했고, 경찰이 된 후에도 동지들에게 각종 정보를 전해주었으며, 전남운동협의회 산이면 지부 책임자로 활동했다. 현직 경찰이 사회주의 운동에 참여한 것은 극히 이례적인 일이어서 당시 《동아일보》(1934년 9월 10일자)에 '주모자 김홍배와 순사 오홍탁의 활동'이라는 제목의 기사가 실리기도 했다.

전남운동협의회를 결성하기 위한 예비모임 장소가 해남군 북평면 이진리 최상준의 집이다. 이진리는 협의회 주역인 김홍배가 태어난 고향일 뿐 아니라 농민운동으로 체포되어 재판을 받은 김아기·김암우·문둔동의 고향이며, 고금면 우두리 출신인 차태희의 활동지이기도 했다. 즉 해남 이진마을은 전남운동협의회의 못자리, 태동지인 셈이다. 그러나 오늘 전남운동협의회의 태동지임을 알려주는 어떤 흔적도 남아 있지 않다. 이들 청년 항일운동가들을 길러낸 사립 동광학원의 흔적도 사라진 지 오래다.

이진마을 가까이의 북평면 동해리 성도암은 전남운동협의회 결성 장소다. 성도암이 있던 곳은 저수지로 변해 버렸고, 어떤 표지판도 없다. 핵심 간부들이 만났던 대흥사 안의 심적암이나 해남 미황사 부근도 마찬가지다. 49명 중 26명만이 독립유공자로 서훈되었을 뿐, 역사적 평가마저도 야박하다(2021년 현재).

9.

2·8독립선언서를 가지고 귀국한 정광호

2·8독립선언서를 가지고 귀국하다

1919년 3월 10일, 광주천 큰 장터와 작은 장터에서 대한독립만세 소리가 우렁차게 울려 퍼진다. 광주 3·1운동의 출발은 도쿄에서 2·8독립선언을 준비하고 있던 유학생이 가져온 2·8독립선언서와 맞닿아 있다. 그 선언서를 가지고 들어와 장성에서 인쇄한 후 광주 3·1운동에 참여한 분이바로 화순군 능주면 출신의 정광호다.

정광호(鄭光好, 1895~1955)는 화순군 능주면 내리에서 온양 정씨 정대교의 2남 3녀 중 장남으로 태어난다. 광주로 이사한 후 광주공립보통학교(현 서석초등학교)를 졸업하고 경성고보 부설 임시교원양성소에 입학한다. 양성소를 졸업한 후 그는 고향에 설립된 능주공립보통학교 교사로 부임하지만, 〈독립찬가〉 노래를 가르치는 등 학생들의 배일사상을 고취시킨다는 이유로 1916년 해임된다.

능주공립보통학교에서 해임된 정광호는 일본으로 가 도쿄 메이지대학정치경제학과에 입학한 후, 조선인 유학생들과 항일 독립운동에 앞장섰다. 1919년 백관수, 김도연 등이 중심이 되어 2·8독립선언을 준비할 때, 그는 광주공립보통학교 동기 최원순·김희술 등과 선언문 등사, 동지 규

임시정부에서 활동하던 시절의 정광호

합, 장소 물색, 국내와 연락 등의 임무를 맡아 막후에서 헌신했다.

2·8독립선언서 인쇄를 맡은 그는 최팔용 외 10명이 서명한 2·8독립선언서를 지참하고 1월 말 귀국한다. 2월 2일, 서울에서 유학 중이던 광주 출신 김범수와 최정두, 장성 출신 박일구 등과 만나 2·8독립선언서를 국내에 배포하기로 뜻을 모은다. 그리고 박일구의 처가인 전남 장성군 북이면 백암리 김기형의 집에서 2월 5일부터 6일까지 한글로 된 독립선언서 600여 장과 일본어로 된 독립선언서 50여 장을 인쇄했다. 서울로 올라가 최남선을 만나 3·1운동 계획을 알게 된 그는, 다시 광주에 내려와 한길상·최한영·강석봉 등 당시 청년 집단이던 신문잡지종람소 회원들과 함께 치밀하게 준비하여 3월 10일 작은 장날 만세 운동을 일으켰다.

상하이로 망명하다

1천여 명이 참여한 광주 3·1운동 주모자들에 대한 수배령이 내리자, 그는 인천에서 밀항선을 타고 상하이로 망명한다. 그는 광주지방법원 궐석재판에서 3년 형을 선고받았다. 상하이에 도착한 정광호가 찾아간 곳은 임시정부였다. 그는 임시정부에서 국내외 비밀결사 조직들과 연락을 담당하는 교통부 참사로 근무했다. 그리고 임시정부의 진로를 정하기 위해 1923년 1월 3일부터 6월 7일까지 국민대표회의가 개최되었을 때, 그는 함평 출신 김철 등과 함께 전라도를 대표하는 대의원으로 참석했다. 여기서 그는 대표 자격 심사위원으로 활동했고, 과거문제조사위원회와 국민대표자회의 선서 및 선언문을 기초할 위원으로 선출되기도 했다.

국민대표회의가 실패로 돌아간 후 정광호는 상하이에서 청년회를 중심으로 여러 가지 활동을 벌였다. 1924년 2월경에는 상해 교민단 학무위원회 대표로 김두봉과 활동했으며, 그해 9월경에는 한국유학생회 집행위원장을 역임했다. 1925년 2월 21일에는 여운형과 신한청년당 이사로, 1927년 7월경에는 안창호 등 10여 명과 임시정부 경제후원회를 조직해 위원으로 활동하기도 했다.

광주부윤, 제헌의원이 되다

해방 이후 정광호는 김성수, 송진우, 김병로 등과 한국민주당에 참여하여 한민당 중앙집행위원 겸 조직부장이 된다. 그리고 1947년 6월 27일 미군정 당국의 발령에 의해 제3대 광주부윤(현 광주시장)에 부임한다. 그 후 한민당의 공천을 받아 1948년 좌익과 남북협상파들이 불참한 가운데 치러진 5·10 총선거에 광주에서 단독 출마하여 무투표 당선되었다.

1948년 5월 31일에 열린 개원 국회에서 그는 15명의 국회법 기초위원으로 선정된다. 그러나 그의 국회 활동 가운데 가장 두드러진 것은 정부 내 친일파 숙청에 관한 특별위원회 구성 및 반민특위활동과 관련한 것이다. 그는 1948년 8월 19일 제44차 제헌의회 본회의에서 "특별위원회를 구성해 구체적인 사실을 조사하고 확실한 근거를 수집해서 개별적으로 특정인을 친일파로 지정해서 숙청을 건의하자"라는 긴급동의를 하며 친일파 척결에 강경한 입장을 보였다. 그래서 반민족행위자를 처벌할 수 있는 특별법이 제정되었고, 이 법에 따라 반민족행위특별조사위원회(반민특위)가 구성되었다. 그의 발언은 그가 속한 한민당의 소극적인 친일파 척결 의지와는 다른 것으로, 3·1운동 및 임시정부에서 활동하던 때의 그의 사상이 바뀌지 않았음을 보여준다.

정광호는 2년 뒤인 1950년 5월 30일 치러진 제2대 국회의원 선거에서

임시정부 및 임시의정원 신년 축하 기념식(1921, 셋째 줄 오른쪽에서 여덟 번째가 정광호)

광주 대신 경기도 양주군에서 출마했지만 낙선했다. 제2대 국회의원 선거가 끝난 뒤 한 달이 채 지나지 않아 한국전쟁이 발발했고, 서울에 있던 그는 인민군에게 체포되었다. 그는 노동당중앙위원회 정치국과 군사위원회 합동으로 추진한 일명 '모시기 공작(군사위원회 8호 결정)'에 따라 납북되고 만다.

정광호, 그는 2·8독립선언서를 지니고 귀국한 후 광주 3·1운동에 불을 지핀 인물이다. 이후 상하이로 망명하여 임시정부 교통국 참사, 국민대표회의 전라도 대표 등으로 활약했다. 해방 정국에서 광주시장으로, 그리고 광주를 대표하는 제헌의원이 되어 반민특위 구성에 큰 역할을 했다. 그럼에도 그의 이름은 한동안 잊혀졌고, 광주광역시청 시장 사진에서도 누락되어 있었다. 1989년 3·1절을 맞아 그는 명예를 되찾는다. 정부는 그의 독립운동을 인정하여 건국포장을, 1990년에 건국훈장 애족장을 수여했다.

현장을 가다

정광호를 만날 수 있는 현장은 많지 않다. 한국전쟁 당시 납북되었기 때문이다. 고향 능주면 내리에는 그의 탄생지임을 알려주는 표석만 남

251

정광호 생가터비

아 있다. 능주면 내리는 능주향교 앞길을 넘어가면 바로 나온다. 정광호가 태어난 내리마을 바로 앞에 당시 최고의 교육기관인 향교가 있는 셈이다.

지금 화순군에는 향교가 셋 있다. 화순향교, 동복향교, 능주향교다. 그중 가장 먼저 건립된 곳이 1392년(태조 1) 건립된 능주향교다. 이는 조선 시대 화순군이 세 행정구역으로 나뉘어 있었고, 능주가 중심지였음을 잘 보여준다. 능주는 1632년(인조 10) 인헌왕후 구씨의 고향이라 하여 능주목으로 승격되었다가, 1895년(고종 32) 23부제를 실시할 때 나주부 능주군이 되고, 1914년 행정구역 개편 때 화순군에 합쳐져 능주면이 되었다.

정광호가 태어난 내리마을은 20여 호 정도가 사는 조그마한 마을이었다. 입구에는 정자가 있고, 가까이 위치한 내리경로당 앞에 그의 탄생지 표석이 있다. 표석이 있는 일대가 그의 탄생지였다고 한다. '독립지사 정광호 탄생지'란 제목이 붙은 표석에는 "정광호(1895~1955)는 1919년 1월 동경에서 2·8독립선언에 참여하였으며, 광주로 돌아와 3·1만세운동을 주도하였다. 1920년에는 상하이 임시정부 교통부 참사로 활동했고, 해방 후에는 제헌국회의원과 광주부윤을 지냈다"라고 생애가 간단하게 기록되어 있다. 그가 태어난 내리마을에 남아 있는 흔적의 전부다. 그에 관해서는 마을 사람들도 잘 알지 못했다.

그의 흔적은 그가 1915년부터 1년여 근무했던 능주공립보통학교(현 능주초등학교)에 전설로만 남아 있다. 능주공립보통학교는 1908년 개교한 화순 최초의 근대학교다. 능주초등학교는 1922년 독립운동가이면서 중국 혁명음악가로 널리 알려진 정율성이 1학년을 다닌 학교이니, 두 분이 한 공간에 있었던 셈이다.

서울 현충원에서도 그를 만날 수 있다. 서울 현충원 애국지사 묘역 위쪽에 있는 무후선열제단 왼편 끝에는 정광호를 비롯하여 김규식, 조소앙, 유동렬, 조완구, 박열, 정인보 등 16명의 위패가 모셔져 있다. 정광호의 혼이 현충원에 있었다. 이들은 6·25전쟁이 발발하고 인민군이 서울을 장악할 때 미처 피난하지 못한 채 서울에 남아 있다가 인민군이 후퇴하는 과정에서 납북된 인사다. 이들의 북한에서의 행적이 『압록강변의 겨울』이라는 책에 부분적으로 소개되어 있다. 납북인사들은 1953년 휴전이 이뤄지면서 서울로 환향시켜줄 것을 요구하는 환향론자와 이승만 정권의 신변 불보장으로 인한 비환향론자로 나뉘었는데, 정광호는 백관수 등과 함께 환향론자였다. 그는 비환향론자들을 비판했고, 북한 당국의 요청에 의해 1956년 7월 "남북 총선거에 따라 통일민주엽합정부를 수립할 것" 등을 제의한 재북평화통일촉진협의회가 결성되었지만, 결성식에 불참했다. 그리고 그해 11월, 돌아오고 싶던 고향이 아닌 북한에서 생을 마감했다. '애국지사 정광호 영위'라 쓰인 위패가 더 가슴 시린 이유다.

정광호, 그는 해방 직후 제3대 광주부윤(현 광주광역시장, 1947.8~1948.5)을 지낸 분이다. 그럼에도 그는 광주광역시청에서마저 잊힌 인물이었다. 시청 중회의실에는 역대 광주시장 사진이 있는데, 그의 사진조차 걸려 있지 않았다. 그런데 2019년, 3·1혁명 100주년을 맞아 그가 재조명되면서 2020년 3월 4일, 시청 중회의실 역대 광주시장 사진 게시판에 정광호의 초상화를 걸었다. 변변한 사진 한 장 남아 있지 않았기 때문이다. 늦었지만 참으로 다행한 일이 아닐 수 없다.

10.

광주 3·1운동에 불을 지핀
경성의전 김범수

광주 3·1운동의 견인차가 되다

광주 3·1독립만세 시위에 불을 지핀 인물은 광주 출신의 경성의전 학생 김범수다. 김범수(金範洙, 1899~1951)는 1899년 광산군 서방면 신안리 335-1 번지, 재매마을에서 부친 김영관과 모친 최훈의 3남으로 태어났다. 지금 광주광역시 북구 신안동으로, 도로명 주소로는 북구 서암대로 93번지다.

김범수는 1917년 경성의학전문학교(경성의전)에 입학한 수재지만, 이전에 어떤 학교를 다녔는지는 알 수 없다. 아우 언수가 광주보통학교(현 서석초등학교)를 졸업한 것으로 보아 광주보통학교를 다녔을 가능성이 높다. 하지만 『광주서석100년사』 졸업생 명부에 그의 이름은 보이지 않는다. 15세 되던 해인 1913년 화순 북면에서 '원리 박부자'로 알려진 박동표의 장녀 옥(玉)과 혼인하여 1남 4녀를 두었는데, 장인 박동표는 민족경제학자로 유명한 박현채의 큰할아버지다.

김범수는 3·1운동 당시 서울과 광주를 잇는 견인차 역할을 했다. 1919년 2월 2일, 도쿄 메이지 대학에 유학 중이던 화순 출신 정광호가 2·8독립선언서를 지참하고 1월 말 귀국한 후 찾아간 곳이 경성 송현동 김범수의 하숙집이었다. 정광호는 서울에서 유학 중이던 김범수, 박일구, 최정

두 등 전남 출신들과 만나 2·8독립선언
서를 국내에 배포키로 뜻을 모은다. 이
들은 일경의 눈을 피하기 위해 박일구의
처가인 전남 장성군 북이면 백암리 김기
형의 집에서 독립선언서를 인쇄하기로
하고, 4일 경성역을 출발하여 광주에 도
착했다. 당일 박일구는 처가가 있는 장
성으로 내려가고, 광주에서 하룻밤을
묵은 김범수는 광주보통학교 교사이자

생전의 김범수

광주 청년들의 비밀단체인 신문잡지종
람소의 회원 김태열과 만났다. 정광호와 최정두는 등사판과 인쇄용지를
가지고 장성 김기형의 집에 은밀히 숨어들었다.

이들은 김기형의 협조를 얻어 2월 5일부터 6일까지 이틀간 정광호가
가져온 등사판을 이용하여 한글로 된 독립선언서 약 600장과 일본어로
된 독립선언서 약 50장을 인쇄했다. 인쇄된 2·8독립선언서는 정광호·김범
수 등이 지니고 경성으로 잠입, 서울 3·1만세 시위 당시 민중에게 배포되
었다. 그리고 김태열은 50여 장을 가지고 광주로 와 최한영의 집에 보관
했는데, 이 선언서는 3월 9일 최한영 집에서 김강에게 건네진 후 숭일학
교 교사 최병준의 손을 거쳐 다음날인 10일, 광주 3·1독립만세 때 숭일
학교 학생들에 의해 군중에게 배포되었다.

김범수가 경성에서 3·1독립운동 지휘부와 어떻게 연결되어 있었는지
는 정확하게 알 수 없다. 그러나 2·8독립선언서를 지참한 정광호가 그를
찾아 인쇄와 시위 문제를 상의하고, 서울에서 박일구와 최정두, 광주에
내려와 신문잡지종람소 회원인 김태열까지 끌어들인 것을 보면, 그가 광
주 3·1독립운동에서 중요한 역할을 했음은 분명하다. 이는, 3월 2일 광
주를 대표해서 상경한 최흥종과 김복현(김철)이 유학생인 담양 출신 국기
열의 주선으로 청량리 산기슭에서 김범수를 만나 광주 3·1만세 시위를
논의한 것을 통해서도 확인된다.

그가 광주 3·1운동의 견인차였고 핵심 인물이었음은 광주지방재판소 255

에서 받은 형량을 통해서도 알 수 있다. 광주 3·1운동으로 체포되어 재판을 받은 104명 중 김복현 등 13명과 함께 가장 높은 3년을 선고받았기 때문이다. 대구공소원에서 3년형이 확정되어 대구감옥에 복역 중, 징역 1년 6월로 감형되어 1920년 9월 출옥했다.

무산환자에게는 치료비를 받지 않다

광주의 수재로 소문난 경성의전 학생이, 광주 3·1독립만세 시위를 주도하다 투옥된 후 복학하여 의사가 되었다는 사실은 광주의 커다란 뉴스였다. 그것도 경성이 아닌 고향 광주에서 병원을 개업했으니, 그에 대한 관심은 대단했다.

1924년 11월 17일자 《동아일보》에는 김범수의 병원 개업에 관한 기사가 '남선의원 독지(南鮮醫院篤志)'라는 제목을 달고 이렇게 실려 있다.

"광주 시내 서성정(전 광산의원 자리)에 영업을 개시한 남선의원은 종래에 총독부 의원에 근무하던 의사 김범수 씨의 경영인바 내외 설비와 입원실도 완비되었으므로 일반 환자에게 편의가 있을 뿐만 아니라 씨(김범수)는 특별히 무산환자를 위하여 실비 혹은 무료진료에 응하겠다고 한다(광주)."

그의 의사 개업이 보도된 기사 가운데 특히 "무산환자를 위하여 실비 혹은 무료진료에 응하겠다"는 내용은 감동이 아닐 수 없다. 그는 간호조수에게 "신발에 흙이 묻어있는 환자(무산환자)에게는 치료비를 받아서는 안 되고, 내쫓아서도 안 된다"며 늘 주의를 주었다고 한다. 실제로 그는 약속한 대로 무산자 계급을 위해 약속을 실천했다. 이는 1929년 11월 1일자 《중외일보》의 다음 기사로 확인된다.

"남선의원이라면 누구나 연상하는 바, '광주 수재'라고 평판 받는 김범수 군의 병원일 줄 안다. 군은 총독부 의전을 우수한 성적으로 마친 후에 남선의원의 외과의사로 근무한 의학적 기술보다도 기미운동의 희생에서 맛본 인간고(人間苦)로서 묻어나온 인간미 그것이 범인의 추수(追隨) 못할 저력의 소유자인 만치 광주 인기의 초점이 되는 것이다."

이 기사는 "가난한 무산계급자들에게는 치료비를 받지 않겠다"는 약

대구감옥 출감 후 동지들과 달성공원에서의 기념사진(1922. 9). 왼쪽에서 세 번째가 김범수

속을 잘 지켜냈음을 보여준다. 그 결과는 광주인들의 존경으로 돌아왔
다. "감히 보통 사람들이 따라올 수 없는 저력의 소유자이며, 인기 있는
의사라는 표현"이 그것이다.

그의 의사로서의 삶은 민족과 민중을 향한 한없는 사랑이었고, 제2의
독립운동이었다.

통일 조국을 꿈꾸다

그는 광주에서 인기 있는 전업 의사만은 아니었다. 당시 현실이 그가
의업에만 전념하도록 내버려두지 않았기 때문이다. 그는 독립을 위해서
는 경제적 힘을 길러야 한다고 생각했다. 1935년 광주물산창고회사를
세운 이유이기도 했다.

해방 직후 그는 여운형이 이끈 조선건국준비위원회(건준)에 참여하여
건준 전남지부 조직부장을 맡았고, 그 후신인 인민위원회 전남지부의
학무부장을 맡아 좌·우를 초월하여 통일 정부 수립을 염원했다. 그는
좌파와 우파 일부가 힘을 합쳐 1946년 3월 결성된 민족민주주의전선(민
전) 전남지부 결성에 참여하기도 했다. 당시 《동광신문》과 인터뷰한 다
음 기사를 보면 그가 해방 공간에서 어떤 이념을 지녔고 실천했는지를
잘 들여다볼 수 있다.

257

1924년 11월 17일자 《동아일보》에 소개된 남선의원 개업 기사

"조선 자주독립을 위해서는 우도, 좌도 없고 남도 북도 없다. 오직 3천만 민족이 다 같이 합작할 것뿐이다. 또한 몇 개인이 합작하는 것보다 민족 전체가 협력하여 합작하도록 노력해야 한다. 따라서 광주에 있어서도 좌우 합작은 필연 가능하다고 본다."

김범수는 해방 직후 건국준비위원회, 인민위원회, 민전 등 사회주의 성향의 단체에 참여했지만, 이는 통일 정부 수립을 위한 일념 때문이었다. 그는 기본적으로 투철한 민족주의자였다.

통일정부 수립이 좌절되고 1947년 7월 뜻을 같이했던 여운형이 암살되자, 그는 정계를 은퇴하고 다시 본업인 의사로 돌아왔다. 그러나 해방공간의 주도권을 장악한 우파는 김범수를 민전 등에 참여한 경력을 물어 좌파로 공격했고, 좌파 또한 자본가 그룹과 가깝다고 비난했다.

1949년 가을, 이승만 정권은 김범수를 좌파로 분류하여 보도연맹에 가입시켰고, 1950년 한국전쟁이 발발하자 '보도연맹원을 구금하라'는 이승만 정부의 조치에 따라 광주형무소에 수감되기도 했다. 운 좋게 살아남은 그는 처가가 있는 화순 북면 원리로 피신했지만, 백아산의 조선노동당 전남도당사령부에 의해 강제 징발당한다. 그가 피신했던 북면 원리와 조선노동당 전남도당사령부가 인근이었고, 의사임이 알려진 결과였다.

강제 징발되었지만, 중환자 비트에서 죽어가는 부상병들을 외면할 수 없었다. 그에게는 인민군 부상병도 치료가 필요한 같은 민족일 따름이었다. 그는 1951년 4월, 부상자들을 돌보다 국군토벌대의 공격 중 사망한다. 언제, 어떻게 죽었는지조차 알 수 없다.

광주 3·1운동의 견인차이자 민중을 사랑한 참의사였고, 좌·우를 넘어 통일 조국을 꿈꾼 민족주의자 김범수는 그렇게 우리 곁을 떠났다. 그리고 오늘까지 독립운동가로 서훈조차 받지 못하고 있다.

11.

민족혼을 일깨운 광주고보의 영원한 스승,
운인 송홍

광주학생독립운동의 아버지

광주학생독립운동을 주도한 광주고보생들의 배후에는 민족혼을 일깨운 위대한 스승이 있었다. 그는 광주고보생들의 버팀목이고 의지처였다. 그가 당시 광주고보의 유일한 한국인 교사 송홍이다.

송홍(宋鴻, 1872~1949)은 화순군 도암면 운월리 굴개마을에서 송용진의 둘째 아들로 태어났다. 자는 익중(翼中), 호는 운인(雲人)이다. 구한말 큰 유학자 송병선에게 글을 배웠다.

1904년 일제가 한국 주권 침탈의 일환으로 황무지 개척권을 강제로 요구하자, 송홍은 전 승지 윤병과 이범창, 전 군수 홍필주, 전 주사 이기 등과 남촌의 초당에 소청(疏廳)을 설치하고 다섯 차례에 걸쳐 그 불가함을 상소했다. 임금의 확답을 얻지 못하자, 또다시 전 참판 홍종영 등 5인과 대한문 앞 광장에서 복합상소를 하다 일본 헌병대에 끌려가 갖은 고초를 당했다.

일본 헌병대에서 풀려난 송홍은 망국의 서러움을 참지 못하고 중국으로 건너갔다. 그가 중국의 톈진, 베이징, 상하이 등을 전전하며 얻은 결론은 교육제도 개혁을 통해 힘을 기르는 일이었다. 그가 제기한 교육개혁의 핵심은 향교재단을 기금화하여 향교를 신식학교로 개편하고, 신교육을 담당할 교육자들을 양성하기 위해 각 도에 사범학교를 설치하며, 필요한 경비는 관민이 균등하게 부담한다는 것 등이었다. 그의 이러한 교육개혁안은 향교를 존속시키려 했던 유림의 반발로 실현되지 못했다.

송홍은 이에 좌절하지 않고 자신만이라도 교육에 헌신하겠다는 결심을 굳히고 광주보통학교(광주서석초교)에서 교직 생활을 시작한다. 광주농업학교와 전남사범학교를 거친 후, 1924년 광주고보로 다시 옮긴다. 송홍이 광주고보생들과 만날 수 있었던 이유다.

송홍이 담당한 과목은 한문과 국어(조선어)였다. 그런데 두 과목만이 아니었다. 한문 시간에는 비밀리에 한국 역사와 민족의 과제인 독립이 왜 필요한지를 역설했다. 광주고보 제1회 졸업생 변진복은 "선생은 교장, 교감을 비롯한 학교 당국의 감시 눈길을 피해 수업 시간이면 칠판에 강의 제목만 써 놓고 한국 역사에 대해 강의를 했으며, 세계정세 및 민족의 진로를 가르치면서 학생들에게 미래의 지표는 조국광복이라는 점을 힘주어 말씀하셨다"고 회고했다.

교사 송홍이 가장 고통스러워했던 것은 광주학생독립운동 과정에서 제자들이 일본 경찰에게 처참하게 끌려가는 모습을 지켜보는 일이었다. 당시 그는 일제에게 눈엣가시였다. 일본 교장은 그의 직원회의 참석을 막았을 뿐 아니라 감시마저 강화했다. 광주학생독립운동으로 전교생에 가까운 학생들이 검거되고 퇴학당하자, 송홍은 장기 결근으로 이에 항거했다. 결과는 일제의 강요에 의한 퇴직이었다.

송홍은 1930년 2월 8일 제자들에게 교육혁신의 중요성과 민족교육에 대한 자신의 열정을 부디 잊지 말라는 고별시를 남기고 교정을 떠난다.

教育吾曾叫革新	일찍이 교육혁신을 부르짖어 왔건만
今朝說與諸君別	오늘 아침 제군들과 이별을 이야기하네
一心二十二年春	22년을 한마음으로 행해 왔기에
無負江湖老病人	강호에 늙고 병든 이는 부담이 없다네

이후 송흥은 서동의 초라한 자택을 '고분당(孤憤堂)'이라 이름 짓고, 광복의 그 날까지 칩거하면서 독서와 집필, 서예에 전념했다. 칩거 생활은 집 이름처럼 고독과 비분의 세월이었다.

송흥 선생 추모 기념비

1945년 8월, 일제가 패망하고 광복을 되찾자 송흥의 칩거도 끝나게 된다. 광주서중학교 교단에 다시 서게 되었고, 광주의학전문학교(전남대 의대)에서 한국사를 강의하기도 했다. 74세의 노구를 이끌고 다시 교단에 선 그는 해방 정국의 혼탁한 정치상을 지켜보면서 1949년 6월 18일 세상을 뜬다. 향년 78세였다.

송흥을 연구한 민두기 전 서울대학교 교수는 "그는 이론가라기보다는 실천가였으며, 애국애족으로 점철된 민족정신의 화신이자 위대한 스승이었으며, 민족사관에 입각하여 한국사를 재정립한 사학자였다"고 평했다.

송흥 선생의 흔적을 찾다

광주고보의 영원한 스승 운인 송흥 선생이 태어난 곳은 화순군 도암면 운월리 굴개마을이다. 광주에서 굴개마을은 도곡온천이나 능주를 거쳐 갈 수 있다.

운월리 굴개마을에는 "이곳은 광주학생독립운동의 아버지로 일컬어지는 민족교육운동가인 송흥(1872~1949)의 생가터이다"라고 새겨진 조그마한 터비만 있다. 잡풀에 묻혀 잘 보이지 않지만, 광주학생독립운동의 아버지요 민족교육운동가인 송흥 선생을 기리며 버티고 서 있으니, 송흥 선생 지킴이인 셈이다.

송흥 선생이 어떤 분인지를 가장 잘 보여주는 상징물은 굴개마을 입구인 신평 송씨 문중 산에 건립된 운인 송흥 선생 추모 기념비다. 사후 **261**

70년이 지나서야 그를 기리는 추모 기념비가 세워질 수 있었던 것은 그의 민족혼을 기리기 위해 결성된 운인 송홍선생 기념사업회 고용호 회장과 김성인 추진위원장 등의 열정 때문에 가능했다.

추모 기념비는 돌로 쌓은 3단의 정사각형 모양으로, 여느 기념비와는 모습부터 다르다. 가운데인 2단에는 '민족혼을 일깨운 선각자 광주학생독립운동의 큰 스승 운인(雲人) 송홍(宋鴻)'이라는 주인공의 이름이 새겨져 있다. 그리고 제일 아랫단에는 광주학생독립운동 당시 태극기를 들고 만세를 부르는 학생들 모습이, 제일 위 3단에는 두루마기를 걸친 송홍 선생의 얼굴 사진이 들어있다. 사진 속 얼굴은 정면이 아닌 약간 왼쪽을 바라보고 있는데, 그 방향에 그의 무덤이 있다.

뒷면에는 송홍의 일생을 간략하게 정리한 글이 새겨져 있다. 기념사업회 고용호 회장이 지은 것이다. 글 중에 "외로운 교직 생활이었으나 온 힘을 다하여 학생들의 민족혼을 일깨웠다. 광주학생독립운동을 이끈 성진회 회원 왕재일, 장재성, 안종익, 최용호, 김광용, 김창주, 최규창, 임주홍, 국순엽, 정우채가 제자였다"는 내용이 있다. 그랬다. 송홍 선생은 광주학생독립운동의 불씨가 된 1926년 결성된 성진회 회원 왕재일, 장재성, 정우채 등의 스승이다. 그들이 송홍 선생의 민족혼을 이어받아 3·1운동 이후 최대 항일 독립운동인 광주학생독립운동의 불씨가 된 것이다. 그가 광주학생독립운동의 큰 스승으로 불리는 이유를 알겠다.

송홍 선생 추모 기념비에서 2킬로미터쯤 떨어진 대초천 건너편의 나주시 남평면 우산리 비나리 마을 뒷산 선영에 그의 무덤이 있다. 선생의 아우 대연의 차남 병수의 큰 아드님인 무광이 돌보고 있는데, 비교적 잘 관리되고 있다.

봉분 크기도 대단했지만, 무덤 앞 상석과 '애국지사 운인 신평송공홍지묘'라 새긴 비도 대단하다. 1986년 송씨 문중과 제자 등이 힘을 합해 묘역을 다듬었기 때문이다. 무덤의 석물에도 제자들의 스승 사랑이 묻어 있다.

송홍 선생을 만날 수 있는 장소가 또 있다. 그가 6년여 동안 교편을 잡으며 민족혼을 일깨운 광주고보(현 광주일고) 교정에 그의 흉상이 건립

되어 있다. 교정에 들어서면 10시 방향
에 흉상이 있고, 왼쪽 끝자락에는 '우리
는 피 끓는 학생이다. 오직 바른길만이
우리의 생명이다'라는 글귀가 새겨진 광
주학생독립운동 기념탑이 있다. 이 흉상
의 주인공이 바로 피 끓는 광주고보생
들에게 오직 바른길인 독립만이 당시 시
대정신인 '생명'이었음을 가르친 송홍 선
생이다.

흉상은 송홍 선생 사후 20년이 되던
1967년, 서중·일고 출신들이 기금 50만
원을 모아 세운다. 처음 장소는 광주학

송홍 선생 흉상(광주일고 교정)

생독립운동기념탑 입구 왼편이었는데, 이후 교사를 재배치하고 교문을
확장하면서 1998년 현 장소로 옮겨진다.

흉상의 공식 이름은 '운인 송홍 선생 상'이고, 그 아래에는 주기운이
짓고 이용석이 쓴 헌시가 새겨져 있다. "그날의 분노와 그날의 함성/ 꽃
같이 쓰러진/ 그날의 더운 피와 눈물로/ 아아 타오르는 그날의 불꽃으
로/ 이제야 여기/ 지엄한 당신의 이름을 씁니다." 지엄한 당신의 이름은
광주고보생들의 영원한 스승 '송홍 선생'임은 두말을 필요치 않다.

뒷면에는 "운인 송홍 선생은 1924년 이 학교에 오시어 우리들에게 항
일 정신을 길러주신 길이 잊지 못할 스승이옵기 임의 뜻을 기리는 문하
생들이 삼가 배움의 거울삼고자 여기 조촐한 단 위에 영상을 세웁니다"
라고 새겼다. 스승 사랑이 넘친다.

12.

광주학생독립운동을 전국으로 확산시킨
불꽃 청년, 장석천

1920년대에는 사회주의가 수용되면서 민족운동 방략이 다변화되었다. 이에 노동·농민·청년·여성·형평운동 등 대중운동이 활발히 전개되었다. 그 가운데 가장 큰 조직 기반을 갖추고 활발히 전개된 것은 청년운동이다. 특히 광주·전남의 경우 청년운동과 학생운동이 결합하였고, 그 결과물이 3·1운동 이후 최대 항일독립운동인 광주학생독립운동이다.

1920년대 후반 전남지역 청년운동의 핵심 인물은 장석천이다. 전남청년동맹 집행위원, 전남청년연맹 상무집행위원장, 조선공산청년회 전라도 책임자, 신간회 전남지회 상무간사 등의 직함이, 그가 어떤 인물인지를 잘 보여준다.

장석천은 1929년 11월 3일 광주학생독립운동이 일어나자 학생투쟁본부를 결성했고, 조선 청년 총동맹 및 신간회와 협력하여 광주학생운동을 경성과 전국에 확산시킨 인물이다. 그럼에도 그는 일반 대중에게 낯선 인물이다. 그를 살펴보는 이유다.

전남청년연맹을 이끌다

장석천(張錫天, 1903~1935)은 1903년 전남 완도군 신지면 송곡마을에서

장석천 묘지(대전 현충원)

지주였던 장인호의 셋째 아들로 태어났다. 큰형 석지는 아버지의 가업을 이었고, 작은형 석태는 경성고등공업학교를 졸업한 뒤 1924년 조선총독부의 토목기사가 되었다.

장석천은 완도 고금보통학교(현 고금초등학교)를 졸업한 후 1918년 서울 중앙고등보통학교(중앙고보)에 진학한다. 중앙고보 2학년이던 1919년 서울에서 3·1운동의 현장을 목격하고, 이후 민족의 현실을 깨닫는다. 그는 한국인 학생을 이유없이 괴롭히던 '호랑이'라고 불린 일본인 체육교사를 응징했는데, 이로 인해 보성고등보통학교(보성고보)로 전학했다.

1924년 보성고보를 졸업한 장석천은 수원고등농림학교(수원고농)에 진학한다. 1926년 6월, 그는 교사 신축 등을 요구하며 20여 명의 수원고농생들과 동맹휴학을 한 후 무기정학을 당하자, 학교를 그만둔다. 그리고 그해 일본으로 가 동경상과대학 예과에 입학했지만, 4개월 뒤인 1926년 10월경 학업을 중단하고 광주로 돌아온다. 그때부터 그는 청년운동에 온 힘을 쏟는다.

장석천은 가장 먼저 광주청년회(서울청년회계) 후신인 광주청년연맹에 가입한다. 광주청년회는 1920년 6월 창립된 청년단체로, 장석천이 가입할 무렵인 1926년에는 250여 명의 회원이 활동하고 있었다. 당시 가장 영향력 있는 단체였다. 1926년 2월 전남청년회연합회가 전남청년연맹으로 조직 개편되었고, 이후 전남지역 청년운동은 서울청년회계의 전남청년연맹이 주도하게 되었다. 광주청년회는 6월경 전남청년연맹에 가입한 후 광주청년연맹으로 재탄생한다.

1926년 11월 3일, 광주학생독립운동의 씨앗이 된 성진회가 왕재일·장재성 등에 의해 결성되었다. 성진회는 초기 전남청년연맹을 주도한 고려공산청년회의 지도를 받았을 것으로 추정된다. 장석천이 성진회를 지도했음은 1927년 2월 광주청년연맹이 주최한 광주고보와 광주농교 졸업생 환송식에서 "졸업 후에도 우리 민족을 위해 분투할 것을 격려"하는 환영사를 했고, 왕재일·박인생 등 성진회 회원들을 광주읍 남문통 요리집에 초대하여 다음과 같이 격려한 것을 통해 알 수 있다. "학교를 졸업하는 자는 앞으로 사회에 나가 공산주의 실현을 위해 사회운동에 종사할 것이며, 재학생은 공산주의 실현을 위해 결속을 더욱 공고히 하여 공산주의 연구에 조력하라."

1927년 4월, 장석천은 전남청년연맹 정기총회에서 강해석·김재명 등과 더불어 중앙집행위원에 선출되었고, 1928년 여름 강해석·김재명·지용수 등 광주청년동맹원 가운데 조선공산당(4차) 참여자들이 대거 검거되자, 장석천은 명실상부한 지도자가 된다. 1928년 12월에는 신간회 광주지회 상무간사가 된다.

광주학생독립운동, 전국으로 확산시키다

1929년 11월 3일 광주에서 조선인 학생과 일본인 학생의 충돌이 일어난다. 광주학생독립운동이 발발한 것이다. 11월 3일 학생 충돌사건을 목격한 후 광주청년동맹 집행부는 오후에 임시모임을 갖고 '투쟁 대상은 광주 중학생이 아닌 일본 제국주의이니 투쟁 방향을 일제로 돌릴 것' 등 학생투쟁을 항일운동으로 전환할 방침을 세운다. 그리고 11월 4일 광주학생들의 투쟁을 전국적으로 확산하고 알리기 위한 비상대책기구로 '학생투쟁지도본부'를 출범시킨다. 광주청년동맹은 효과적인 투쟁을 지도하기 위해 업무를 분담했는데, 광주 및 전 조선학생의 지도는 장석천이, 광주 조선인 학생의 지도는 장재성이 담당했다.

장석천은 광주 학생들의 시위를 지도하면서 이 시위를 전국으로 확산시킬 계획을 세운다. 서울 조선청년총동맹의 부건과 권유근, 신간회 본부 집행위원장 허헌 등이 광주에 내려오자, 장석천은 이들에게 학생시위를 전국으로 확산시킬 것을 제의한다. 그들이 동의하자, 서울에서의 준비를 위해 강영석을 상경시켰다.

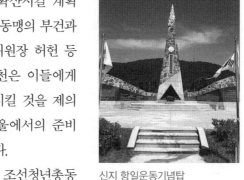
신지 항일운동기념탑

장석천은 11월 17일 상경, 조선청년총동맹 집행위원장 차재정 등을 만나 서울의 학생운동을 진두지휘했다. 12월 2일 서울의 각 중등학교에 격문이 살포되었고, 시위는 12월 5일 경성제2고보를 시작으로 16일까지 지속되었으며, 전국으로 확산했다. 광주학생독립운동이 전국적으로 확산할 수 있었던 데는 광주신간회 집행위원 겸 광주청년동맹 위원장 장석천의 역할이 절대적이었다.

시위가 시작된 12월 5일, 경찰은 주동 학생들의 배후였던 청년단체와 신간회 간부들을 체포했는데, 이날 장석천도 체포된다. 장석천은 광주지역 시위의 배후 주동자라 하여 광주경찰서로 호송되어 조사를 받는다. 그리고 이듬해인 1930년 2월, 치안유지법 위반으로 기소되어 1.6년을 선고받자 대구복심법원에 공소하지만 형량에는 변함이 없었다.

무덤조차 찾을 수 없어

그가 광주형무소를 출감한 것은 1931년 12월이다. 그는 출옥 후 적색노동조합운동으로 방향을 전환한다. 그는 경성에 올라가 적색노조를 조직하기 위해 조선제사주식회사의 노동자 박영환 등과 접촉했는데, 박영환이 체포되면서 함께 체포되고 만다.

장석천은 1932년 12월, 경성지방법원에서 징역 2년을 선고받고 옥고를 치르다 1933년 11월 7일 병보석으로 출옥한다. 당시 신문에는 병보석이 만성 위장병 때문이었다고 보도되었지만, 조카 장원에 의하면 폐결핵이었다고 한다. 형무소 당국이 그의 병명을 숨긴 것이다. 출옥 후 2년간 광주 누문동(광주면 누문리 218-1번지) 집에서 요양했지만, 1935년 10월 18일 세상을 뜬다. 향년 33세다.

그의 마지막 모습처럼, 그 가족사도 가슴이 저린다. 장석천은 15세 때 고금도 여인과 결혼, '옥선'이라는 아들 하나를 둔다. 광주에서 학교를 다녔는데, 형사들이 따라다니며 못살게 굴었다고 한다. 장석천 사후 아내와 아들 옥선이 고금도에 내려와 살았는데, 1944년 징용으로 끌려간 후 행방불명되었다고 한다.

장석천이 죽자 가족들은 그의 시신을 광주 양동의 묵정밭에 묻었지만, 경찰이 무덤 앞에 묘비조차 세우지 못하게 했다. 그의 무덤은 후일 대전 현충원으로 옮겨진다.

정부에서는 그의 공훈을 기리기 위해 1990년 건국훈장 애국장(1982년 건국포장)을 추서했다. 2009년 11월에는 이달의 독립운동가로 선정되었다.

장석천의 흔적을 찾다

장석천을 만나려면 그가 태어난 완도군 신지면 송곡마을을 찾아야 한다. 그가 태어나서 어린 시절을 보낸 송곡마을, 그러나 오늘 송곡마을에서 그의 이름을 아는 사람은 없었다. 송곡마을은 종두법으로 유명한 지석영의 유배지이기도 했다. 지석영의 유배 터는 남아 있지만, 장석천의 흔적은 어디에도 남아 있지 않기 때문이다. 완도문화원장은 "그의 생가 터가 신지면 송곡리 287-1번지이고, 그가 고금보통학교(현 고금초등학교)를 다녔다"고 확인해주었다.

'신지 항일운동 기념탑'을 찾아간다. 송곡마을과 가까운 '명사십리' 해수욕장이 한눈에 내려다보이는, 신지면 신지로 582번길 7번지에 위치한다. 1993년 완공된 기념탑 뒤편에는 신지도 출신 항일투사 21명의 이름이 새겨져 있는데, 그중 주인공은 장석천과 수의위친계 조직원으로 간도 용정에서 항일투쟁을 전개한 임재갑이다. 이 둘의 업적은 탑의 오른쪽

수감 당시 장석천의 모습

뒷벽에 별도로 새겨져 있다.

그가 남긴 흔적은 또 있다. 수인번호 451번이 새겨진 죄수복을 입고 감옥에서 찍은 인물카드 속 사진 한 장이다. 옥살이로 다듬지 못한 수염은 너저분하게 자랐지만 짧게 자른 머리와 길게 찢어진 눈에서는 누구도 범접할 수 없는 강한 힘이 뿜어나온다. 일본 순사들마저 벌벌 떨 정도였다고 한다. "내 몸은 너희에 의해 구속되어 있지만, 내 정신과 조선의 독립은 구속할 수 없다"는 무언의 항변이 아닐 수 없다.

비운의 독립운동가 장석천, 그는 잃어버린 조국을 되찾기 위해 불꽃 같은 삶을 살다 간, 시대정신을 앞장서 실천한 남도인이다.

13.
한국 근·현대사의 산증인, 이기홍

백지동맹의 주역, 퇴학 당하다

이기홍(李基洪, 1912~1996)은 전남 완도군 고금면에서 이사열의 4남 3녀 중 장남으로 태어난다. 부친 이사열은 한성외국어학교 일어과를 다닌 엘리트지만, 1910년 8월 국권을 빼앗기는 비참함과 일진회 등 친일파의 망동을 보고는 보장된 출세의 길을 포기하고 낙향하여 고금도 청용리에 정착한다.

이사열은 고금도에 찾아온 아이들에게 경성에서 경험한 망국 전후의 이야기를 해주었고, 《아사히신문(朝日新聞)》 등을 통해 습득한 국제정세를 나누었다. 외진 섬마을에서 접할 수 없던 이야기를 흥미진진하게 들으며 아이들은 민족의식에 눈을 떴고, 의식 있는 청년으로 성장했다. 아들 이기홍도 그중 하나다.

고금보통학교(현 고금초등학교)를 졸업한 이기홍은 1928년 4월 광주고보에 입학했고, 2학년 때인 1929년 성진회를 이은 독서회의 주요 멤버가 된다. 독서회는 사회주의 입문 서적을 토론하며 정기적인 모임을 했으며, 이론 무장을 넘어 항일 독립운동의 조직적 추진을 위한 단위가 되었다. 광주고보에 이어 광주농업학교와 전남사범학교에도 독서회가 결성

이기홍의 생전 모습

되고, 광주여고보에는 소녀회가 결성된다. 맹휴투쟁과 독서회 결성 등으로 조직과 투쟁역량이 높아진 가운데, 1929년 11월 3일 광주학생독립운동이 일어난 것이다.

광주학생독립운동이 일어난 1929년 11월 3일은 일요일이지만, 학생들은 등교해야 했다. 메이지 왕의 생일로 일본의 큰 명절인 명치절(明治節)이기 때문이다. 3일 오전 광주역에서의 충돌은 일본 중학생이 광주천변에서 광주고보생 최쌍현을 칼로 찌른 것이 계기가 되어 누적된 분노가 일시에 폭발한 것이다. 그러나 12일의 2차 시위는 광주 사회·청년단체 간부 장석천과 장재성·강석봉 등이 강력하고 조직적인 투쟁을 전개할 것과 전국적인 시위로의 확산을 모색한 결과물이다. 학생투쟁지도본부가 결성되었는데, 광주 및 전조선 학생의 지도는 장석천이, 광주 조선인 학생의 지도는 장재성이, 전남 도내 지방 학생의 지도는 국채진이 나누어 맡았다. 광주 및 전조선 학생의 지도를 맡은 장석천의 고향 역시 이기홍과 같은 완도다.

11월 12일 오전 9시, 수업 시작종을 신호로 광주고보생들은 일제히 교문을 뛰쳐나왔다. 전단 및 격문 배포는 독서회 회원들이 맡았다. 광주고보 독서회 회원이던 이기홍은 "학생 민중이여 궐기하라!", "언론·집회·결사·출판의 자유를 획득하라!" 등이 쓰인 전단을 나누어 주다 체포되었다. 이기홍은 곧바로 풀려나왔다. 저학년인 2학년이었기 때문이다.

271

광주의 모든 학교에는 또다시 휴교령이 내려진다. 이기홍은 고향 고금 도로 내려와 2학년 겨울을 보낸 후 1930년 1월 초 광주로 올라왔다. 1월 7일은 개학식이고, 1월 8일은 전년도의 휴교 조치로 미뤄진 2학기 시험 일이었다. 아직 수백 명의 학생이 광주 감옥에 갇혀 있었다. 이런 상황에 서 시험을 치른다는 사실에 심한 자책감을 느낀 이기홍은 1월 8일 아침 독서회 선배로부터 시험 거부 쪽지를 전해 받는다. 당시 이기홍은 을반 반장이었다. 이기홍이 앞장서 시험 거부 요지를 설명하자 다수 학생이 찬동했다. 선생님이 시험지를 나누어주고 교탁 앞에 섰을 때 이기홍이 벌떡 일어나 시험 거부를 외쳤다. 57명의 급우 중 일부를 제외한 학우들 이 '와' 하는 소리와 함께 밖으로 뛰쳐나왔다. 백지동맹을 결행한 3일 후 이기홍은 하숙집에서 퇴학통지서를 받는다.

고금도 농민운동의 중심이 되다

고금도에 내려온 이기홍에게는 새로운 만남이 기다리고 있었다. 광주 학생독립운동이 전국적으로 확산하면서 운동에 가담한 고금도 출신 학 생들이 퇴학당하여 내려왔기 때문이다. 전남사범학교 최창규, 경성제1 고보 황인철, 경성고학당 박노호, 보성고보 김진호 등인데, 이들은 후일 농민운동의 동지가 된다.

더 중요한 만남도 있었다. 1920년 1월 고금도 3·1 만세시위를 주도한 그의 당숙 이현열과의 만남이다. 이기홍이 8세이던 당시 일본을 규탄한 이현열의 짧은 연설은 이기홍의 가슴을 두려움과 흥분으로 고동치게 했 다. 그런 이현열을 10년이 지나 고금도에서 다시 만난 것이다. 그는 출소 후 일본에 가 사회주의자가 되어 맹렬히 활동하다 강제 귀국을 당하여 고금도에 돌아온 것이었다.

이기홍이 이현열과 힘을 모아 전개한 첫 번째 농민운동은 고금도의 용지포를 둘러싼 일본 지주와의 투쟁이다. 이현열은 청년과 농민조직을 동원하여 '용지포 이권옹호 동맹'을 결성하여 투쟁에 나섰고, 결과는 일 본인 지주가 고금도 농민에게 땅을 제공하겠다는 약속으로 이어진다. 당시 소작쟁의가 빈발하던 시기에 농민조직의 힘으로 승리를 쟁취한 놀라운 사례다. 이후 이현열은 날조된 죄목으로 수감되었고, 1933년 6월 세상을 뜬다. 그 뒤를 이어받은 이가 이기홍이다.

이기홍은 인근의 젊은 사회운동가들과 유대를 맺었다. 완도군과 해남군·강진군 등에서 사회 농민운동을 하던 김홍배, 황동윤, 윤가현, 오문현이 그들이다. 사회주의 사상과 항일독립운동의 의지를 함께 불태우던 20대의 젊은 청년들은 지역 농민운동을 발판으로 강력한 항일운동 세력을 만들고, 나아가 농민운동을 한 단계 높은 차원에서 이끄는 중앙지도부를 구성했다. 1933년 5월 해남 북평면의 암자인 성도암에서 조직된 전남운동협의회가 그것이다. 협의회 총 책임 및 사무는 김홍배, 조직 및 재정은 오문현, 조사 및 출판은 황동윤 그리고 구원 및 선전 교양은 이기홍이 맡았다. 전남운동협의회는 짧은 기간에 해남·강진·완도를 중심으로 급속히 확산했는데, 그해 연말 송년회 자리에서 벌어진 해프닝이 빌미가 되어 조직이 노출되면서 회원들이 체포되고 만다. 대공황 이후 일본 내에서 급성장한 공산주의 세력에 고민하던 일제는 이 사건에 '빨갱이'라는 덫을 씌운다. 1934년 2월 체포된 이기홍은 각종 고문을 당했으며, 2년여 수감 끝에 첫 공판이 열려 2년 6월을 선고받는다. 그리고 4년여의 감옥생활 후 1938년 늦은 봄에 출소한다. 이후 그는 보호관찰 대상자가 되어 거주 제한을 당하다 광복을 맞는다.

통일 정부를 꿈꾸다

광복이 되자 여운형을 중심으로 건국준비위원회(건준)가 결성되고, 광주에도 지부가 설립되었다. 이기홍은 광주 건준 노동부 책임자로 선임되어 종연방직을 비롯한 일본인 사업체 접수에 착수했다. 하지만 미군 진주로 미군정이 실시되면서 건준이 만든 인민위원회는 해산된다. 1946년 조선공산당(후일 남로당) 광주시당에 참여한 그는 농민조합총연맹 전남연맹 부위원장 겸 조직부장을 맡아, 미군정의 하곡수집령 반대 투쟁에 참여했다. 일제에게 눈엣가시였던 그는 해방 공간에서 다시 미군정의 가시가 되었다.

남한만의 단독정부를 수립한 이승만 정권은 보도연맹을 결성하여 사회주의 인사를 강제로 가입시켜 관리했다. 6·25가 발발하자 이승만 정권은 보도연맹 가입자들을 적에게 동조할 세력으로 간주하고 체포 후 무차별 처형했다. 이기홍도 체포되어 광주형무소에서 처형 순번을 기다리고 있었다. 뒷 순번인 이기홍은 극적으로 처형을 면했다. 인민군이 광주 가까이 내려오자 더 이상 처형하고 뒤처리할 여유가 없었기 때문이다.

이기홍의 아픔은 여기서 그치지 않았다. 1954년 옛 동지의 부탁으로 북한과 연계된 노장환이라는 인물을 만났다가 불의의 사건에 휘말리게 되었기 때문이다. 19명이 국가보안법 위반으로 검거된 소위 '구국투쟁동맹전남지회사건'이다. 이 사건으로 이기홍은 1심에서 10년, 최종 3년 6월을 선고받는다. 그가 만기 출소한 것은 1958년이다. 그리고 맞이한 것이 4·19혁명이다.

4·19를 거치면서 혁신세력이 정치권에 등장할 환경이 마련되자, 진보세력들은 윤길중을 대표로 하는 사회대중당을 창당했다. 전남에 도당이 결성되자 이기홍은 조직 확대에 매진했다. 그러나 결과는 대참패였다. 이후 사회당이 창당되자, 전남도당에서 당직을 맡지 않고 실질적인 조직 건설 작업을 했다.

1961년, 5·16 군사 쿠데타가 일어나면서 혁신계 정당들은 또 대대적인 탄압을 받는다. 이기홍은 체포를 피해 3년을 버텼지만, 1964년 검거된 후 광주고등군법회의에서 또 6년을 선고받는다. 서대문형무소에 수감 중 1년 2개월 만에 소급법이 폐기되면서 면소 판정을 받고 석방되었지만, 그의 몸은 만신창이가 된 상태였다. 1980년 전두환 군부의 만행을 목격하면서 피눈물을 흘린 그는 1996년 12월 7일 85세의 일기로 파란만장했던 삶을 마감하고 영면에 든다.

그의 기억과 기록을 중심으로 2016년 『내

고금 항일운동 충혼탑

가 사랑한 민족, 나를 외면한 나라』가 간행되었고, 2019년에는 『민족·민주·통일운동가 이기홍 평전』이 편찬되었다.

한국의 근·현대는 격변의 시대였다. 그 격변의 시대에 일제와 맞서고 분단과 맞서고 독재와 맞서 한 치도 흐트러짐 없이 싸운 분이 이기홍이다. 그가 선고받은 총 형량은 18년이 넘었고, 그가 감옥에 있었던 시간은 12년 6개월이나 된다.

이기홍의 삶은 곧 한국의 굴곡진 근·현대사 그 자체다. 그의 삶은 눈물겹도록 정의롭다. 그는 늘 불의에 맞서 시대정신인 정의로움을 실천하는 데 온 몸을 던졌다. 그럼에도 그의 삶은 어쩐지 허전하다. 아직 독립유공자 서훈도 받지 못하고 있다. 그러나 그를 기록한 평전이 있고, 그를 기억하고 기리는 자가 있는 한 이기홍은 역사의 승리자로 남을 것이다.

2016년, 고향 청용마을 가까이 건립된 고금 항일운동 충혼탑에 이기홍이라는 이름만 새겨져 있다.

14.

독립운동의 대부,
대종교 대종사 홍암 나철

대종교는 독립운동의 핵심 단체였다

대종교에 대해 고등학교 근·현대사 교과서는 이렇게 서술하고 있다. "대종교는 예로부터 내려오던 단군 신앙을 근대 신앙으로 발전시킨 종교로서 민족주의적인 성향이 매우 강하였으며, 1910년대에 많은 애국지사들이 대종교에 가담하여 간도와 연해주 등지에서 활발한 독립운동을 전개하였다." 대종교가 일제강점기에 어떤 역할을 했는지 단적으로 보여준다.

그러나 대종교인들의 활동은 교과서에 서술된 것보다 훨씬 대단했다. 1919년 상하이에 통합 임시정부가 수립될 때 이동녕·이시영·신규식이 내무·재무·법무총장으로 참여했다. 이뿐만 아니다. 임시의정원 29명 중 21명, 종두법의 지석영, 한글학자 주시경·최현배, 민족주의 사학자 정인보·신채호·박은식, 독립군 지도자 서일·김좌진·이동휘·김동삼·이범석, 『임꺽정』의 저자 홍명희, 〈아리랑〉을 제작한 배우 나운규 등도 모두 대종교인이다. 특히 청산리 대첩을 승리로 이끈 북로군정서는 대종교에서 육성한 독립군이다.

1910년 경술국치 이후 일제의 감시와 탄압으로 국내에서 포교 활동이 어렵게 되자, 대종교는 1914년 5월 중국 길림성 화룡현 청파호로 총본사를 옮겼다. 그리고 대종교 총본사 산하에 백두산을 중심으로 동·서·남·북에 4개 교구를 설치했다. 헤이그 특사 이상설이 북도본사를, 동제사를 조직한 신규식과 임시정부 주석을 지낸 이동녕이 서도본사를, 청산리 대첩 이후 조직된 독립군 연합부대인 대한독립군단 총재 서일이 동도본사의 책임자였다. 당시 대종교의 위상이 짐작된다.

대종교는 단군을 숭배하는 단순한 종교 단체가 아니었다. 한글과 역사를 통한 민족운동을 전개했고, 임시정부에서 주도적 역할을 했으며, 만주에서 무장 항일 투쟁을 전개한 독립운동의 핵심 단체였다. 일제가 다른 종교와 달리 대종교를 탄압한 이유다.

을사오적 암살단, 자신회를 결성하다

대종교의 초대 교주가 된 나철(羅喆, 1863~1916), 본명은 두영이다. 이후 인영으로 이름을 바꾼 뒤 대종교 중광 후 다시 철로 바꾸었다. 본관은 나주, 호는 홍암(弘巖)이다.

1863년 전라남도 보성군 벌교읍 칠동리 금곡마을에서 부친 나용집의 둘째 아들로 태어났다. 10세 무렵 매천 황현이 스승으로 모신 구례의 왕석보 문하에서 수학했다. 29세이던 1891년 문과에 급제한 후 승문원가주서, 승문원권지부정자 등을 역임했고, 1895년 징세서장에 임명되었지만 부임하지 않았다.

1905년 6월, 나철은 국제여론을 파악하고 외교항쟁을 벌이기 위해 미국으로 가서 국권을 지켜내고자 했으나, 일본 공사의 방해로 뜻을 이루지 못하였다. 이에 이기·오기호·홍필주 등과 일본으로 가 대일 외교항쟁을 전개했다. 나철은 이토 히로부미와 일본 총리대신 오오쿠마 시게노부(大隈重信) 등에게 "한국의 주권을 보장하고 동양평화를 위해 한·중·일 3국이 친선동맹을 맺고 선린우의로써 독립을 보장하라"라는 의견서를 전달했다.

1905년 11월 18일 을사늑약 체결 이후 4차례에 걸친 대일 외교항쟁이

성과를 거두지 못하자, 나철은 학부대신 이완용, 외부대신 박제순, 군부대신 이근택, 내부대신 이지용, 농상공부대신 권중현을 동양 평화를 해치고 나라의 주권을 팔아먹은 '을사오적'으로 규정하고, 이들을 처단하기위해 비밀결사를 결성한다. 1907년 결성된 자신회가 그것이다. 그리고그해 3월 25일 30여 단원과 함께 의거를 결행하지만 실패했다. 이후 10년 유배형을 선고받고 무안군 지도에 유배된다.

단군교 중광한 뒤 대종교로 바꾸다

5개월 만에 고종의 특사로 풀려난 후 나철은 일제의 침략에 맞서기 위해서는 나라의 시조 단군을 구심점으로 삼아야 한다고 주장하며, 1909년 1월 15일 단군대황조신위(檀君大皇祖神位)를 모시고 제천 의식을 거행한뒤 단군교를 선포한다. 이날을 대종교에서는 중광절(重光節)이라고 부른다. 중광이란 우리 민족이 믿었던 옛 종교를 되살린다는 뜻이다.

그러자 이미 살핀 것처럼 수많은 지식인과 우국지사들이 단군교에 몰려들었다. 당황한 일제는 국권 침탈 후 제일 먼저 단군 관련 책자 20여만 권을 압수해 불태우는 등 엄청난 탄압을 가하였다. 나철은 일제의 탄압을 피하기 위해 1910년 8월 5일 대종교로 개칭한다.

경술국치 이후 국내에서 포교 활동이 금지되자, 1914년 교단 본부를백두산 북쪽의 화룡시 청파호 부근으로 옮겼다. 백두산을 중심으로 4대 교구를 설치하여 만주를 주 무대로 교세 확장에 주력, 30만 신도를확보했다. 그러자 일제는 1915년, 종교통제안을 공포하여 무속을 비롯한 국내의 모든 종교 단체는 다시 인허가하면서, 대종교만은 종교가 아닌 항일독립운동 단체로 규정하여 서울의 남도 본사를 강제로 해산시키는 등 대대적인 탄압을 가하였다. 교단이 위기에 처하자, 나철은 1916년8월 15일 단군 사당인 황해도 구월산 삼성단에서 유서를 통해 김교헌(1868~1923)을 2대 교주로 지명하고 순명했다.

순명 직전 그는 다섯 아들에게 다음의 유언장을 남긴다.

"초상에는 울음을 울지 말며, 염함에 명주 비단을 쓰지 말고 삼베 무

명으로 하라. 장사에는 꽃상여 등 옛 제
도를 쓰지 말며, 명정에는 다만 성명 두
글자만 쓰고 화장하여 깨끗함을 얻게 하
고… 제사의 기일에는 고기와 술을 쓰지
말며 다만 한 그릇 밥과 한 가지 반찬으로
하고, 신주를 만들지 말며 소리내어 울지
마라."

홍암사 사당에 모셔진 영정과 위패

유언은 나철이 어떤 분인지를 잘 보여
준다.

그가 순명하자 후일 대한민국 임시정부 대통령을 지낸 역사학자 박은
식은 추도사에서 그를 '민족사에서 가장 빼어난 인물'이란 뜻의 '만세의
종사(宗師)'라고 했다. 종사는 대종교에서 하늘의 이치를 깨달은 자를 말
하지만, 일반적으로는 모든 사람이 우러러 존경하는 사람을 가리킨다.

현장을 찾다

독립운동의 아버지 대종교 대종사 나철, 그의 흔적을 찾으려면 그가
태어난 보성 금곡마을을 찾아가야 한다.

전남 보성군 벌교읍 칠동리 금곡마을 115번지, 이곳이 홍암 나철이
태어난 생가터. 1962년 건국훈장 독립장이 수여되고 2005년 '9월의
문화인물'로 선정되었지만, 그를 기리는 사업은 한동안 변변치 못했다.
2008년 생가가 복원되고, 2009년 그를 기리는 세 칸 한옥의 사당이 세
워지기 전까지 교과서에 실린 그의 영정은 마을 입구 컨테이너 박스 안
에 처박혀 있었다. 2016년에야 멋진 팔작지붕 외관을 갖춘 한옥풍 기념
관이 '홍암 나철 기념관'이란 이름을 달고 문을 연다.

2단으로 된 가파른 계단을 오르면 오른쪽에 홍암관이, 왼쪽에는 독
립운동관이, 그리고 정면에는 그의 신위와 영정을 모신 사당 홍암사가
있다.

나철의 일생을 보여주는 곳은 홍암관이다. 이곳에는 나철의 출생과

홍암 나철 기념관 전경

성장, 대일외교항쟁, 을사오적 처단 의거 등 독립운동 관련 활동 및 대종교의 중광과 발전 그리고 순명에 이르기까지의 자료들이 깔끔하게 전시되어 있다. 전시된 자료 중 두 개의 사진이 오랫동안 발걸음을 붙잡는다. 하나는 1905년 대일 외교항쟁을 벌이기 위해 일본으로 간 이기·홍필주·오기호 등 세 동지와 함께 양복을 입고 찍은 사진이다. 이 사진의 주인공들은 대일 외교활동이 실패로 돌아가자 1907년 자신회를 결성하여 을사오적 암살을 주도한 인물이 된다.

또 한 장의 사진은 1916년 8월 5일, 구월산 삼성사를 참배하기 직전 사리원역 사진관에서 김두봉 등 6명의 제자와 함께 찍은 것이다. 이 사진을 찍고, 10일 뒤인 8월 15일 삼성사에서 순명했으니, 나철의 마지막 사진인 셈이다. 사진 속 나철 왼쪽 인물이 김두봉이다. 김두봉은 나철의 시신을 대종교 총본산이 있는 백두산 자락의 청파호에 안치한 분인데, 한글학자 주시경의 제자다. 3·1운동 이후 임시정부에서 의정원 의원 등으로 활동하다 1942년 옌안으로 가서 좌파 계열 독립운동 단체인 조선독립동맹의 주된 인물로 활동했다.

사당으로 올라가려면 2단의 계단을 또 올라가야 한다. 개천문을 지나면 5칸짜리 거대한 사당이 나온다. 홍암 나철 선생과 두 아들의 위패를 모신 사당 홍암사다. 사당 안 정면에는 나철 영정과 '홍암 나철 선생 신위'라고 한글로 쓴 위패가 있고, 왼쪽 벽면에는 두 아들 정련과 정문의

순명 직전 황해도 사리원역 앞에서 기념사진.
앞줄 왼쪽에서 두 번째가 나철

위패가 있다. 두 아들도 부친을 이어 독립운동에 앞장서다 일경에 체포
된 후 옥중에서 순국했다. 사당 오른쪽 벽에는 벽면을 가득 메운 대형
태극기가 걸려있다. 내가 본 가장 큰 태극기다.

그의 무덤은 백두산이 바라보이는 만주의 화룡시 청파호 부근에 있
다. 1916년 황해도 구월산 삼성단에서 순국하자, 비서 김두봉이 그의 시
신을 거두어 대종교 총본사였던 이곳으로 옮겼기 때문이다. 그의 무덤
은 2대 교주 김교헌과 대한독립군단을 이끈 서일과 함께 있다. 각각의
무덤 앞에는 1미터 정도의 묘비와 상석이 있고, 묘 우측에 '반일 지사 무
덤'이라 쓰인 조그마한 돌 비석이 있다. 묘역은 비교적 잘 정돈되어 있지
만, 봉분은 작고 초라하다.

15.

중외공원에 재건립된
안중근 의사 숭모비

빅 데이터 검색 압도적 1위

1910년 10월 26일 하얼빈 역에서 민족의 원흉 이토 히로부미를 격살한 안중근(安重根, 1879~1910) 의사는 황해도 해주 출신이다. 그는 처음부터 무장투쟁론자는 아니었다. 1907년까지만 해도 진남포에 삼흥학교, 돈의학교를 운영하며 교육 운동에 전념한 애국계몽운동가였다.

1908년 안중근은 아버지 친구의 조언으로 만주 명동촌·용정·훈춘을 거쳐 연해주 연추(추카노보)에 갔다. 그곳에서 최재형·이범윤 등이 중심이 되어 결성된 동의회의 의병장이 되어 국내진공작전을 벌였다. 1909년 2월(음력)에는 11명의 동지와 함께 단지동맹(약지를 잘라, 이토 히로부미를 격살할 것을 하늘에 맹세함)이라 불리는 단지동의회를 결성했다. 그리고 그해 1910년 10월 26일 오전 9시 30분 하얼빈에서 '명성황후를 시해한 죄', '고종황제를 강제 퇴위시킨 죄', '동양 평화를 파괴한 죄' 등을 물어 이토를 격살했다. 이토를 격살한 안중근은 2018년 빅 데이터 검색 압도적 1위로 한국인이 가장 존경하는 독립운동가다.

안중근 의사 숭모비, 광주공원에 최초 건립

안중근 의사는 살아생전 남도 땅을 한 번도 밟은 적이 없다. 그럼에도 남도 땅에는 그를 기리는 기념물이 전국에서 가장 많다. 1955년 장흥 장동면에 안중근 의사를 기리는 전국 최초의 사당인 해동사(海東祠)가, 1961년 광주공원에 전국 최초로 '대한의사안공중근숭모비'가 건립된다. 그리고 광주 중외공원과 상무지구 시민공원, 장성 상무대, 함평 대한민국 임시정부 청사, 장흥 정남진에 안 의사 동상이 세워진다. 왜 광주·전남에는 안 의사를 기리는 기념물이 많을까? 이는 안중근 의사가, 남도인들이 목숨 바쳐 실천했던 항일·독립의 상징 인물, 즉 멘토였기 때문이 아닐까 싶다.

1961년 건립된 안 의사 숭모비(광주공원)

4·19혁명 이후 결성된 안중근의사기념사업회(회장 김창숙)는 1961년 12월 3일 남도의 명승 무등산 끝자락에 위치한 광주공원에 이미 언급한 안 의사 숭모비를 세운다. 독립운동가이자 유학자 심산 김창숙이 비문을 쓰고, 진도 출신 소전 손재형이 '大韓義士安公重根崇慕碑(대한의사안공중근숭모비)'라 새긴다. 숭모비는 높이 2.7미터, 무게 5톤 정도의 엄청난 크기다.

안중근의사기념사업회는 광주가 아닌 서울에서 결성된 전국적인 기념사업회였다. 그럼에도 전국 최초의 안 의사 숭모비가 광주공원에 세워질 수 있었던 이유는 무엇일까? 그 단서가 안중근기념사업회 회장을 맡았던 심산 김창숙이 쓴 숭모비 비문에 보인다. "…이 천하의 의사로서는 안중근보다 더 높은 이가 없고, 남방의 명승지로서는 무등산보다 더 으뜸가는 곳이 없다는 말을 들었다. … 이제 이 비석을 세우는 일은 전남 유림으로부터 시작되어 전국이 호응해서 이루어진 것이고, 그 비석에 기록을 실은 자는 늙은 앉은뱅이 김창숙이다."

"전남 유림으로부터 시작되어"라는 구절에서 보듯, 안 의사 숭모비 건립에 가장 앞장선 분들이 광주·전남의 유림이다. 즉, 남도인의 적극적인 참여가 명승지 무등산 끝자락에 위치한 광주공원이 건립지로 선택된 이유다. 광주공원은 일제강점기 때 정상에 일왕의 시조신과 메이지 왕을 모신 신사가 있던 곳이다. 안 의사 숭모비를 광주공원에 건립한 것은 일본 정신, 일본혼을 뿌리뽑기 위한 의도도 엿보인다.

안 의사 숭모비 건립을 주도한 분들 가운데 한 분이 1955년 장흥에 안중근 의사를 모신 해동사 설립에 주도적 역할을 한 안홍천이다. 해동사 입구에 있는 '안의산홍천추선기적비'에는 "별도로 사당을 짓고 안중근 의사를 모시었고, 또 안 의사의 비를 광주공원에 세운 것 또한 조상을 공경하는 마음과 의기를 중시하는 마음에서 우러나온 것이었다.…"라고 새겨져 있다.

안홍천 등이 주도적인 역할을 했음은 광주의 문인 정규종이 남긴 『송남유집(松南遺集)』의 '안의사숭모비창립사실기'에서도 확인된다. "…이 역사는 오로지 남도의 많은 선비들이 협찬함에 있었고, 많은 선비들이 협찬했음은 단체의 업무를 맡아 본 여러분들이 힘을 다해줌에 있었다. 유사(有司)의 힘은 박정규, 안홍천 두 어른의 진심에서 나온 정성에 의해서이며, 두 어른이 정성을 다한 것은 제봉(고경명) 선생의 정령이 실로 그렇게 한 것으로…"라는 기록이 말해주기 때문이다.

1961년 12월 3일 건립된 안 의사 숭모비는 시민회관이 건립되면서 1971년 성거사지 5층 석탑 위쪽으로 옮겨진다. 일제가 일본 군인들을 추모하기 위해 설립한 충혼비가 세워졌던 자리다. 성거사지 석탑 뒤쪽으로 옮겨진 숭모비는 한동안 그 자리를 지키고 있었다. 그러다가 1987년 중외공원(어린이대공원)이 만들어지면서 그곳으로 옮겨진다. 이는 광주시 홈페이지에 있는 "안중근 의사 숭모비는 1987년 어린이대공원으로 옮겨졌다"라는 문구에서도 확인된다. 그런데 중외공원으로 옮겨진 안 의사 숭모비는 광복 50주년이던 1995년 돌연 사라진다.

안중근 의사 숭모비, 중외공원에 재건립된 사연

광복 50주년이던 1995년은, 전국적으로 일제 잔재 청산 및 항일열사를 기리는 사업이 봇물처럼 터져나온 해였다. 이때 행해진 친일 청산의 상징은 구 조선총독부 건물 폭파였다.

1995년 숭모비 좌대 위에 세워진 안 의사 동상(중외공원)

광주에서도 곡성 출신인 안학선을 회장으로 하는 안중근 의사 동상 추진위가 구성된다. 동상은 조각가인 김대길 전남대학교 미술대학 교수가 권총을 들고 있는 모습으로 제작했고, 조각상의 글자 '안중근 의사상'은 서예가 장전 하남호가 썼다. 권총을 든 안 의사 동상은 최초다.

그런데 동상 건립 과정에 문제가 생겼다. 예산이 부족하여 새로운 좌대를 만들 수 없었던 동상 추진위는 숭모비의 좌대를 그대로 사용하기로 한다. 그래서 좌대 위에 서 있던 숭모비가 내려지는 수모를 당했고, 숭모비가 내려진 자리에 권총을 든 안 의사 동상이 올라간 것이다. 그 후 숭모비는 동상 뒤 언덕에 세워두었다고 하는데, 이후 자취를 감추고 말았다. 그리고 24년이 흘렀다.

《전남일보》는 2019년 2월 25일자 1면에 안중근 의거 110주년을 맞아 '2019년 대 역사의 해 전남일보 특별 기획'으로 "전국 제1호 광주 안중근 숭모비가 사라졌다"는 제목을 뽑고, 잃어버린 숭모비를 되찾아 다시 건립해야 한다는 기사를 냈다. 그리고 며칠 뒤인 3월, 24년 전 사라진 후 행방이 묘연했던 안중근 의사 숭모비가 전남 나주에서 기적적으로 발견된다. 자칫 영원히 사라질 뻔했던 숭모비를 되찾기까지는 '매의 눈'을 가진 이근준 씨의 공이 컸다.

이근준 씨는 3년 전 고향인 나주 다시면에 주택을 신축하던 중 조경석이 필요해 금천면의 한 석재상을 찾는다. 조경석으로 쓸 돌을 구하기 위해 석재상 뒤 야적장을 살피던 이씨는 돌무더기 속에 반듯이 누워있는 비석에서 한문 전서체로 새겨진 안중근이라는 이름을 발견한다. 순간 예사롭지 않게 생각했지만 이내 발길을 돌렸다. 그리고 3년이 흘렀다. 비석을 잊고 있던 이씨는 2월 25일 식사를 하기 위해 찾은 나주의 **285**

2019년 재건립된 안 의사 숭모비
(중외공원)

한 식당에서 '사라진 안중근 의사 숭모비를 찾는다'는《전남일보》신문 기사를 정말 우연히 보게 된 것이다.

이근준 씨는 3년 전 본 비석이 안 의사 숭모비일 것으로 확신하고 다시 금천면의 석재상을 찾았는데, 다행히도 숭모비는 그 자리에 그대로 있었다. 농사지으며 부업으로 틈틈이 비문 글씨를 컴퓨터로 옮겨주는 일을 하는 이씨는 석재상에서 비석을 꼼꼼하게 다시 살폈다. 비석에서 '大韓義士安公重根崇慕碑(대한의사 안공중근 숭모비)'라는 비명을 확인한 이씨는 안중근 의사 숭모회로 사진을 보냈고, 숭모회는 "잃어버린 숭모비가 맞다"고 답신을 했다.

이근준 씨는 돌무더기 속에 비석이 계속 방치돼 있으면 훼손될 우려가 있다고 판단하고 3월 21일 자비로 숭모비를 매입하여 광주광역시에 기증했다.

잃어버린 숭모비가 발견되자 광주광역시는 안중근 의사 숭모비 재건립추진위원회를 구성하여 숭모비가 마지막 위치했던 중외공원 안중근 동상 곁에 재건립하기로 한다. 부지로 광주공원과 광주향교 등도 거론됐지만, '집적화'와 '시너지 효과'를 위해 현재 안중근 의사 동상이 세워져 있는 중외공원으로 의견을 모은 결과다.

1961년 광주공원에 건립된 최초의 대한의사안공중근숭모비가 안중근 의거 기념 하루 전날인 2019년 10월 25일 중외공원에 재건립될 수 있었던 이유다. 중외공원에서 사라진 지 24년 만이다.

16.

전국 유일의 안중근 사당,
장흥 해동사

남도인들의 멘토 안중근

1909년 10월 26일 9시 30분 하얼빈 역, '탕, 탕, 탕' 세 발의 총성이 울린다. 안중근 의사가 민족의 원흉 이토 히로부미를 거꾸러뜨린 것이다.

안중근 의거는 일제의 침략에 맞선 한국인의 기개와 당당함을 전 세계에 알린 일대 사건이고, 봉오동·청산리 대첩과 이봉창·윤봉길 등이 일제의 심장을 총칼로 겨눈 출발이 된다. 오늘 안중근 의사가 한국인의 가슴 속에 가장 뜨거운 인물로 남아 있는 이유다.

한국인이 안중근 의사를 가장 대표적인 독립운동가로 기억하고 있음은 2018년 국가보훈처의 빅데이터 분석 결과를 살펴보아도 명확하다. 국가보훈처는 최근 5년간의 빅데이터 분석을 통해 우리 국민이 가장 관심을 갖는 독립운동가를 조사했다. 압도적 1위가 안중근 의사였다. 다음으로 김구, 윤동주, 유관순, 윤봉길 순이었다.

한국민의 가슴 속에 가장 뜨겁게 남아 있는 안중근, 때문에 국내·외를 막론하고 그의 정신을 기리는 기념물과 기념 시설이 많다.

안 의사의 흔적이 남아 있는 대표적인 장소는 그가 태어난 황해도 해주와 삼흥·돈의학교를 세워 애국계몽운동을 벌인 진남포, 동의회를 결

현재의 해동사

성하고 단지(斷指)를 하며 이토 격살을 다짐했던 연해주의 연추 하리(지금의 크라스키노), 의거지 하얼빈, 순국지 뤼순 감옥 등이다.

삼흥·돈의학교를 운영했던 진남포에는 '애국렬사 안중근선생기념비'가 있고, 1909년 3월 단지를 하며 이토 격살을 다짐했던 연추 하리에는 단지동맹비가, 의거지 하얼빈 역내에는 별 7개 문양을 새긴 삼각형 모양의 의거지 표석이, 그리고 하얼빈 역사에는 안중근의 일생을 정리한 안중근기념관이 건립되어 있다. 그리고 안 의사가 '내 죽으면 묻어달라'고 했던 하얼빈 공원(조린공원)에는 독립의 희망을 쓴 '청초당(靑草塘)'이라는 글씨와, 이백의 시를 차운한 '망여산오로봉(望廬山五老峰)'에 나오는 '연지(硯池)'를 앞뒤로 새긴 뒤 단지한 모양의 수인(手印)을 새긴 비가 있다. 그리고 그가 순국한 뤼순 감옥에는 1909년 11월 3일 밤부터 1910년 3월 25일 밤까지 144일 밤을 지낸 감방이 '조선애국지사 안중근을 구금한 감방'이라는 이름으로 보존되어 있다. 뤼순 감옥 가까이에는 안 의사가 열한 차례의 심문과 여섯 번의 공판 끝에 사형선고를 받은 관동법원도 있다. 관동법원 법정은 안 의사가 이토의 죄목을 만천하에 고한 장소다.

국내에도 안중근 의사를 기리는 시설이 많다. 1971년 개관한 서울 남산의 안중근 의사 기념관을 비롯하여 전국 각지에 안 의사 동상과 기념비, 유묵비 등이 있다.

그런데 안 의사 기념 시설이 광주·전남, 즉 남도에 유독 많다. 1955년 우리나라 유일의 안중근 사당인 해동사가 장흥군 장동면에, 심산 김창숙 선생이 중심이 되어 건립한 우리나라 최초의 안 의사 숭모비가 1961년 광주공원에 세워진다. 안 의사 숭모비는 이후 중외공원으로 옮겨진 후 사라지기도 했지만, 2019년 기적처럼 발견되어 중외공원에 재건립된다.

최초로 건립된 해동사

전국 15개 안중근 동상 중 5개가 광주·전남에 있다. 5개 중 최초의 안중근 동상은 처음 남산에 건립되었다가 광주 상무대로 옮겨진 후, 상무대가 장성으로 이전할 때 또 옮겨진다. 안중근 동상은 광주 중외공원과 상무공원, 함평 김철 기념관과 장흥 정남진에도 있다.

안중근 의사는 살아생전 한 번도 남도 땅을 밟아본 적이 없다. 그런데 왜 무장독립운동의 출발을 알린 안중근을 기리는 기념물이 남도에 집중되어 있을까? 안 의사가 실천한 '정의로움'과 '당당함'이 지역민의 정체성과 딱 맞아떨어졌기 때문은 아닐까 싶다.

안중근 의사는 남도인들의 정신적 멘토였다.

전국 최초의 안중근 사당, 해동사

장흥군 장동면 만년리 만수마을에 안중근 의사를 기리는 사당 해동사가 있다. 해동사는 안중근 의사를 기리는 우리나라 최초이자 유일한 사당이다.

안중근 동상은 1959년 서울 남산 기슭의 옛 경성신사 자리에 건립되었다. 안중근 숭모비가 세워진 것은 1961년, 안중근 의사 기념관이 개관된 것은 1971년이다. 그런데 안중근 의사 사당인 해동사의 건립은 이보다 빠른 1955년이다. 안중근 의사를 기리는 '최초'라는 수식어가 붙는 이유다.

황해주 해주 출신인 안중근이 남도 땅을 밟은 적이 없는데도 남도 땅 끝 동네인 장흥 만수마을에 전국 최초로 그의 사당이 지어진 연유가 궁금하다.

죽산 안씨 문중은 1952년 장흥 만수마을에 조상인 고려말 유학자 안향(安珦, 1243~1306)을 모시는 사당을 건립한다. 만수사(萬壽祠)다. 안향은 고려말 송으로부터 성리학을 전해 온 분으로 잘 알려져 있다.

만수사를 짓고 난 뒤, 같은 안씨지만 본관이 다른 순흥 안씨인 안중근의 후손이 국내에 없어 제사조차 지내지 못한다는 얘기가 돌았다. '성'만 같을 뿐 직접 조상은 아니지만, 안 의사를 흠모하던 의산 안홍천(1895~1994)이 사당 건립에 뛰어든다. 장흥 향교 전교를 지낸 안홍천은 광주공원의 '대한의사안공중근숭모비' 건립에도 적극 참여한 분이다. 죽산 안씨 등 뜻을 같이한 유지들이 안 의사 사당 건립에 성금을 보탠다. 1995년, 만수사와 지붕을 맞대고 1칸짜리 사당이 세워진 이유다. 이후 안씨 문중에서 제사를 올렸지만, 한동안은 안씨 문중의 일로 그쳤다.

이승만은 안 의사의 추모 공간이 마련되었다는 소식을 접하고 '해동명월(海東明月)'이라는 글씨를 써 내려보낸다. 해동은 바다 동쪽이라는 의미로 우리나라를 가리키는 말이며, 명월은 밝은 달이라는 뜻이니, 대한민국을 밝게 비춘다는 뜻일 게다. 사당 이름이 해동사가 된 이유다. 이승만 정권(1948~1960)은 안중근은 물론 김구, 안창호 등 그 누구도 독립운동자로 서훈하지 않았다. 해방 직후 철저하게 독립운동가를 탄압한 사람이 독립운동의 상징 인물인 안중근 사당의 휘호 '해동명월'이라니, 당혹스럽다.

안 의사 사당이 준공되던 1955년 10월 27일, 안 의사 위패 봉안식이 열린다. 위패 봉안식은 당시 장안의 화젯거리였다. 장흥·강진·보성 군민뿐만 아니라 멀리 경남 진주 등 전국에서 만여 명이 몰려들었다. 큰딸 현생이 영정을 들었고, 5촌 조카 춘생이 위패를 안았다.

사당 건립 후 전남 지역민 사이에서는 안중근 정신을 기리는 모임이 결성되기도 했다. 1957년 조직된, 안 의사의 의로움을 사모하는 모임 '모의계'가 그것이다. 모의계의 취지서에는 "계를 조직해 안 의사의 유혼(幽

魂)을 길이 받들고자 한다"는 내용이 있다. 그해 모의계 회장 고광찬은 "민족혼을 북돋우고 태극기 휘날리는 자유대한의 터전을 빛나게 해 주신 의열사 고 안중근 선생 사우 완공은 민족의 무한한 영광입니다"라는 글을 전남 주요 인사들에게 발송하기도 했다.

오늘 해동사 사당은 당시의 사당이 아니다. 1칸짜리 사당은 안 의사의 업적에 어울리지 않는다는 말들이 오갔다. 안 의사 순국 90주년인 2000년, 문중과 유림, 지역민은 맞배지붕을 한 3칸 집을 새로 짓는다. 지금의 해동사다.

해동사, 현장을 가다

예전에 인터넷에서 '해동사'를 치면 사찰 두어 개가 검색되곤 했다. 그러나 지금은 장흥 해동사가 당당하게 나온다. 만수사가 위치한 장흥군 장동면 만년리 만수마을은 해동사로 더 유명한 마을이 되었다. 마을 입구에는 해동사 안내판이 즐비하다.

이미 서술한 것처럼, 이곳에는 1955년 건립된 1칸짜리 사당과 2000년 재건립된 3칸짜리 사당이 있다. 당연히 1칸짜리 옛 사당을 먼저 찾아야한다. 전국 최초의 안중근 의사 사당이라는 이름이 붙은 건물 아닌가? 남도의 죽산 안씨들의 마음 씀씀이가 고맙다.

해동사를 찾아가려면 만수사 대문을 지나 나오는 경모문을 통과한 뒤 좌측 문을 지나고, 또 내삼문을 지나야 만날 수 있다.

30여 년 역사 현장을 다녔지만 한 칸 규모의 사당을 본 기억은 거의 없다. 한 칸 해동사는 안향을 모신 3칸의 만수사와 지붕을 맞대고 있어 묘한 대비를 이룬다. 마치 아버지와 아들 같다. 아담하지만, 해동사에는 만수사에 없는 당당함이 있다. 안 의사의 첫 사당이 품은 당당함은, 안 의사의 혼이 잠들고 있는 곳이기도 하지만 남도인들의 정성이 묻어 있는 공간이어서일 게다. 사당 안은 텅 비어 있다. 영정도, 위패도 2000년 건립된 신 사당으로 옮겼기 때문이다.

사실 1칸짜리 사당은 안중근의 위상에 걸맞은 규모의 사당은 아니다. **291**

안중근 위패 봉안식(영정을 든 분이 딸 현생)

안 의사 순국 90주년을 맞아 다시 건립했다는 지금의 사당은 주차장 왼쪽 문을 들어가면 만날 수 있다. 3칸 규모의 당당한 사당이다. 이전, 한 칸의 해동사에 안중근의 혼이 남아 있어 당당했다면, 새로 지은 해동사는 규모부터가 위풍당당이다. 마당에는 안내판이 있고, 안 의사 어머니 조마리아가 보낸 마지막 편지도 새겨져 있다.

'해동명월'이라 이름 붙은 사당 안 제단에는 안 의사 영정과 위패가 있다. 1955년 봉안식 당시 촬영한 사진과 위패 안치 후 지역민과 찍은 조그마한 단체 사진이 함께 놓여있다. 제단 오른쪽에는 '해동명월' 복사본과 유묵 복사본 2점, 유묵판각 1점도 함께 걸려 있다. '극락(極樂)'과 '제일강산(第一江山)', '고막고어자시(孤莫孤於自恃)'가 그것이다. 이중 '극락'은 경술(庚戌) 3년에 썼으니, 순국 직전이다. 일제가 자신을 감옥에 가두었지만, 이곳이야말로 지상 극락으로 알고 지낸다는 지독한 역설인지, 아니면 저 세상에 대한 인간다운 기원이었는지는 알 수 없다.

안중근의 글씨는 숭고한 애국애족 정신을 느낄 수 있을 뿐 아니라 힘과 기개가 있다. 옥중 기간이 짧아 유묵의 수가 많지 않지만 200점은 넘을 것으로 추정된다. 현재 안 의사 유묵은 근·현대 명사들의 휘호 중 최고의 가치를 지닌 작품으로 평가되는데, TV 프로그램 〈진품명품〉에서 "안중근의 유묵은 값을 매겨 평가할 수 없다"고 판정하기까지 했다고 한다. 일본에서 반환된 26점은 보물 제569호로 지정되어 있는데, "하루라도 책을 읽지 않으면 입에 가시가 돋는다"는 뜻의 "일일불독서 구중생형극(一日不讀書 口中生荊棘)"은 보물 제569-2호다.

사당 안에는 9시 30분에 멈춰 선 조그마한 벽시계가 걸려 있다. 오전 9시 30분, 안 의사가 이토를 격살한 시간이 아닌가? 하얼빈 역 안 의사 기념관의 시계도 9시 30분에 멈춰서 있다.

해동사를 떠나기 전, 발걸음을 붙잡는 분이 있다. 해동사 건립의 주역 안홍천 옹이다. 그를 기리는 비가 해동사 입구 왼쪽에 있는, 안의산홍천 추선기적비(安義山洪天追先紀績碑)다. 그의 삶의 무게만큼 비의 규모도 보통이 아니다. 1983년 건립되었는데, 비문은 권용현이 짓고, 글씨는 이돈홍이 썼다.

비문을 읽어보니 죽산 안씨 문중 사당인 만수사 건립은 안홍천의 작품이다. 비문에 "별도로 사당을 짓고 안중근 의사를 모시었고, 또 안 의사의 비를 광주공원에 세운 것…"이라고 새겨, 안홍천이 해동사와 광주공원에 건립한 안 의사 숭모비 건립의 주역이었음도 알리고 있다. 역사는 이렇게 기록으로 이어지고 있다.

가까이 정남진 전망대에는 순국 100주년을 맞아 세운 안중근 동상도 있다.

17.

광복 후 일제와 가장 치열하게 싸운 여전사, 이금주

남편의 전사 통지서가 날아오다

태평양전쟁희생자광주유족회 회장 이금주(李錦珠, 1920~2021)는 보통 여인이 아니다. 광복 후 일본의 강제 징용에 대한 사과와 배상, 강제 징용당한 분들의 명예회복을 위해 도쿄·시모노세키·나고야 등의 일본 법원에 7건의 소송을 직접 진두지휘한 여전사다. 70세가 넘는 고령으로 일본을 건너간 횟수가 80여 회를 넘는다. 소송은 패소로 이어졌지만, 절망하지 않고 30여 년을 버텨낸 것은 징용으로 끌려가 사망한 남편과 피해 유가족의 명예회복에 대한 간절함 때문이었다.

이금주는 1920년 평양에서 6형제 중 맏이로 태어나 평양부 남산여자공립보통학교를 다녔다. 아버지가 당시 조선철도주식회사 업무과장으로 퇴임한 걸 보면 가정은 유복한 편이었다. 1940년, 21세 나이에 27살 청년 김도민과 결혼한 후 남편의 고향인 평안북도 강계에서 신혼생활을 시작한다. 조실부모한 남편 김도민의 아내 사랑은 대단했다. 저녁이면 신부를 업어주었고, 함께 산책하고 영화를 보는 등, 당시에는 드물게 멋지고 행복한 생활이었다. 그 행복의 결실로 1942년 3월, 맏아들이 태어난다. 몇 대에 걸쳐 독자로 이어오던 집안이어서 가문의 기쁨은 말로 표현

이금주 회장

할 수 없었다. 당시 갓 태어난 아들을 위해 교육보험까지 들었을 정도였다. 그러나 이금주의 행복은 여기까지였다. 결혼한 지 2년도 채 되지 않은 1942년 11월, 남편이 일본 해군 군속으로 일본군에 징용되었기 때문이다.

김도민은 아들의 팔을 잡고 "건강하게 있어라" 하고 집을 나갔고, 이금주는 실신 상태가 되어 떠나가는 남편의 구두 발자국 소리만 들어야 했다.

서울 친정집으로 거처를 옮긴 이금주는 서대문경찰서 경리과에서 사무 업무를 하면서 남편이 돌아오기만을 기다렸다. 한 달에 한 번씩 오는 남편의 편지만이 최고의 기쁨이자 위로였다. 그런데 편지마저도 9개월 뒤에는 끊어진다. 그리고 1945년 4월, 광복 넉 달을 남긴 어느 날 남편의 전사 통지서가 날아든다. 김도민의 실제 전사일은 1943년 11월 25일, 태평양 한복판에 있는 길버트 제도의 타라와섬에서였다. 9개월이 지날 무렵 편지가 끊어진 이유였다.

태평양전쟁희생자유족회 광주지부를 이끌다

광복 후 이금주는 교원 시험에 합격한 후 서울 서대문구에 위치한 가명보통학교(한국전쟁으로 폐교)에서 교편을 잡는다. 낮에는 학생들을, 밤에는 학교 앞에 있는 고무공장 직공들을 가르쳤다. 야학 교사까지 한 것이다. 서울에서 그의 교직 생활은 길지 않았다. 1948년 친정아버지가 전남여객 전무 취체역(取締役, 이사)으로 일하게 되자, 친정아버지를 따라 광주로 내려왔기 때문이다. 광주와 인연을 맺게 된 연유다.

그녀가 태평양전쟁 희생자 유족들을 위해 뛰어든 것은 "전쟁 피해자는 순천의 극장에 모여라"라는 신문에 난 보도를 접하고서였다. 당시 그녀의 나이 53세, 1973년경이다. 순천 극장의 집회에서 일제 희생자 유가족들이 만나 "힘을 합쳐 싸워야 한다"며 결의했지만, 박정희·전두환 정권은 일본의 사죄와 배상을 요구하는 이들의 집회마저 허락하지 않았다. 한일협정으로 배상이 끝났다는 일본의 심경을 건드리지 않기 위해서였다.

1988년 6월, 태평양전쟁희생자전국유족회가 결성되었고, 이금주는 서울중앙유족회 이사, 광주지부 지부장을 맡는다. 1990년 유족회 회원들은 부산을 출발, 서울의 일본 대사관까지 걸어 시위행진을 했다. 물론 노숙이었다. 부산을 출발한 지 30일 되는 날, 일본 대사관에 도착하여 사죄와 배상을 촉구했다. 이금주가 앞장섰음은 물론이다.

1990년 12월, 태평양전쟁희생자전국유족회에서 분리 독립된 피해자 단체 태평양전쟁희생자광주유족회가 결성되자 회장이 된다. 그녀의 나이 71세였다. 변변한 사무실 한 칸도 마련하기 힘든 시절, 그녀의 남구 진월동 410-4번지 자택은 마음 의지할 데 없는 일제 강제 동원 피해자와 유족들의 사랑방이었다. 일흔이 넘은 할머니 이금주는 남구에 있는 집을 사무실 삼아 강제 징용 피해자와 가족 등 1,273명을 직접 만나 들은 피해 사실(증언)을 손글씨로 일일이 정리했다. 이는 이후 이른바 '천인소송'과 '관부재판' 등 일본 사법부에 제소한 소송 7건의 기초 자료가 된다. 그녀가 사망하기 직전까지, 30년 동안이었다.

일본을 80번 넘게 찾다

이금주는 손수 정리한 자료를 바탕으로 일본 재판소에 소송을 제기

했다. 태평양전쟁희생자광주유족회 회원들이
원고가 되거나 이금주 회장이 지원한 재판은
1992년 원고 1,273명이 참여한 '광주 천인소송'
을 시작으로 'BC급 전범 포로감시원 소송', '우
키시마마루(浮島丸)호 사건 소송', 일본군 위안
부·근로정신대 피해자 등이 원고로 참여한 '관
부재판', '미쓰비시 조선여자근로정신대 소송'
등 무려 7건이나 된다.

태평양전쟁희생자광주유족회
사무실 앞에서

　이중 관부재판(공식 명칭은 부산종군위안부 여자
근로정신대 공식 사죄 등 청구소송)은 1992년 부산의
일본군 '성노예(위안부) 피해자' 및 '여자근로정신대' 피해자 10명이 일본 정
부를 상대로 공식적인 사죄와 배상을 청구한 소송이다. 6년에 걸친 소
송 끝에 1998년 일본 야마구치 지방재판소 시모노세키 지부에서 일부
승소했다. 일본군 '위안부' 관련, 일본 정부의 책임을 인정한 최초의 판결
이었다. 이 소송은 2018년 개봉한 영화 〈허스토리〉로 다뤄지기도 했다.
그러나 2001년 일본 정부의 항소로 열린 히로시마 고등재판소에서 패소
했으며, 2003년 대법원에서 항소를 기각하면서 패소가 최종 확정된다.
미쓰비시 여자근로정신대 소송 또한 2008년 일본 최고재판소에서 최종
패소하고 만다. 일본에서의 재판은 결과가 정해져 있었다. 일본 재판소
는 일본의 잘못을 인정하지 않았지만, 재판을 통해 일본의 몰염치가 세
상에 알려지게 되었고, 특히 일본 지원단체 '나고야 미쓰비시 조선여자근
로정신대 소송을 지원하는 모임'이 일본에서 만들어져 일본 소송이 끝날
때까지 물심양면 힘을 보태기도 했다. 국제연대가 이루어진 것이다.
　미쓰비시중공업 나고야항공기제작소로 강제 동원되었던 양금덕 등은
일본 소송 직후 2009년 광주에서 결성된 '근로정신대와 함께하는 시민모
임'의 도움을 받아 2012년 광주지법에 소송을 제기했고, 마침내 2018년
대법원에서 최종 승소한다. 1999년, 나고야 지방재판소에 소송을 제기한
지 19년 8개월 만의 일이다. 이금주 회장이 벌인 그동안의 소송투쟁이
국내의 대법원 최종 승소 판결의 주춧돌이 된 것이다.

관부재판을 지원하는 이금주 회장(오른쪽에서 두 번째)

    1992년부터 시작된 일본에서의 7건의 법정 투쟁의 선두에 선 이금주, 그녀가 소송을 뒷받침하기 위한 증인 출석, 시민단체와의 연대활동 등을 위해 대한해협을 건넌 것만도 80여 차례가 넘는다. 그녀가 일본과 싸운 7건의 재판은 광복 후 잃어버린 강제 징용자들의 명예를 찾기 위한 치열한 전쟁이었다.

    이금주는 우리 정부를 상대로 한 '한일회담 문서 공개 소송'에도 원고로 나서는 등, 강제동원 특별법 제정에도 앞장선다. 특히 2003년, 이금주는 국회 법사위 국회의원 앞으로 "일제강점하 강제동원 피해 진상규명 등에 관한 특별법" 제정을 촉구하는 유서(遺書)를 보낸다. 그녀의 나이 84세였다.

    "23세 되던 해, 만 2년의 결혼생활 중에 남편을 일본전쟁에 빼앗겼습니다. 그리고 9개월이 지난 후 남편은 영원히 돌아오지 못할 저세상으로 갔습니다. 그 후 61년. 죽고 싶어도 아들 때문에 죽지 못하고 나는 남편의 주검을 가슴에 묻은 채, 미망인으로 한 많은 세상을 살아왔습니다.… 우리가 요구하는 것은 우리와 우리 혈육이 일제의 침략전쟁에 의해 입은 피해에 대한 진상규명과 명예회복입니다.… 이제 죽기만을 바라고 있는 우리 회원들을 위해 마지막으로 내가 할 수 있는 일로서, 그들의 시름을 달래고 눈물을 닦을 수 있는 이 '일제강점하강제동원피해진상규명특별법'을 제정해 주시기를 의원님들께 유서로써 간청합니다.…"

그녀는 유서를 통해 강제동원 특별법 제정을 간절히 청하였다. 그녀의 노력 등으로 이듬해인 2004년 특별법이 제정되었고, 이어 일제강점하 강제동원피해진상규명위원회가 출범한다. 정부 최초로 피해자에 대한 본격적인 조사에 나선 것이다. 그러나 일본의 사과와 배상도 없고, 징용 피해자들의 명예회복은 이루어지지 못했다.

광주 시민사회장으로 장례를 치르다

2011년 외아들과 며느리가 잇따라 세상을 떠나자, 2012년 광주 생활을 청산하고 손녀가 있는 순천의 요양병원에서 투병 생활을 시작한다. 투병 생활 10년 만인 2021년 12월 12일, 남편을 비롯한 강제동원 피해자들의 명예가 회복되는 것을 보지 못한 채 세상을 뜬다. 그녀의 나이 102세였다.

그녀가 사망하자 그녀의 마지막 모습을 기억하기 위해 많은 조문객이 빈소를 찾는다. 문재인 대통령도 조화를 보내 고인의 삶을 추모했다. 멀리 일본 시민단체의 조화와 추도글도 이어졌다. 광주·전남의 25개 시민단체는 '일제강제동원 피해자의 벗 이금주 회장 시민사회장'으로 그녀의 마지막을 배웅했다. 광복 후 일제의 만행과 가장 치열하게 싸운 여전사였고, 평생 강제동원 피해자들의 벗이었던 이금주, 그녀는 그렇게 우리 곁을 떠나 순천시립공원 묘역에 영면했다.

2019년 정부는 일제 강제동원 피해자들의 권익을 위해 헌신한 공로를 인정, 그녀에게 '국민훈장 모란장'을 수여했다.

18.

3대에 걸친 항일·독립운동, 나주 출신 김철

"3·1운동의 주동자는 나다. 쇠는 불에 달구고 두들길수록 더욱더 단단해진다. 얼마든지 해볼 테면 해봐라!"

광주 3·1운동을 주도한 혐의로 일본 경찰에 체포된 김복현(金福鉉, 1890~1969)이 법정에서 한 말이다. 이후 김복현은 '철(鐵)'이라는 또 다른 이름을 얻게 되면서 김철로 불린다. 그는 해방 후 건국준비위원회 부위원장으로 추대되지만, 그가 꿈꾼 통일 조국의 꿈을 가슴에 묻은 채 생을 마감한다.

김철이 남긴 항일정신은 장남 김재호(1914~1976)로 이어진다. 김재호는 1933년 중국으로 건너가 의열단 단원이 되고, 임시정부에서 활동한 치열한 독립전사였다.

김철에서 김재호로 이어지는 항일정신의 뿌리는 한말 나주 의병을 이끈 김철의 부친 의병장 김창곤이다. 할아버지를 이어 아들이, 그 아들의 아들이 또 하나뿐인 목숨을 걸고 이역만리 중국 땅에서 조국의 독립을 위해서 싸운 것이다.

한말 나주 의병장, 김창곤

　김재호의 할아버지 김창곤(김창균)은 광주·전남에서 가장 먼저 일어난 의병장 중 한 분이다. 한말 남도는 최대 의병 항쟁지였다. 그 출발이 명성황후 시해와 단발령·변복령이 배경이 되어 일어난 장성·나주 의병이다.

　먼저 일어난 곳은 장성이다. 노사 기정진의 손자 기우만이 기삼연, 고광순 등과 1896년 1월(음력) 장성향교에서 창의(倡義)한다. 그리고 도내에 "이 통탄스러움을 다시 무어라 하겠는가?··· 국모를 시해하고 군왕을 위협하면서 못할 짓이 없으니 기강은 이미 무너져버렸고, 관복을 벗기고 머리를 깎아도 마음에 걸리지 않으니 중화와 이적의 행위가 드러났지만 나라 안에 나설 사람이 어디 있는가? ··· 나 기우만은 ··· 말고삐라도 잡고 앞장서기를 원하며 이와 같이 통지하오니 공손히 화답하기를 기대한다"라는 격문을 보낸다.

　나주에 기우만의 격문이 도착하자 양반 유생과 향리들이 중심이 되어 2월 1일(음력) 나주향교에서 거의를 결의하고, 다음날 이학상을 의병장에 추대한다.

　2월 9일 밤 나주 의병은 행동을 개시, 나주 관아를 급습하여 관찰사 대리업무를 수행하면서 단발에 앞장서던 참서관 안종수와 박(朴) 총순(總巡)·여(呂) 순검(巡檢)을 처단한다. 개화파인 안종수 등의 처단은 친일정권의 개화 정책에 반대하는 의사 표현이었다. 그리고 "참서관 및 총순 무리들은 역정의 도당으로 이제 다 맞아 죽었으니 본 고을 의병은 처음만 있고 끝이 없어서는 안 된다"라고 하고, 이학상을 추대하여 의진을 구성한다. 그리고 다음 날 연리청(椽吏廳)에 창의소를 설치하고 부서를 배정한다. 창의소가 향교에서 향리들의 근무처인 연리청으로 바뀌었음은 나주 향리들이 의병의 주도권을 장악했음을 의미한다. 유생 이학상이 대장에, 향리 출신 김창곤은 좌익장으로 추대된다. 김창곤의 아들 석현도 안종수의 처단에 참여하는 등, 나주 의병의 핵심이 된다.

　기우만이 이끈 장성의병이 2월 11일 나주향교에 도착하여 공동 의진을 형성하는 등, 기세를 올린다. 그러나 선무사 신기선이 이끈 관군

1,500명이 전주에 도착하여 호남 의병의 해산을 촉구하자, 나주 의병은 2월 26일 자진 해산했고 이어 장성의병도 해산된다.

나주 의병은 해산되었지만, 장성 의병에 비해 가혹한 처벌을 받는다. 나주 의병의 배후 조종자였던 해남군수 정석진은 체포되어 나주로 이송된 뒤 친위대를 따라온 안종수의 동생 안정수에 의해 처형된다. 그리고 나주 의병의 좌익장 김창곤과 그의 아들 석현도 체포되어 1896년 3월 26일 처형된다. 아버지 김창곤은 55세, 아들 석현은 32세였다. 나주 의병에 직접 가담한 자 중 처형된 분은 좌익장 김창곤과 그의 아들 김석현 뿐이다. 나주 의병에 부자가 함께 참여하고, 함께 순국한 것이다. 정부는 김창곤과 아들 석현에게 건국훈장 애국장을 추서한다.

광주 3·1만세운동의 총 책임자, 김복현(김철)

나주 의병의 좌익장 김창곤의 다섯째 아들이자 석현의 동생인 김복현은 후일 광주 3·1운동의 주역이 된다. 아버지와 형의 항일정신을 이어받은 것이다.

1919년 3·1만세운동은 전국으로 번진다. 광주도 예외는 아니었다. 3월 10일 광주천 큰 장터에서 시작하여 부동교 옆 작은 장터에서 목이 터져라 '대한독립만세'를 부른다. 숭일·수피아여학교 학생들도 참여했지만, 시장에 모여든 시민이 다수였다. 당시 광주 인구가 만여 명이었는데, 천여 명이 참여한 대규모 시위였다. 광주 3·1독립만세운동을 기획하고 실천한 총 책임자가 김복현이다.

"국헌을 교란시킨 죄는 사형에 처해 마땅하나 관대히 다스리겠다"고 일본 재판관이 훈계하자, 김복현은 "이번 운동의 책임자는 나다. 내 지시에 따른 학생들은 그냥 내보내라. 그리고 내 이름은 김철이다. 나는 불에 달구고 두들길수록 더욱 단단해진다. 얼마든지 해보라"면서, 이번 광주 만세운동은 전적으로 자기 한 사람에게 죄가 있을 뿐이라고 항변하였다. 이는 김복현이 광주 3·1운동의 대표였음을 잘 보여준다. 이때부터 김복현은 김철(鐵)로 불리다, 후일 김철(哲)로 바뀐다.

3년형을 치른 후 김철은 '예비검속 대상자'로 분류되었고 늘 일제의 감시대상자였다. 어디서건 독립운동의 징후가 발견되면 늘 유치장이 집이 되었다. 해방 후 김철은 전남건국준비위원회 부위원장으로 추대된다. 1960년 4·19혁명으로 이승만 정권이 무너지자, 강석봉·국기열 등 광주 3·1운동 당시 동지들과 힘을 모아 사회대중당(이후 통일사회당)을 결성한 후 통일 사회당 고문을 맡아 민주주의의 완성과 조국 통일을 위한 마지막 투쟁을 전개한다. 그러나 5·16 군사쿠데타로 꿈은 짓밟혀 버렸고, 1969년 민주주의와 통일의 비원을 가슴에 묻은 채 생을 마감한다. 1990년 정부는 김철에게 건국훈장 애족장을 추서한다.

임시정부에서 활동한 김재호와 신정완

김철의 장남 김재호도 아버지의 뒤를 이어 독립운동에 뛰어든다. 김재호는 전주 신흥중학교에 재학 중인 1933년 2월, 김원봉이 만든 의열단에서 파견된 비밀공작원 정의은을 따라 중국으로 밀항한다. 정의은은 광주 출신으로, '신중국 건설 100대 영웅'으로 선정된 정율성의 형이다. 이때 정율성도 함께였다.

김재호는 김원봉이 만든 조선혁명군사정치간부학교를 제2기생으로 졸업하고, 의열단의 일원으로 임무를 부여받고 지하공작원으로 활동한다. 1937년, 김원봉이 중심이 된 조선민족혁명당(朝鮮民族革命黨) 창립에 주도적으로 참여하기도 했다. 중일전쟁 당시에는 제2전구 산시성(山西省) 일대에서 선무·초모 활동을 전개한다.

이후에는 조선의용대의 일원으로 활동하다 충칭의 임시정부 김구 주석의 부름을 받는다. 1942년, 임시의정원의 전라도의원에 선출되었으며 1943년에는 임시정부에 신설된 선전부 선전위원이 된다. 당시 초대 선전부장은 김규식이었다. 이어 임시정부의 내무부 사회과장, 1944년에는 내무부 총무과장에 임명되는 등, 임시정부의 실무를 담당했다. 1945년 광복을 맞이했지만 그의 귀국은 1946년 5월에야 이루어진다. 임시정부의 잔무 정리 때문이었다.

귀국 후 그는 삼선개헌반대범국민투쟁위원회 지도위원(1969)과 박정희의 유신헌법을 반대하는 민주회복국민선언(1974)에 독립운동가를 대표하여 참여하는 등, 이 땅의 민주주의 구현에도 앞장선다.

그의 부인 신정완은 해공 신익희의 따님이다. 임시정부에 의해 산둥성에 파견되어 지하공작 첩보활동 등을 했으며, 임시정부 임시의정원 의원을 지낸 독립의 여걸이다. 정부는 1990년 김재호와 그의 아내 신정완에게 건국훈장 애국장을 수여한다.

김철 가문은 부친 김창곤, 아들 김재호로 이어진 3대에 걸쳐 5명이 건국훈장을 받는다. 김철과 김재호는 해방 후 반독재 민주화 운동, 통일운동에도 참여한다. 나주 출신 김철 가문은 3대가 조국의 독립을 위해 헌신한 광주·전남 최고의 항일 독립운동 가문이 아닐 수 없다.

호남 3대에 걸쳐 항일독립운동을 펼친 김철 가문의 흔적은 무덤밖에 없다. 그들을 기억하고 기리는 기념관도 동상도 없다. 안타깝다.

김창곤과 김철의 무덤을 찾다

김철 집안은 3대에 걸쳐 다섯 분이 건국훈장을 받은 독립운동가 집안이지만, 일반인에게는 잘 알려져 있지 않다. 후손이 나주에 살지 않은 것도 한 이유이겠지만, 우리의 게으름도 한몫을 했다고 생각한다.

지역사를 들여다보며 살아가는 나마저도 나주의병장 김창곤의 무덤이 어디 있는지 알지 못했다. 서울에 사는 김철의 아드님 김달호 씨로부터 무덤의 위치를 설명 듣고, 한걸음에 달려갔다. 나주 향리였던 김창곤과 그 후손들은 모두 나주에서 태어난다. 독립유공자 공훈록에 보면 김철과 김재호의 주소가 나주시 금성동 25번지로 되어 있다. 김창곤과 석현 그리고 김철의 무덤이 나주에 있는 이유다.

김창곤과 김석현의 무덤은 나주에서 목포로 가는 길, 나주 시내를 벗어나기 위해 넘는 맛재 바로 못 미쳐 오른쪽에 있다. 입구에는 안내판 대신 '의병장 김창곤 묘소'라고 쓴 비가 있고, 위쪽으로 김창곤과 큰아들 석현 등 10여 기의 무덤이 있다. 제일 위 오른쪽이 의병장 김창곤의 무

나주의병장 김창곤 무덤

덤이다. 의병장의 무덤답게 봉분이 크고, 주위에는 돌을 돌렸다. 오른쪽에 1986년 건립한 '의병장 김해김공창곤지묘(義兵將金海金公蒼坤之墓)'라 새긴 비가 있는데, 비문은 국회의원 송원영이 썼다. 내용은, 김창곤과 그의 두 아들 석현과 복현(철), 그리고 손자 김재호의 3대에 걸친 항일독립운동을 기록하고 있다. 서울 국회의원 송원영이 어떤 연유로 글을 썼는지는 알 수 없지만, 김창곤에 대한 설명은 빈약했다.

큰아들 석현의 무덤은 아버지 무덤 아래에 있다. 봉분은 돌로 두르지 않았고 비도 없으며, 달랑 상석 하나만 놓여 있다. 그 상석에 무덤의 주인공 김석현과 그의 부인 경주 최씨가 새겨져 있을 뿐이다. 나주의병에서 주도적 역할을 했고, 국가로부터 건국훈장 애국장을 받은 독립운동가의 묘인데, 정말 안타까운 모습이다. 입구에 두 분의 항일 의병활동을 알리는 표지판부터 세우는 것이 우리의 의무가 아닐까 싶다.

또 다른 아들이자 광주 3·1운동의 주역 김철의 무덤은 나주북초등학교 왼쪽 산록에 있다. 김철의 무덤을 찾아가려면 학교 안으로 굳게 잠긴 담장을 넘어가야 한다. 무덤은 아담했다. 무덤 왼쪽에는 1976년 세워진 '독립지사김철묘(獨立志士金哲墓)'라 새긴 비가 있다. 그리고 가까이에 표지판을 설치하여 김철 선생이 어떤 분인지 알려주고 있다. 비문은 문학박사 박성봉이 짓고, 김철을 도와 광주 3·1운동을 주도한 최한영이 글을 썼다.

광주 3·1운동을 이끈 김철 무덤

　3월 1일, 삼일절만 되면 나주의 유지들이 찾아와 참배한다고 한다. 그러나 오늘 김철의 묘는 가묘다. 대전 현충원으로 옮겼기 때문이다. 시신은 옮겨갔지만, 그의 혼은 여전히 나주 가묘에 남아 있다고 생각한다.

　김창곤과 그의 아들 김석현과 김철, 그리고 손자 김재호의 흔적은 그들의 고향인 나주에서조차 찾기 쉽지 않다. 김창곤의 의거 현장인 나주 향교 및 연리청, 순국지에도 김창곤과 그의 아들 석현을 그들을 기리는 흔적 하나 남아 있지 않기 때문이다. 광주 3·1운동의 주역 김철의 흔적도 마찬가지다. 광주 3·1운동의 발발지 광주천과 행진 루트였던 충장로 어디에도 김철을 기리는 기념시설 하나 없다. 김철이 외친 '대한독립만세'는 이제 메아리가 되어 남아 있을 뿐이다.

　김창곤, 김철, 김재호로 이어지는 김철 가문의 항일정신은 해방 이후 통일운동, 민주화운동으로 이어진다. 남도가 '정의로움'의 고장으로 불리게 된 것은 김철 가문의 3대에 걸친 실천이 크게 한몫을 했다.

　그러나 오늘 남도 최초의 의병장 김창곤과 그의 아들이 묻힌 무덤 앞에 그들이 항일의병장이었음을 알리는 표지판 하나 없다. '의향' 남도의 민낯이다.

독립운동가 김철 가족.
왼쪽 두 번째가 김철이고
좌우가 김재호와 신정완

19.

국제 항일 투사 정율성,
능주와 맺은 인연

중국인에게 정율성, 신중국 건설 100대 영웅

2009년 중국은 건국 60주년을 기념하여 신중국 창건 100대 영웅으로 불리는 '새 중국 창건 특수기여 영웅 모범인물' 100명을 선정한다. 신중국 창건 100대 영웅에 한국 출신으로는 유일하게 광주 출신 정율성(1914 ~1976)이 포함된다.

정율성이 중국에서 100대 영웅에 선정될 수 있었던 것은, "자기 일생을 중국 인민의 혁명과 건설 사업에 바쳤다."는 그의 묘지명에 단초(端初)가 묻어 있다. 정율성이 일생을 바친 '중국 인민의 혁명과 건설 사업'은 음악이다. 1937년 중국 혁명의 성지 옌안에 들어간 그는 1938년 불후의 명곡 〈옌안송〉에 이어 1939년 〈팔로군 대합창〉 8곡을 작곡한다. 그리고 〈팔로군 대합창〉 중 〈팔로군 행진곡〉은 오늘 중국 인민해방군 군가가 된다.

중국 인민해방군 군가를 작곡한 정율성이 전 국민의 관심을 끌게 된 것은 2014년 방한한 시진핑 주석이 서울대학교 특강에서 한·중의 우의를 돈독히 한 인물 9명을 언급하면서부터다.

2017년, 문재인 대통령은 중국 베이징대학 방문 후 행한 특별 강연에서 한·중 우의 인물을 또 언급했는데, 시진핑이 서울대에서 언급한 인물과 함께 공통으로 언급한 유일한 인물은 정율성이다. 시진핑 주석과 문재인 대통령이 정율성을 공동으로 언급하면서, 생소한 정율성은 큰 관심을 끌게 된다.

신중국 100대 영웅으로 선정된 유일한 한국인 정율성이 중국인에게 어떤 인물인지는, 중국 곳곳에 남아 있는 정율성 기념물을 통해서도 확인된다.

역사의 고도(古都) 시안(西安)에는 1936년 4월부터 1947년 9월까지 공산당의 반공개 아지트였던 팔로군 판사처가 있다. 이곳 판사처 기념관 벽면에 걸린 '국제우인(國際友人)' 명단에는 베트남 혁명 영웅 호치민과 함께 정율성(鄭律成)이 한자로 표기돼 있고, 사무실에는 정율성의 이력과 업적을 담은 서류가 보관돼 있다.

옌안은 대장정을 마무리한 중국 공산당 중앙과 중앙 군사위원회가 1937년 1월부터 1947년 3월까지 10여 년 동안 머문 중국 혁명의 심장부다. 1937년 10월, 옌안에 도착한 정율성은 이곳에서 딩쉬에숭(丁雪松)을 만나 결혼했고, 〈팔로군 대합창〉과 〈옌안송〉 등을 작곡한다. 옌안 혁명기념관과 그가 교수로 근무했던 노신예술학원에는 정율성을 담은 다수의 사진이 전시되어 있다. 1987년 개관한 베이징의 중국인민항일전쟁기념관에는 정율성이 작곡한 〈옌안송〉가 녜얼(聶耳)이 작곡한 중국 국가 〈의용군 행진곡〉과 나란히 걸려 있다.

중국 내 정율성 기념 공간의 집대성은 2009년 하얼빈에 건립된 지상 2층 규모의 정율성 기념관이다. 기념관 입구 상단 벽면에는 오선지 모형의 동판에 〈팔로군 행진곡〉 첫 소절이 설치돼 있으며, 전시관 입구에는 중국 인민해방군의 행진 영상과 함께 강렬하고 웅장한 〈팔로군 행진곡〉이 흘러나온다.

정율성은 사망 후 빠바오산(八寶山) 혁명 묘역에 묻힌다. 베이징 외곽의 빠바오산 혁명 묘역은 중국 혁명에 혁혁한 공을 세운 인물만 묻힐 수 있는 곳으로, 우리의 서울 동작동 국립묘지 내 독립유공자 묘역쯤에 해당한다. 부인 딩쉬에숭과 합장하기 이전 묘비에는 "정율성 동지는 1914년

음력 7월 7일, 조선 전라남도 광주의 한 혁명가정에서 태어났다. 소년 시절 반일 애국 독립활동에 참가했고, 1933년 중국에 와서 선후로 난징과 상하이에서 항일 구국 활동에 종사했으며, 1937년 10월에 옌안으로 갔다. 1939년 1월, 중국 공산당에 가입했으며, 자기 일생을 중국 인민의 혁명과 건설 사업에 바쳤다. 그는 충성스러운 국제주의 전사였다. 1976년 12월 7일, 베이징에서 별세했다."라고 쓰여 있다. 그의 생애를 잘 압축하고 있다. 그러나 2011년 부인과 합장하면서 묘비가 바뀌고, 설명도 간략해졌다.

한국인에게 정율성, 치열한 독립전사

중국인들은 시진핑과 문재인이 한·중 우의 인물로 언급한 정율성을 신중국 건설 100대 영웅으로 추앙하고 있다. 그럼, 정율성은 한국인에게는 어떤 인물인가? 이 물음에 답하려면, 19세 정율성이 중국에 건너간 이유부터 살펴야 한다.

정율성은 1914년 광주에서 태어난다. 광주 숭일학교를 거쳐 전주 신흥중학교에 입학했다가 중퇴한 후 형 의은과 중국으로 건너가 의열단 단장 김원봉이 만든 조선혁명군사정치간부학교(간부학교)를 졸업한다. 이때가 1934년이다. 그리고 1945년 조국이 해방될 때까지 12년 동안 독립을 위해 치열하게 싸운다. 정율성이 중국으로 건너간 것은 독립운동이 목적이었다.

간부학교에 입학하기 직전 정율성은 김원봉의 의열단에 가입한다. 의열단은 박재혁·최수봉·김상옥·나석주 의사가 경찰서에 폭탄을 던지고 동양척식주식회사를 응징한, 일제가 가장 무서워한 단체였다.

간부학교 졸업 후 의열단 단원 정율성이 김원봉으로부터 부여받은 첫 임무는 난징에 있는 고루전화국에 위장 침투하여 상하이와 난징 사이의 일본인 통화내용을 도청하는 것이었다. 당시 난징은 국민당 정부의 수도로, 일본영사관이 있었다. 정율성은 '나의 정치 경력'에서 당시를 이렇게 회고했다. "당시 일본인들은 난징에서 매우 창궐하게 활동했다.⋯ 우리

복원된 정율성 생가(능주)

는 난징정부와 교섭해 일본인의 전화를 도청하기로 했다. 난징정부는 이에 동의했다." 의열단 단원 정율성의 고루 전화국 위장 취업은 김원봉이 중국 난징정부와 협의하에 수행한 특수 임무였다. 정율성은 음악학도로 위장하여 상하이를 오갔고, 음악을 연결고리로 상하이에서 활동하는 중국 좌파세력과 네트워크를 구축했다. 정율성은 난징과 상하이를 연결하는 비밀 연락선 역할도 했다.

김성숙과 매형 박건웅, 님웨일즈가 쓴 『아리랑』의 주인공 김산 등은 '계급투쟁보다 민족해방'을 앞세운 조선민족해방동맹(해맹)을 결성했고, 정율성도 이에 가입한다. 1937년, 정율성의 옌안행은 본인의 희망이기도 했지만, 해맹의 과업을 수행하기 위한 것이었다.

정율성은 1937년부터 1940년까지는 옌안에서 혁명음악가로 활동했지만, 1941년부터 1945년까지는 타이항산(太行山)과 옌안을 오가며 화북조선청년연합회(조청), 조선독립동맹의 간부로 항일투쟁을 전개했다. 화북조선청년연합회 결성과 동시에 1940년 화북지역으로 이동했던 급진파 조선의용대는 1941년 조선의용대 화북지대로 개편되었고, 1942년 조청이 조선독립동맹으로 개칭하고 주석에 김두봉이 취임하자, 조선의용대 화북지대도 조선의용군으로 개편된다.

1942년 12월, 조선독립동맹은 타이항산에 조선혁명군정학교를 설립했는데 교장은 무정, 교육장은 정율성이었다. 1945년 군정학교는 옌안 나

정율성 동상(능주초)

가평으로 이동하여 다시 문을 열었는데, 김두봉이 교장이었고 정율성은 부과장에 임명된다. 정율성은 적후무장대의 일원으로 여러 차례 전투에 참가한다. 그러나 정율성의 주 업무는 조선혁명군정학교에서 항일전사들을 육성하는 것이었다.

정율성은 독립운동을 위해 1933년 중국으로 건너가 김원봉이 세운 조선혁명군사정치간부학교를 졸업하고, 의열단 단원이 되어 김원봉의 특수 임무를 수행했다. 상하이와 난징 독립운동 세력과의 연계고리 역할도 했다. 그리고 타이항산에 들어가 일본군과 치열한 전투를 벌였으며, 조선혁명군정학교 간부가 되어 항일전사들을 육성했다.

정율성은 중국인에게는 항일음악가로 중국 인민군 군가를 작곡한 100대 영웅이지만, 한국인에게는 독립운동에 헌신한 치열한 독립전사였다.

화순 능주에서 정율성을 찾다

한때 그의 출생지가 어디냐를 두고 논란이 있었다.

정율성은 1914년 광주에서 태어난다. 그런데 출생지가 불로동인지 양림동인지가 먼저 논란이 되었다. 불로동 출생설의 근거는 다음과 같다. 1906년 정율성의 큰형 효룡과 작은형 충룡이 공립광주보통학교(현 서석초등학교)에 함께 입학했는데, 이들 학적부 주소가 부동방(不動坊) 서외리

(西外里)로 되어 있고, 정율성의 부친 정해업이 1912년 불로동 163번지에 토지를 소유한 대장이 남아 있는 것이다. 양림동 출생설의 근거는 정율성이 중국에 건너가 쓴 자필 이력서의 다음 문구다. "나는 광주시 양림동의 가난한 농가에서 태어났다."

정율성 벽화(능주초)

정율성 선생 생가 고증위원회는 협의 결과 불로동은 태어난 곳이고 양림동은 성장한 곳으로, 둘 다 '생가'라고 규정했다.

정율성은 4세 때인 1917년 화순군 능주면 관영리 283번지로 아버지를 따라 이사한다. 그래서 능주 관영리 출생설도 덧붙여졌다. 그러나 능주 관영리 출생설은 호적대장과 학적부 등을 면밀하게 검토하지 못한 데서 비롯한 오류다.

정리하면 이렇다. 정율성은 1914년 광주 불로동에서 태어났고, 4세 때인 1917년 부친을 따라 화순 능주로 이사한 후, 1922년 다시 광주 양림동으로 이사하여 유년기를 보낸다. 그는 능주초등학교에 1년을 다녔다. 오늘 능주에 정율성의 흔적이 남아 있는 이유다.

정율성이 살았던 능주 옛집(능주면 관영리 283)은 2019년 정율성 전시관으로 복원되었다. 전시관 내부에는 옛 추억을 더듬을 수 있는 축음기가 있고, 어린 시절과 항일운동, 중국 생활 등을 담은 사진들을 감상할 수 있다. 관람객이 마루에 앉으면 센서가 작동해 정율성이 작곡한 〈옌안송〉도 감상할 수도 있다. 마당에는 정율성의 항일운동 사진에 나오는 말을 모델로 실물 크기의 말을 배치했는데, 말 타고 앉아 기념사진을 찍을 수 있는 포토존이다.

관영리 옛집에서 정율성이 다닌 학교인 능주초등학교까지는 10분이 채 걸리지 않는 가까운 거리다. 면사무소를 지나 학교로 올라가는 돌계단에는 정율성의 연대기를 적어놓은 돌들이 박혀 있다. 중간쯤에서는 정율성에게 영향을 준 것으로 추정되는 신청을 묘사한 그림도 볼 수 있다. 그 연대기 끝에 2009년 능주초 개교 100주년을 기념하여 건립된 정율성 흉상이 있다. 정율성의 외동딸 정소제가 "지금까지 본 아버지의 동상 중 가장 실제와 닮았다"며 감탄한 흉상이다.

2016년에는 정율성 흉상 바로 옆 학교 건물 벽에 10미터×11미터 크기의 대형 타일 벽화도 제작되었다. 중앙에 정율성 초상화를 그리고 위쪽에는 그의 활동 무대가 된 한반도와 중국을 그렸다. 그런데 아랫부분 조그맣게 책보를 뒤로 멘 초등학교 1학년 정율성의 모습이 귀엽다. 다양한 색의 타일을 일일이 잘라 만든, 완성도 높은 대단한 작품이다.

학교 운동장을 가로질러 정문 쪽 2층 건물에는 1922~1923년 당시 교실 풍경을 그대로 꾸민 '정율성 교실'이 있다. 1920년대 칠판과 학용품, 풍금과 당시 사진 자료들이 전시되어 있다. 교실에는 딱 한 학생이 밀랍 인형(?)으로 만들어져 앉아 있다. 정율성이다. 정율성 옆자리는 누구든지 그의 짝꿍이 되어 사진을 찍는 장소다.

딱 1년 다닌 능주초등학교에 정율성의 동상이 세워지고, 벽화가 그려지고, 정율성 교실이 만들어질 수 있었던 것은, 1년 다닌 능주초등학교에 정율성 생활기록부가 남아 있기 때문이다. 기록은 이렇게 중요하다.

20.
비밀결사 성진회 결성의 핵심,
왕재일

광주고보에 입학하다

1919년 3·1만세 시위 이후 최대의 독립운동은 1929년 광주에서 시작된 광주학생독립운동이다. 광주고보생들이 중심이 된 광주학생독립운동은 1926년 결성된 성진회라는 비밀결사가 불씨가 된다. 그 비밀결사성진회 결성의 핵심 인물이 구례 출신 왕재일(王在一, 1904~1961)이다.

왕재일은 1904년 전남 구례군 광의면 지천리 천변마을에서 부친 왕경환과 모친 봉성 장씨 사이에 4남매 중 장남으로 태어난다. 왕경환은 한시에 해박했다. 그는 '대정(大正)'이나 '소화(昭和)'라는 일본의 연호 대신 '단기(檀紀)'라는 우리의 연호를 사용했고, 우리의 국문을 사랑했다. 큰아버지이자 양부 왕수환은 황현의 제자들이 중심이 되어 설립한 사립 민족학교인 호양학교 교사였다. 증조부 왕석보 또한 구례의 큰 선비였다. 매천 황현이 11세 때 왕석보의 서당에서 글을 배울 정도였다. 왕재일은 어린 시절 나라가 망하자 절명시 4수를 남기고 자결한 황현의 절의와 우국 충절을 지켜보았고, 양부가 교사로 있는 호양학교에서 민족교육을 받고 자란다. 왕재일이 호양학교를 졸업한 것은 1916년이다. 호양학교에서의 민족교육은 그가 후일 항일 독립의 전사가 될 수 있었던 토양이었다. **315**

성진회를 결성하다

왕재일은 1916년 구례 호양학교를 졸업한 후 광주 숭일학교에 입학하지만 가정 형편이 어려워 중퇴한다. 그 후 광주청년회가 홍학관 내에 개설한 청년학원의 고등과를 마치고 1923년 광주고보 2학년에 편입했다. 그의 나이 19세, 또래보다 네 살이나 많은 늦깎이 입학이다.

광주고보에 입학했지만, 그는 학비를 스스로 벌어서 다녀야 하는 고학생(苦學生)이었다. 홍학관에서 먹고 잤으며, 신문 배달로 학비를 조달했다. 4학년이던 1925년 광주의 각 학교에 재학 중인 고학생들과 고학생 상조회를 결성하고 위원장이 된다. 상조회는 당시 고학생들에게는 큰 힘이었다.

성진회 결성에 참여한 정우채(광주고보 1년)는 왕재일에 대해 "키가 작고 온후한 성격이지만 강직한 면이 있고, 신문 배달 등을 통해 광주농업학교(현 광주자연과학고) 학생들과도 폭넓은 대인관계를 유지하고 있었다"고 회고했다. 광주고보 5학년 왕재일, 그는 키는 작지만 다부진 외유내강형 학생이었음이 분명하다.

왕재일 등이 중심이 된 성진회는 1926년 11월 3일 부동정(현 불로동) 최규창의 하숙방에서 결성된다. 왕재일을 비롯한 광주고보생 9명, 박인생을 비롯한 광주농교생 6명 등 15명이 모였는데, 그날 사회를 본 학생이 왕재일이다. 모임 이름으로 무등회, 독서회 등이 나왔지만 왕재일이 제안한 '깨달아서 나아간다'라는 뜻의 '성진회(醒進會)'로 결정된다. 총무는 왕재일(광주고보 5년), 서기는 박인생(농업학교 5년), 회계는 장재성(광주고보 5년)이 맡았다.

이름이 지어지고 임원이 선출된 후 "일제의 기속(覊束, 얽어매어 묶음)에서 조국의 독립을 쟁취한다", "일제의 식민지 노예교육을 절대 반대한다", "언론·출판·집회의 자유를 요구한다"는 강령을 채택하고 매월 첫째와 셋째 주 토요일 오후 2시에 모임을 갖기로 한다. 광주학생독립운동의 불씨가 된 성진회 결성이 끝나자 춘원사진관으로 이동, 기념사진을 찍는다.

성진회는 결성된 지 4개월이 되던 1927년 3월, 형식적 해체를 선언한

성진회 결성 당시의 사진
(두번째 줄 흰 옷 입은 분이 왕재일)

다. 왕재일과 장재성, 박인생 등 주역이 졸업을 앞두고 있었고, 한 회원
의 친형이 광주경찰서 순사라는 사실이 밝혀져 비밀 유지가 어려워졌
기 때문이다. 성진회는 형식적으로 해체되었지만 학교 단위로 유지되다
1929년 독서회로 이어진다.

광주학생독립운동 당시 성진회 회원들이 어떤 활동을 했는지는 일제
가 내린 형량을 통해서도 확인된다. 광주학생독립운동으로 구속된 학생
260여 명 가운데 보안법 관계로 49명, 성진회 관계로 38명, 독서회 관계
로 90명, 소녀회 관계로 11명 등 173명(15명은 보안법과 독서회에 같이 걸림)이
예심재판에 회부된다. 재판에 회부된 173명 중 광주지방법원의 1심 판결
에서 가장 높은 형량은 7년 형을 선고받은 장재성이고, 그다음이 4년 형
을 선고받은 왕재일이다.

농민운동에 투신하다

1927년 3월, 왕재일은 광주고보를 졸업한다. 그는 졸업 직전인 1927
년 1월(확인), 조선청년총동맹 전남도연맹 및 신간회 전남지부에 가입한
다. 조선청년총동맹은 1924년 결성된 사회주의 청년운동 단체로, 광주
학생독립운동을 전국으로 확산시킨 장석천, 지용수 등이 활동하던 단체
다. 졸업하던 해 10월, 강진으로 내려간 그는 《동아일보》 강진지국을 개 317

설하고 활동하다 1929년 5월경 장흥으로 활동 장소를 옮긴다. 《중외일보》 1929년 9월 14일자 기사에는 왕재일이 조선청년총동맹 전남도연맹 예비집행위원으로 피선되어 장흥으로 나온다. 같은 해 9월 17일 《중외일보》 기사에는 조선청년총동맹 전남도연맹이 15일 흥학관에서 주최하는 청년 교양강좌가 일제의 압력으로 취소되었지만 장석천, 장재성 등과 함께 왕재일이 강사로 소개된다. 졸업 직후 그는 강진을 거쳐 장흥으로 옮겨 전남장흥청년동맹의 지도자로 활동하고 있었다. 이는 같은 해 《동아일보》 12월 11일자 기사를 통해서도 확인된다. "전남장흥청년동맹 임시대회 당시 인쇄한 청년동맹 규약 강령이 출판법에 위배되었다 해서 왕재일에게 60원, 길완식에게 30원의 벌금형을 부과"한 것이다.

　장흥에서 전남장흥청년동맹 리더로 활동하던 중 1930년 1월, 광주학생독립운동 배후 지도자로 체포되었고, 광주지방법원에서 4년, 대구복심법원에서 1.6년이 선고된다. 1931년 12월, 장석천과 출옥한 후 조금도 쉬지 않고 다시 장흥으로 내려가 농민조합 결성에 주도적인 역할을 한다. 그리고 1936년 전남운동협의회 사건으로 체포되어 2년간 투옥되었다가 1938년에 출옥한다.

약 한 첩 쓰지 못하고 쓰러지다

　왕재일은 해방 이후 남들처럼 "내가 애국자네, 내가 항일투사네" 하고 자신을 드러내지 않았다. 신문기자가 되어 저술로 자오(自娛, 스스로 즐거워함)하였다.

　1947년 《동광신문》에 들어가 기자가 되었으며, 광주기자회가 발족되자 지방부장의 임원이 된다. 당시 광주기자회 회장은 김창선, 부회장은 김남중과 손수겸이었다.

　1952년에는 『호남절의사(湖南節義史)』를, 1956년에는 『전남자치사년지(全南自治四年誌)』를 편찬했다. 1959년에는 《광주시보(光州市報)》에서 근무했다. 신문기자 생활과 저술로 8식구를 책임지기에는 수입이 너무 적었다. 겨우 호구를 면할 정도였다. 그가 영양실조와 고문 후유증으로 드러눕자

왕재일 묘(대전 현충원)

부인(김현식)은 무등산에 올라 나무를 했다. 등에 지고 온 나무는 때고, 머리에 이고 온 나무는 팔아 죽거리를 마련했다. 당시 《동아일보》(1961년 2월 16일자)는 "8식구를 거느린 왕씨(왕재일) 일가는 자신의 고된 환경을 사회에 알리지도 않고 천주교회에서 구호해주는 옥수수가루죽과 딸이 한 달에 1만여 환씩 받아오는 월급으로 비지 등을 끼니로 연명했다"고 쓰고 있다. 말년의 궁핍한 모습이다.

혁명 항일투사 왕재일은 약 한 첩 써보지 못한 채 1961년 2월 14일 밤 산수동 428번지 토막집에서 영면에 든다. 그의 나이 57세였다. 성진회 결성의 주역 왕재일이 사망하자 《동아일보》 등은 '버림받은 광주학생사건 주동자, 약 못 써보고 병사(病死)'라는 제목으로 대서특필했다.

그의 장례식은 광주서중(현 광주제일고등학교) 학생독립운동기념탑 앞에서 도내 각 기관장을 비롯하여 시내 각 학교 학생 1,500여 명이 참석한 가운데 엄수되었다. 이날 장례식은 육군 제 1관구사령부 군악대의 구슬픈 연주와 서중 합창단의 조가(弔歌, 죽음을 슬퍼하는 노래)가 울려퍼지는 가운데 거행되었고, 영구(靈柩)는 서중 학생 24명과 일고 학생 39명에 의하여 무등산 자락에 안장된다. 왕재일의 묘지는 신생보육학교 교장 최상옥(崔象沃)이 자신의 모친 묘지로 사용하기 위해 마련한 장소였는데, 혁명투사 왕재일의 애달픈 비보를 듣고 제공한 것이다. 그의 마지막 모습은 그나마도 다행이었다.

왕재일 동상(구례 서시천 체육공원)

　1963년 정부는 왕재일에게 독립유공자 표창을, 1991년에는 건국훈장
애국장을 추서한다. 오늘 그는 국립 대전현충원 애국지사 묘역에 묻혀있
다. 그의 고향 구례 읍내에 위치한 서시천 체육공원에 동상이 있다. 그
러나 그가 태어난 광의면 지천리 천변마을에는 어떤 흔적도 남아 있지
않다. 왕재일의 생가터는 명당이라 해서 다른 분이 구입해 살고 있었다.
지천리에는 그가 졸업한 호양학교가 복원되었지만, 어디에도 그의 이름
은 없다.

21.

한국 고아의 어머니,
윤학자

목포시 최초의 시민장

1965년, 목포시는 '목포 시민의 상'을 제정하고 첫 수상자를 정하기 위해 시민들을 대상으로 여론조사를 했다. 그 결과 압도적 1위를 받은 분이 일본인 윤학자였다.

윤학자(尹鶴子, 1912~1968)가 얼마만큼 목포 시민의 뜨거운 사랑을 받은 인물인지는, 그가 1968년 폐암으로 타계했을 때 목포역 광장에서 열린 그녀의 장례식장에 3만여 명의 목포 시민이 참석, 그녀의 마지막을 애도한 사실만으로도 충분하다. 당시 목포 인구가 16만 명 정도였으니, 조금 과장하면 목포 시민 모두가 운 셈이다. 그녀의 장례는 최초의 목포 시민장이었다. 그날 《조선일보》는 사회면 머릿기사로 "목포를 울린 장례식, 명복 빌어 첫 시민장"이라고 보도했을 정도다.

목포 시민의 애도 속에 세상을 떠난 윤학자가 어떤 분인지는 2019년 그의 아들 윤기(일본명 타우치 모토이, 공생복지재단 회장)가 남긴 다음 회고담만으로 충분하다.

"6·25전쟁 당시 어머니는 영양실조로 죽어 간 아이를 위해 슬퍼하셨습니다. 그 아이에게 손수 소독한 옷을 입히시고는 그 곁에서 하룻밤을

제1회 목포 시민의 상을 수상하는 윤학자(1965)

주무셨어요. '세상에 태어나 부모의 사랑도 못 받아 불쌍하다'며 '하룻밤이라도 곁에 있어 주고 싶다' 하셨습니다. 아이들이 500여 명이나 되어서 그들을 일일이 다 사랑해주지 못한 것에 항상 미안해하셨습니다."

윤학자는 평생 목포에서 3,500여 명의 고아를 키워 낸, 국경을 뛰어넘는 고아의 어머니였다. 그녀가 목포 시민들에게 큰 사랑을 받은 이유다.

다우치 치즈코에서 윤학자로

고아의 어머니 윤학자, 그녀의 원래 이름은 다우치 치즈코(田內千鶴子)다. 한국인 이름 윤학자는 남편의 성에서 '윤'을, 자신의 이름에서 '학자'를 따서 조합한 것이다.

그는 일본 시코쿠 고치현 고치시에서 외동딸로 태어나, 7세 때인 1917년 조선총독부 목포부청 하급관리였던 아버지의 근무지를 따라 한국으로 이주한다. 그녀가 목포와 인연을 맺게 된 연유다.

치즈코는 야마데소학교(현 유달초등학교)와 목포고등여학교(현 목포여중·고)를 졸업한 후 정명여학교 음악교사가 된다. 그녀의 첫 직장 정명여학교는 1903년 미국 남장로교에서 설립한 광주·전남 최초의 여학교로, 처음 이름은 목포여학교였다. 치즈코가 공생원과 인연을 맺을 수 있었던 것은 공생원에서 고아들을 돌보지 않겠느냐는 목포고등여학교 은사의 제안 때문이다. 치즈코는 정성을 다해 고아를 돌보았고, 공생원을 만든 윤치호의 청혼을 받아들이면서 이름마저 윤학자로 바꾼다. 공생원과의 인연은 치즈코가 윤학자로 다시 태어나는 계기가 되었고, 평생 짊어져야 할 운명이 된다.

윤학자의 남편 윤치호(尹致浩, 1909~?)는 '더불어 사는 사회'라는 뜻의 사회복지 시설 '공생원'을 설립한 '거지 대장'이었다. 그는 전남 함평군 대동면 상옥리 옥동 마을에서 파평윤씨 종손으로 태어난다. 집안은 가난하여 소작으로 생계를 유지해야 했다. 14세 되던 1923년에는 아버지마저 타계하면서 소년가장이 된다.

윤치호가 어려운 환경을 떨치고 다시 일어설 수 있었던 것은 미국인 기독교 여선교사 줄리아 마틴(한국명 마율리)의 도움이 컸다. 윤치호는 15세이던 1924년, 함평에 세워진 옥동예배당의 선교사 줄리아 마틴의 조수가 되었고, 마틴의 후원으로 피어선성경학교에 입학한다. 1927년, 피어선성경학교를 졸업한 그가 정착한 곳이 목포다. 목포에서 그는 나사렛목공소를 차려 목공 일을 하면서 전남 최초의 교회인 양동교회에서 전도사로 활동했다.

당시 목포는 부산·인천과 더불어 3대 항구로 급격히 발전하고 있었지만, 뒤안길에는 걸인과 고아가 넘쳐났다. 1928년, 윤치호는 냇가 다리 밑에서 추위에 떨고 있던 고아 7명을 데려와 함께 생활한다. '더불어 살아가는 곳'이라는 의미를 지닌 공생원(共生園)의 출발이다. 그의 나이 고작 19세였다. 고아들이 사는 집이 들어서자 주민들의 반발이 심했다. 이곳저곳을 옮겨 다닌 끝에 1932년 유달산 자락 대반동에 터를 잡게 되었고, 1932년 12월 공식 인가를 받는다.

1938년, 윤치호는 일본인 다우치 치즈코와 결혼식을 올린다. 다우치 치즈코가 한국인과 결혼하려 하자 주변의 반대가 심했다. 이때 큰 힘이 된 분이 다우치 치즈코의 어머니였다. 어머니는 딸에게 "결혼이란 국가끼리 하는 것이 아닌 인간과 인간이 하는 거다. 하늘나라에는 일본 사람도 한국 사람도 구분이 없다. 네가 사랑한다면 말리지 않겠다"며 격려했다고 한다. 윤치호의 부인이 된 일본인 여인 다우치 치즈코, 그녀는 윤치호를 만나 윤학자가 되었고, 둘은 하나가 되어 공생원에서 고아를 돌보며 예수의 사랑을 실천했다.

8·15 광복은 한국인 모두의 기쁨이었지만, 윤치호·윤학자 부부에게는 시련의 시작이었다. 윤치호는 친일파, 윤학자는 원수 나라의 여인으로 낙인찍힌 것이다. 윤학자는 어머니와 함께 쫓기다시피 일본 고향으로 돌아갔다. 윤치호는 공생원 원생들과 목포 시민이 나서 지켜냈고, 이에 윤학자도 공생원으로 돌아온다.

1950년 터진 6·25전쟁도 그들 부부에게는 또 다른 시련이었다. 인민군이 목포에 들이닥치자 주변 사람들이 피난을 권했지만, 두 사람은 "고아들을 두고 우리 가족만 도망칠 수 없다"며 고아들 곁을 지킨다. 인민군은 윤치호를 붙잡아 "친일파에다 미국 선교사의 앞잡이 노릇을 했고, 이승만 정권에서 목포 구장(區長)을 지낸 반동분자"라며 인민재판에 회부했다. 이때도 공생원 원생들과 목포 시민들이 "이분을 처형하려면 우리를 먼저 죽여라"라고 버티며 구해준다. 이후 인민군이 철수하고 국군이 진주하자, 이번에는 인민군에 부역했다는 이유로 체포되지만, 역시 지역 주민들의 구명운동으로 풀려난다.

시련은 여기서 멈추지 않았다. 1951년, 윤치호는 고아들의 부족한 식량을 구하기 위해 전남도청이 있던 광주로 올라갔다가 행방불명되고 만다. 전남도청 담당자를 만나 긴급구호를 요청한 뒤 여관에 묵었다가 청년들에게 끌려갔다는 목격담만 돌았다. 기독교 전도사이면서 일본인의 배우자이고, 강제로 맡은 인민위원장이라는 전력 때문에 좌우 쪽 모두에게 밉보여 살해되었을 가능성이 커 보이지만, 정확한 사망 이유는 확인되지 않는다. 거지 대장 윤치호의 어이없는 죽음이 아닐 수 없다.

윤치호가 행방불명 된 후 300여 명의 공생원 식구를 돌보는 일은 고스란히 윤학자의 몫이 된다. 그녀는 주변 사람들로부터 "남편도 없고, 전쟁통에 혼자 살기도 어려우니 공생원을 포기하고 어머니가 홀로 사는 일본으로 돌아가라"는 말을 듣곤 했다. 그러나 그녀는 "아이들을 버려둘 수 없고, 남편도 기다려야 한다"며 거부한다. 손수 리어카를 끌고 먹을 것을 구하러 다녔으며, 결혼 때 일본에서 가져온 오르간과 기모노 등을 팔아가며 공생원을 지킨다. 1968년, 56세로 세상을 뜰 때까지였다.

국경을 뛰어넘는 그녀의 헌신적인 사랑은 감동이었다. 1963년 한국 정부는 그녀에게 문화훈장을, 1967년 일본 정부는 공공의 이익에 기여한 사람에게 주어지는 포상인 남수포장(藍綬褒章)을 수여한다.

목포에 남은 흔적

목포 공생원에는 윤학자와 윤치호를 기리는 기념물이 많다. 그중 하나가 '윤치호·윤학자 기념관'이다. 1961년 건립되어 원아(원생)들의 기숙사로 사용되던 석조건물이 윤학자 탄생 100주년인 2012년 기념관으로 꾸며진다. 기념관에서는 공생원의 역사를 만날 수 있다.

공생원 마당에는 1949년 대반동 동민(주민)이 기증한 '공생원 20주년 기념비'가 있다. 한때 친일파라며 터부시하던 지역 주

《경향신문》이 세운 어머니의 탑

민들이 세운 비석이라 더욱 멋져 보인다. 공생원 경내에는 '어머니의 탑'도 있다. 1968년 《경향신문》에서 윤학자를 '국민이 주는 희망의 상' 대상자로 선정했지만 시상식 직전에 타계하자, 《경향신문》이 1970년 공생원에 세운 현창비다.

2003년 목포 시민들이 성금을 모아 세운 '사랑의 가족 기념비'도 있다. 윤치호·윤학자 부부와 어린이 7명의 모습을 새겼다. 7명은 윤치호가 처음 데려와 돌본 고아의 수다.

1949년 건립된 강당도 옛 모습 그대로다. 해안가에 표류해 온 난파선에서 쓸만한 목재를 골라 사용했다고 한다. 가장 오랜 건물, 강당은 윤학자의 삶뿐만 아니라 1951년 행방불명된 윤치호도 지켜본 공생원의 산 증인이다.

그녀의 고향 고치시에도 "한국 고아의 어머니 田內千鶴子生誕之地"라

사랑의 가족 기념비

새긴 추모비가 건립된다. (일본 이름) 다우치 치즈코가 태어난 땅이라는 추
모비인데, 이름 앞의 '한국 고아의 어머니'는 한글로 새겨져 있다.

 일본인으로 태어나 한국인 고아의 어머니가 된 윤학자, 그녀는 국경을
뛰어넘는 인류애를 실천하며 이 땅을 다녀간 작은 예수였다.

삶의 행복을 꿈꾸는 교육은
어디에서 오는가?

● **교육혁명을 앞당기는 배움책 이야기** 혁신교육의 철학과 잉걸진 미래를 만나다!

한국교육연구네트워크 총서

01 핀란드 교육혁명　　　　　　　　　　한국교육연구네트워크 엮음 | 320쪽 | 값 15,000원

02 일제고사를 넘어서　　　　　　　　　한국교육연구네트워크 엮음 | 284쪽 | 값 13,000원

03 새로운 사회를 여는 교육혁명　　　　한국교육연구네트워크 엮음 | 380쪽 | 값 17,000원

04 교장제도 혁명　　　　　　　　　　　한국교육연구네트워크 엮음 | 268쪽 | 값 14,000원

05 새로운 사회를 여는 교육자치 혁명　한국교육연구네트워크 엮음 | 312쪽 | 값 15,000원

06 혁신학교에 대한 교육학적 성찰　　　한국교육연구네트워크 엮음 | 308쪽 | 값 15,000원

07 진보주의 교육의 세계적 동향　　　　한국교육연구네트워크 엮음 | 324쪽 | 값 17,000원

08 더 나은 세상을 위한 학교혁명　　　　한국교육연구네트워크 엮음 | 404쪽 | 값 21,000원

09 비판적 실천을 위한 교육학　　　　　이윤미 외 지음 | 448쪽 | 값 23,000원

10 마을교육공동체운동: 세계적 동향과 전망　　심성보 외 지음 | 376쪽 | 값 18,000원

11 학교 민주시민교육의 세계적 동향과 과제　　심성보 외 지음 | 308쪽 | 값 16,000원

12 학교를 민주주의의 정원으로 가꿀 수 있을까?　성열관 외 지음 | 272쪽 | 값 16,000원

13 교육사상가의 삶과 사상　　　　　　심성보 외 지음 | 420쪽 | 값 23,000원

한국교육연구네트워크 번역 총서

01 프레이리와 교육　　　　　　　　　존 엘리아스 지음 | 한국교육연구네트워크 옮김 | 276쪽 | 값 14,000원

02 교육은 사회를 바꿀 수 있을까?　　마이클 애플 지음 | 강희룡·김선우·박원순·이형빈 옮김 | 356쪽 | 값 16,000원

03 비판적 페다고지는 세상을 변화시킬 수 있는가?　Seewha Cho 지음 | 심성보·조시화 옮김 | 280쪽 | 값 14,000원

04 마이클 애플의 민주학교　　　　　마이클 애플·제임스 빈 엮음 | 강희룡 옮김 | 276쪽 | 값 14,000원

05 21세기 교육과 민주주의　　　　　넬 나딩스 지음 | 심성보 옮김 | 392쪽 | 값 18,000원

06 세계교육개혁 민영화 우선인가 공적 투자
강화인가?　　　　　　　　　　린다 달링-해먼드 외 지음 | 심성보 외 옮김 | 408쪽 | 값 21,000원

07 콩도르세, 공교육에 관한 다섯 논문　　니콜라 드 콩도르세 지음 | 이주환 옮김 | 300쪽 | 값 16,000원

08 학교를 변론하다　　　　　　　　얀 마스켈라인·마틴 시몬스 지음 | 윤선인 옮김 | 252쪽 | 값 15,000원

09 존 듀이와 교육　　　　　　　　　짐 개리슨 외 지음 | 심성보 외 옮김 | 376쪽 | 값 19,000원

10 진보주의 교육운동사　　　　　　윌리엄 헤이스 지음 | 심성보 외 옮김 | 324쪽 | 값 18,000원

11 사랑의 교육학　　　　　　　　　안토니아 다더 지음 | 심성보 외 옮김 | 412쪽 | 값 22,000원

● 비고츠키 선집 시리즈 발달과 협력의 교육학 어떻게 읽을 것인가?

01 생각과 말   L.S. 비고츠키 지음 | 배희철·김용호·D. 켈로그 옮김 | 690쪽 | 값 33,000원

02 도구와 기호   비고츠키·루리야 지음 | 비고츠키 연구회 옮김 | 336쪽 | 값 16,000원

03 어린이 자기행동숙달의 역사와 발달 I   L.S. 비고츠키 지음 | 비고츠키 연구회 옮김 | 564쪽 | 값 28,000원

04 어린이 자기행동숙달의 역사와 발달 II   L.S. 비고츠키 지음 | 비고츠키 연구회 옮김 | 552쪽 | 값 28,000원

05 어린이의 상상과 창조   L.S. 비고츠키 지음 | 비고츠키 연구회 옮김 | 280쪽 | 값 15,000원

06 성장과 분화   L.S. 비고츠키 지음 | 비고츠키 연구회 옮김 | 308쪽 | 값 15,000원

07 연령과 위기   L.S. 비고츠키 지음 | 비고츠키 연구회 옮김 | 336쪽 | 값 17,000원

08 의식과 숙달   L.S 비고츠키 | 비고츠키 연구회 옮김 | 348쪽 | 값 17,000원

09 분열과 사랑   L.S. 비고츠키 지음 | 비고츠키 연구회 옮김 | 260쪽 | 값 16,000원

10 성애와 갈등   L.S. 비고츠키 지음 | 비고츠키 연구회 옮김 | 268쪽 | 값 17,000원

11 흥미와 개념   L.S. 비고츠키 지음 | 비고츠키 연구회 옮김 | 408쪽 | 값 21,000원

12 인격과 세계관   L.S. 비고츠키 지음 | 비고츠키 연구회 옮김 | 372쪽 | 값 22,000원

13 정서 학설 I   L.S. 비고츠키 지음 | 비고츠키 연구회 옮김 | 584쪽 | 값 35,000원

14 정서 학설 II   L.S. 비고츠키 지음 | 비고츠키 연구회 옮김 | 480쪽 | 값 35,000원

비고츠키와 인지 발달의 비밀   A.R. 루리야 지음 | 배희철 옮김 | 280쪽 | 값 15,000원

비고츠키의 발달교육이란 무엇인가?   비고츠키교육학실천연구모임 지음 | 412쪽 | 값 21,000원

비고츠키 철학으로 본 핀란드 교육과정   배희철 지음 | 456쪽 | 값 23,000원

비고츠키와 마르크스   앤디 블런던 외 지음 | 이성우 옮김 | 388쪽 | 값 19,000원

수업과 수업 사이   비고츠키 연구회 지음 | 196쪽 | 값 12,000원

관계의 교육학, 비고츠키   진보교육연구소 비고츠키교육학실천연구모임 지음 | 300쪽 | 값 15,000원

교사와 부모를 위한 발달교육이란 무엇인가?   현광일 지음 | 380쪽 | 값 18,000원

비고츠키 생각과 말 쉽게 읽기   진보교육연구소 비고츠키교육학실천연구모임 지음 | 316쪽 | 값 15,000원

교사와 부모를 위한 비고츠키 교육학   카르포프 지음 | 실천교사번역팀 옮김 | 308쪽 | 값 15,000원

레프 비고츠키   르네 반 데 비어 지음 | 배희철 옮김 | 296쪽 | 값 21,000원

혁신학교	성열관·이순철 지음	224쪽	값 12,000원
행복한 혁신학교 만들기	초등교육과정연구모임 지음	264쪽	값 13,000원
서울형 혁신학교 이야기	이부영 지음	320쪽	값 15,000원
혁신교육, 철학을 만나다	브렌트 데이비스·데니스 수마라 지음	현인철·서용선 옮김	304쪽	값 15,000원
대한민국 교사, 어떻게 가르칠 것인가?	윤성관 지음	320쪽	값 15,000원
아이들을 어떻게 가르칠 것인가	사토 마나부 지음	박찬영 옮김	232쪽	값 13,000원
모두를 위한 국제이해교육	한국국제이해교육학회 지음	364쪽	값 16,000원
경쟁을 넘어 발달 교육으로	현광일 지음	288쪽	값 14,000원
혁신교육 존 듀이에게 묻다	서용선 지음	292쪽	값 14,000원
다시 읽는 조선 교육사	이만규 지음	750쪽	값 33,000원
교실 속으로 간 이해중심 교육과정	온정덕 외 지음	224쪽	값 13,000원
대한민국 교육혁명	교육혁명공동행동 연구위원회 지음	224쪽	값 12,000원
포스트 코로나 시대의 교육	성열관 외 지음	224쪽	값 15,000원
내일 수업 어떻게 하지?	아이함께 지음	300쪽	값 15,000원
핀란드 교육의 기적	한넬레 니에미 외 엮음	장수명 외 옮김	456쪽	값 23,000원
한국 교육의 현실과 전망	심성보 지음	724쪽	값 35,000원
독일의 학교교육	정기섭 지음	536쪽	값 29,000원
교실 속으로 간 이해중심 통합교육과정	온정덕 외 지음	224쪽	값 15,000원
초등 백워드 교육과정 설계와 실천 이야기	김병일 외 지음	352쪽	값 19,000원
학습격차 해소를 위한 새로운 도전 보편적 학습설계 수업	조윤정 외 지음	240쪽	값 15,000원

● **경쟁과 차별을 넘어 평등과 협력으로 미래를 열어가는 교육 대전환!** 혁신교육 현장 필독서

학교의 미래, 전문적 학습공동체로 열다	새로운학교네트워크·오윤주 외 지음	276쪽	값 16,000원
마을교육공동체 생태적 의미와 실천	김용련 지음	256쪽	값 15,000원
학교폭력, 멈춰!	문재현 외 지음	348쪽	값 15,000원
학교를 살리는 회복적 생활교육	김민자·이순영·정선영 지음	256쪽	값 15,000원
삶의 시간을 잇는 문화예술교육	고영직 지음	292쪽	값 16,000원
미래교육을 디자인하는 학교교육과정	박승열 외 지음	348쪽	값 18,000원

코로나 시대, 마을교육공동체운동과 생태적 교육학	심성보 지음 I 280쪽 I 값 17,000원
혐오, 교실에 들어오다	이혜정 외 지음 I 232쪽 I 값 15,000원
수업, 슬로리딩과 함께	박경숙 외 지음 I 268쪽 I 값 15,000원
물질과의 새로운 만남	베로니카 파치니-케처바우 외 지음 I 이연선 외 옮김 I 240쪽 I 값 15,000원
그림책으로 만나는 인권교육	강진미 외 지음 I 272쪽 I 값 18,000원
수업 고수들 수업·교육과정·평가를 말하다	박현숙 외 지음 I 368쪽 I 값 17,000원
아이들의 배움은 어떻게 깊어지는가	이시이 준지 지음 I 방지현·이창희 옮김 I 200쪽 값 11,000원
미래, 공생교육	김환희 지음 I 244쪽 I 값 15,000원
들뢰즈와 가타리를 통해 유아교육 읽기	리세롯 마리엣 올슨 지음 I 이연선 외 옮김 I 328쪽 I 값 17,000원
혁신고등학교, 무엇이 다른가?	김현자 외 지음 I 344쪽 I 값 18,000원
시민이 만드는 교육 대전환	심성보·김태정 지음 I 248쪽 I 값 15,000원
평화교육 과거, 현재 그리고 미래를 그리다	모니샤 바자즈 외 지음 I 권순정 외 옮김 I 268쪽 I 값 18,000원
마을교육공동체란 무엇인가?	서용선 외 지음 I 360쪽 I 값 17,000원
강화도의 기억을 걷다	최보길 지음 I 276쪽 I 값 14,000원
체육 교사, 수업을 말하다	전용진 지음 I 304쪽 I 값 15,000원
평화의 교육과정 섬김의 리더십	이준원·이형빈 지음 I 292쪽 I 값 16,000원
마을로 걸어간 교사들, 마을교육과정을 그리다	백윤애 외 지음 I 336쪽 I 값 16,000원
혁신교육지구와 마을교육공동체는 어떻게 만들어지는가?	김태정 지음 I 376쪽 I 값 18,000원
서울대 10개 만들기	김종영 지음 I 348쪽 I 값 18,000원
선생님, 통일이 뭐예요?	정경호 지음 I 252쪽 I 값 13,000원
함께 배움 학생 주도 배움 중심 수업 이렇게 한다	니시카와 준 지음 I 백경석 옮김 I 280쪽 I 값 15,000원
다정한 교실에서 20,000시간	강정희 지음 I 296쪽 I 값 16,000원
즐거운 세계사 수업	김은석 지음 I 328쪽 I 값 13,000원
학교를 개선하는 교장 지속가능한 학교 혁신을 위한 실천 전략	마이클 풀란 지음 I 서동연·정효준 옮김 I 216쪽 I 값 13,000원
선생님, 민주시민교육이 뭐예요?	염경미 지음 I 244쪽 I 값 15,000원
교육혁신의 시대 배움의 공간을 상상하다	함영기 외 지음 I 264쪽 I 값 17,000원
도덕 수업, 책으로 묻고 윤리로 답하다	울산도덕교사모임 지음 I 320쪽 I 값 15,000원
교육과 민주주의	필라르 오카디즈 외 지음 I 유성상 옮김 I 420쪽 I 값 25,000원

교육회복과 적극적 시민교육   강순원 지음 I 228쪽 I 값 15,000원

비판적 미디어 리터러시 가이드   더글러스 켈너·제프 셰어 지음 I 여은호·원숙경 옮김 I 252쪽 I 값 18,000원

지속가능한 마을, 교육, 공동체를 위하여   강영택 지음 I 328쪽 I 값 18,000원

대전환 시대 변혁의 교육학   진보교육연구소 교육과정연구모임 지음 I 400쪽 I 값 23,000원

교육의 미래와 학교혁신   마크 터커 지음 I 전국교원양성대학교 총장협의회 옮김 I 336쪽 I 값 18,000원

남도 임진의병의 기억을 걷다   김남철 지음 I 288쪽 I 값 18,000원

프레이리에게 변혁의 길을 묻다   심성보 지음 I 672쪽 I 값 33,000원

다시, 혁신학교!   성기신 외 지음 I 300쪽 I 값 18,000원

백워드로 설계하고 피드백으로 완성하는
성장중심평가   이형빈·김성수 지음 I 356쪽 I 값 19,000원

우리 교육, 거장에게 묻다   표혜빈 외 지음 I 272쪽 I 값 17,000원

교사에게 강요된 침묵   설진성 지음 I 296쪽 I 값 18,000원

왜 체 게바라인가   송필경 지음 I 320쪽 I 값 19,000원

풀무의 삶과 배움   김현자 지음 I 352쪽 I 값 20,000원

비고츠키 아동학과 글쓰기 교육   한희정 지음 I 300쪽 I 값 18,000원

교사에게 강요된 침묵   설진성 지음 I 296쪽 I 값 18,000원

마을, 그 깊은 이야기 샘   문재현 외 지음 I 404쪽 I 값 23,000원

비난받는 교사   다이애나 폴레비치 지음 I 유성상 외 옮김 I 404쪽 I 값 23,000원

한국교육운동의 역사와 전망   하성환 지음 I 308쪽 I 값 18,000원

철학이 있는 교실살이   이성우 지음 I 272쪽 I 값 17,000원

왜 지속가능한 디지털 공동체인가   현광일 지음 I 280쪽 I 값 17,000원

선생님, 우리 영화로 세계시민 만나요!   변지윤 외 지음 I 328쪽 I 값 19,000원

아이를 함께 키울 온 마을은 어떻게 만들어야 할까? 차상진 지음 I 288쪽 I 값 17,000원

선생님, 제주 4·3이 뭐예요?   한강범 지음 I 308쪽 I 값 18,000원

마을배움길 학교 이야기   김명신, 김미자, 서영자, 윤재화, 이명순 지음 I 300쪽 I 값 18,000원

참된 삶과 교육에 관한
생각 줍기